Assistant BTS Pme-Pmi

ASSISTANT DE GESTION DE PME • PMI

Édition 2006

Conforme aux normes comptables internationales

ORGANISATION ET ACTIVITÉS COMPTABLES

Y. COLIN
B. ÉPAILLY
M. GARCIA
S. LEMOUZY
M. NAVARRO
G. REY-ROBERT
E. VACCARI

Pôle 2

COLLECTION DIRIGÉE PAR I. ZILLI

CASTEILLA

ISBN : 978-2-7135-2822-4

25 rue Monge – 75005 PARIS

ZOOM SUR VOTRE OUVRAGE

feuillets détachables

L'organisation et les activités comptables correspondent au pôle 2 du référentiel de certification.

Les contenus de ces enseignements préparent à l'acquisition des outils et des méthodes à mettre en œuvre pour passer avec succès les épreuves suivantes :

- gestion administrative, comptable et commerciale (coefficient 5),
- conduite et présentation d'activités professionnelles (coefficient 3),
- applications bureautiques et informatiques (coefficient 3).

Les **thèmes,** au nombre de 21, mettent l'étudiant en situation concrète d'apprentissage par la reproduction de pratiques rencontrées dans les PME-PMI.

Les **dossiers** et les **entraînements** peuvent être réalisés en fonction de leur degré de difficulté repéré par une étoile (★ : facile, ★★ : moyen, ★★★ : long ou difficile) et de leurs fiches ressources signalées par l'abréviation FR.

Les **fiches ressources**, présentées en fin d'ouvrage, regroupent l'ensemble des savoirs et des savoir-faire.

Ces fiches constituent une aide pour traiter les thèmes et sont également un guide méthodologique pour mener à bien vos activités professionnelles.

Par sa démarche **dynamique** et **impliquante**, cet ouvrage cherche à rendre agréable l'organisation et les activités comptables dans les PME-PMI.

SOMMAIRE
des thèmes

Sommaire détaillé des fiches ressources : page 139 – Index : page 191

THÈME 1

LES BASES DU MODÈLE COMPTABLE

DOSSIER 1

Les informations comptables

AU RÉFÉRENTIEL

APPRÉCIER et CHOISIR les informations de sources externes et internes

MISE EN SITUATION ★ FR 1

Vous faites un stage dans l'entreprise **Tonicor,** une PME qui fabrique des produits cosmétiques. Au moment de la prise de contact, M. Aubanel vous communique le *rapport annuel de gestion* de la société. Voici un extrait de ce rapport.

« Pour la première fois depuis dix ans, notre chiffre d'affaires a légèrement diminué (– 7 %) et le bénéfice a été divisé par deux. Nos ventes ont nettement baissé au Japon ; heureusement, elles ont augmenté aux États-Unis et en Europe mais le solde reste négatif. Ces résultats sont d'autant plus inquiétants que, selon les indices communiqués par la profession, le marché est en progression de 12 %. Le Japon mis à part, nos produits sont toujours très appréciés et nos clients satisfaits.
Au cours des mois d'été, la trésorerie était insuffisante pour payer simultanément le personnel et la Sécurité sociale dans les délais réglementaires. Nous avons dû négocier avec la banque un prêt à court terme dans des conditions très coûteuses. »

Pour continuer à vous familiariser avec l'entreprise, vous visitez les installations techniques puis vous cherchez à repérer les opérations les plus courantes qui sont réalisées. Voici, par exemple, celles du 20 septembre :
- achat d'une récolte de lavande au fournisseur Provencia : 6 900 €;
- vente au détail de produits de beauté : 1 250 €;
- paiement de la TVA, par chèque bancaire, aux services fiscaux : 15 230 €.

TRAVAIL À RÉALISER

Réflexion

1. Dans quel secteur d'activité se situe cette entreprise ? Qui sont ses partenaires ?
2. Quelles sont les difficultés auxquelles l'entreprise doit faire face ?
3. Quelles sont les informations citées qui vous paraissent extraites de la comptabilité ?

Action

1. Relevez dans l'extrait du rapport les informations utiles pour la gestion et classez-les selon les critères suivants :
   - qualitatives et quantitatives,
   - internes et externes.
2. Représentez de façon détaillée, en vous aidant du modèle de la FR 1 (cf. page 141), les flux réels et monétaires engendrés par les trois opérations du 20 septembre.

DOSSIER 2

Le compte

AU RÉFÉRENTIEL ▶ *CRÉER des comptes dans l'entreprise*

MISE EN SITUATION ★ FR 1

Votre tante **Estelle** vous a invité(e) à visiter l'entreprise dans laquelle elle travaille. L'entreprise fabrique la fameuse cancoillotte[1]. Votre parente est chargée de la comptabilité. Elle vous montre le compte *Caisse*.

Débit — **COMPTE CAISSE** — **Crédit**

Dates	Libellés	Sommes	Date	Libellés	Sommes
02.09	En caisse au début du mois	361,25	02.09	Timbres-poste	21,52
02.09	Vente cancoillotte	49,23	02.09	Fournitures de bureau	61,80
02.09	Vente autres fromages	35,00	....	....	....
....	....	....	....	....	....
		....			....

Solde .... : ....

Votre tante propose d'enregistrer dans ce compte les opérations du 3 septembre : la vente de déchets laitiers (32,25 €), un achat de carburant (98,15 €) et un pourboire à un livreur (1 €).

Ensuite, pour vous initier à ce qu'elle appelle « le jeu des comptes », Estelle vous propose de simuler des enregistrements comptables. Vous devez donc, pour chaque opération ci-après, dessiner :
- le flux, comme indiqué dans la FR 1,
- un compte en T pour l'origine du flux,
- un autre compte en T pour sa destination.

Vous devez ensuite inscrire les sommes dans les comptes en respectant les mêmes règles que pour le compte Caisse. Les comptes utilisés sont les suivants : Caisse, Banque, Clients et Fournisseurs.
Voici les opérations à enregistrer :
- versement d'espèces à la banque : 150 €;
- un client règle en espèces : 175 €;
- paiement d'un fournisseur par chèque bancaire : 120 €.

TRAVAIL À RÉALISER

RÉFLEXION

1. Quelles opérations sont enregistrées dans le compte *Caisse ?*
2. Dans quelle partie du compte sont enregistrées les recettes ? Les dépenses ?

ACTION

1. Faites le premier travail proposé par tante Estelle puis calculez et qualifiez le solde du compte.
2. Faites le deuxième travail proposé.
3. Indiquez dans quel compte et de quel côté sont enregistrés les chèques reçus, les chèques envoyés, les créances sur les clients, les dettes envers les fournisseurs.

1. Fromage fondu fabriqué en Franche-Comté.

La traduction comptable des flux

AU RÉFÉRENTIEL

- ***CRÉER ou METTRE À JOUR le plan des comptes de l'entreprise***
- ***PLANIFIER les travaux périodiques***

MISE EN SITUATION ★★ *FR 1 - 2*

Grégory, l'un de vos amis, vient de créer une entreprise individuelle de fabrication d'objets en fer forgé. Il vous demande de l'aider à faire sa comptabilité.
Le 2 octobre, l'activité vient de débuter. Grégory a versé 10 000 € dans une banque pour constituer son capital. Vous ouvrez un compte *Capital* pour enregistrer cette ressource (au crédit) puis un compte *Banque* pour enregistrer son emploi (au débit).
Le 2 octobre vous décidez de créer un plan de comptes pour l'entreprise. À partir du Plan Comptable Général, vous ouvrez les premiers comptes puis vous enregistrez les opérations de la journée.

- *Comptes de bilan :* 101, 401, 411, 4456, 4457, 512, 53.
- *Comptes de gestion :* 601, 701.

- Retrait d'espèces au guichet du Crédit Lyonnais : 500 €.
- Achats de barres de fer au fournisseur Denain – HT : 4 200 € – TVA : 823,20 € – TTC : 5 023,20 €.
- Vente au client Jadot – Hors taxe : 45,00 € – TVA : 8,82 € – TTC : 53,82 €.
- Espèces reçues du client Jadot : 53,82 €.
- Vente au client Grenier : Hors taxe : 460 € – TVA : 90,16 – TTC : 550,16 €.
- Chèque reçu du client Grenier : 500,00 €.

TRAVAIL À RÉALISER

Réflexion

1. Quel est le premier flux enregistré dans cette entreprise ? Quelle est son origine ? Sa destination ? Pour l'enregistrement, quel est le compte débité ? Le compte crédité ? Quelle règle appliquez-vous ?
2. Quelle différence faites-vous entre le Plan Comptable Général et le plan de comptes de l'entreprise ?
3. Quelle différence faites-vous entre un compte de bilan et un compte de gestion ?
4. Qu'est-ce que la TVA ? Quel compte du PCG permet d'enregistrer la TVA associée à une vente ? Quel compte est utilisé pour la TVA associée à un achat ?

Action

1. Ouvrez et numérotez les comptes en T indiqués. Séparez les comptes de bilan et les comptes de gestion.
2. Enregistrez les opérations dans les comptes.
3. Calculez les soldes des comptes puis contrôlez la partie double en dressant une balance selon le modèle ci-dessous.
4. Passez la dernière écriture au journal. Quel est l'intérêt de cette présentation ? Commentez, à ce propos, le schéma de la fiche ressource 2 (cf. page 143).

BALANCE

N° des comptes	Noms des comptes	Soldes débiteurs des comptes	Soldes créditeurs des comptes
101	Capital		10 000,00
401	....		....

DOSSIER 3

ENTRAÎNEMENTS

1 LES FLUX ET LES COMPTES

★ FR 1

M. Bénistand vient de commencer un commerce de fleurs et vous lui expliquez comment il doit tenir sa comptabilité. Voici les opérations qu'il a effectuées le 23 septembre.

- Achat de fleurs à un pépiniériste, M. Renaud : .... 1 794,00 €
- Règlement de l'achat ci-dessus par chèque bancaire.
- Ventes à des clients qui se sont présentés au magasin :........................... 1 364,44 €
- Règlements des clients reçus :
  - en espèces .... 346,84 €
  - par chèques bancaires .... 167,44 €
  - par cartes bancaires .... 849,16 €
- Dépôt d'espèces à la banque : .... 1 000,00 €

TRAVAIL À RÉALISER

Pour chaque opération, représentez les flux physiques et monétaires décrits ci-dessus.

2 LE COMPTE BANQUE

★ FR 1

Vous êtes stagiaire dans l'entreprise **Lecourbe** et vous devez préparer l'enregistrement des opérations ci-après, effectuées le 14 septembre :

- chèque reçu du client Dosset .... 322,92 €
- prélèvement sur le compte bancaire effectué par le fournisseur EDF.................. 550,16 €
- chèque à l'ordre du Trésor public.. 1 280,00 €
- virement en notre faveur du client Jarry .... 250,80 €
- paiement par carte bancaire du fournisseur Massard .... 800,00 €
- retrait d'espèces au guichet... 500,00 €

Solde débiteur du compte banque le 14 septembre à 8 h : .... 3 321,10 €

TRAVAIL À RÉALISER

1. Dessinez un compte *Banque* avec 6 colonnes ; reportez le solde.
2. Enregistrez les opérations.
3. Calculez le solde de ce compte le soir du 14 septembre.

3 LE COMPTE BANQUE ET LA PARTIE DOUBLE

★ FR 1

Vous êtes toujours stagiaire dans l'entreprise **Lecourbe** et vous devez préparez l'enregistrement des opérations effectuées le 14 septembre (voir ci-dessus). Vous utilisez les comptes suivants.

Nom du compte	Solde le 14 septembre à 8 h	
	Position	Montant
Client Dosset	Débiteur	322,92
Client Jarry	Débiteur	1 255,80
Fournisseur EDF	Créditeur	550,16
Fournisseur Massard	Créditeur	3 200,00
État	Créditeur	1 280,00
Banque	Débiteur	3 321,10
Caisse	Débiteur	189,25

TRAVAIL À RÉALISER

1. Énumérez les créances et les dettes de l'entreprise qui figurent dans ce tableau.
2. Ouvrez les comptes schématiques et inscrivez leur solde.
3. Enregistrez les opérations du 14 septembre en respectant la partie double. Calculez les soldes.

4 LE COMPTE CLIENT, LA PARTIE DOUBLE ET LA TVA

★★ FR 1

Le 15 septembre au matin, dans l'entreprise **Régner**, le compte *Client Dray* a un solde débiteur de 1 787,69 €.
Les opérations effectuées avec ce client pendant la deuxième quinzaine de septembre sont les suivantes.

16 septembre : facture remise à la livraison	Marchandises HT	2 860,00
	TVA..................................	560,56
	Net à payer le 31.10........	3 420,56
16 septembre : acompte versé en espèces	....	420,56
18 septembre : chèque reçu du client	....	1 787,69

30 septembre : virement bancaire reçu, pour solde du compte.
Extrait du plan de comptes de l'entreprise :
Banque – Caisse – Client Dray – État-Taxes sur le chiffre d'affaires collectées – Ventes de marchandises.

TRAVAIL À RÉALISER

1. Indiquez ce que signifie le solde du compte *Client Dray.*
2. Enregistrez les opérations dans les comptes schématiques en respectant la partie double.
3. Présentez le compte *Client Dray,* détaillé avec 6 colonnes.

5 LE COMPTE FOURNISSEUR, LA PARTIE DOUBLE ET LA TVA

★★ FR 1

Le 16 septembre, dans l'entreprise **Requin,** le compte *Fournisseur Sauzet* a un solde créditeur de 967,60 €.
Dans la deuxième quinzaine de septembre, Requin a réalisé avec ce fournisseur les opérations suivantes :
18.09 : chèque à l'ordre de Sauzet d'un montant de 967,60 €

25.09 : facture reçue	Marchandises HT	4 290,00
	TVA..	840,84
	Net à payer le 31.10..	5 130,84

26.09 : chèque adressé au fournisseur Sauzet pour solde de son compte.
Extrait du plan de comptes de l'entreprise :
Banque – État-Taxes sur le chiffre d'affaires déductibles – Fournisseur Sauzet – Achats de marchandises.

TRAVAIL À RÉALISER

1. Indiquez ce que signifie le solde du compte *Fournisseur Sauzet.*
2. Enregistrez les opérations dans les comptes schématiques en respectant la partie double.
3. Présentez le compte *Fournisseur Sauzet,* détaillé avec 6 colonnes.

6 LE PLAN COMPTABLE, LE JOURNAL

★ FR 1 - 2

Le 18 septembre, l'entreprise **Mauzert** doit enregistrer les documents suivants dans sa comptabilité.
- Facture n° 25689 adressée au client Martinet; hors taxe : 650,00 – TVA : 127,40 – TTC : 777,40.
- Facture n° A 789 reçue du fournisseur Coissieux; hors taxe : 1 970,00 – TVA : 386,12 – TTC : 2 356,12.
- Chèque n° 23698741 à l'ordre du fournisseur Jaurès, en règlement de la facture A652 : 1 178,06.

TRAVAIL À RÉALISER

1. Recherchez les numéros des comptes dans le plan comptable.
2. Enregistrez ces documents au journal de l'entreprise.

ENTRAÎNEMENTS

THÈME

7 LES COMPTES DE BILAN ET DE GESTION, LES ENREGISTREMENTS, LA BALANCE

★★★ FR 1 - 2

Vous êtes employé(e) dans l'entreprise **Guichet** et vous venez d'établir la balance au 15 novembre.

BALANCE PAR SOLDES AU 15 NOVEMBRE

N° du compte	Noms des comptes	Soldes débiteurs	Soldes créditeurs
101	Capital		120 000,00
2154	Matériel et outillage	36 264,80	
2182	Matériel de transport	20 000,00	
2183	Matériel de bureau et informatique	32 000,00	
2184	Mobilier	58 000,00	
40112	Fournisseur Delaine		12 476,63
40128	Fournisseur Vialet		6 090,25
41112	Client Chambard	2 281,68	
41127	Client Petit	425,08	
4456	TVA déductible	1 270,03	
4457	TVA collectée		1 676,40
512	Banques	5 978,26	
514	Chèques postaux	690,15	
530	Caisse	203,22	
607	Achats de marchandises	235 869,02	
613	Locations	1 929,23	
6241	Transports sur achats	616,48	
641	Rémunération du personnel	14 092,05	
707	Ventes de marchandises		269 053,12
708	Produits des activités annexes		323,60
	Totaux	409 620,00	409 620,00

- Le 16 novembre, le chef d'entreprise retire 500 € à la banque pour alimenter la caisse. Il achète des marchandises à crédit aux Éts Uniméca (compte 40113) pour 7 280,00 HT – TVA : 1 426,88 – TTC : 8 706,88.
- Le 17 novembre, il vend des marchandises à M. Godard (compte 41112) ; il reçoit 502,32 € en espèces (valeur hors taxes : 420 €). Il reçoit un chèque bancaire du client Petit : 425,08 €.
- Le 18 novembre, il reçoit la facture des Transports Lelièvre (n° 40114) ; HT : 220 – TVA : 43,12 – TTC : 263,12. Il adresse un chèque bancaire au fournisseur Vialet : 6 090,25 €.
- Le 22 novembre, il adresse aux Éts Uniméca un chèque postal de 606,88 €.
- Le 23 novembre, il reçoit la facture d'un ordinateur qui vient d'être installé dans le bureau de Mireille ; valeur HT : 1 450,00 – TVA : 284,20 – TTC : 1 734,20. Le vendeur est la SARL Info2005 (compte n° 40414).

TRAVAIL À RÉALISER

1. Expliquez pourquoi les deux colonnes de soldes de la balance ont le même total.
2. Décrivez le flux qui a entraîné la création du compte 101. Indiquez la différence qui existe entre le compte 2182 et le compte 6241.
3. Énumérez les comptes qui enregistrent des créances et ceux qui enregistrent des dettes.
4. Énumérez les comptes de charges puis les comptes de produits.
5. Ouvrez les comptes schématiques figurant dans la balance avec leur numéro et leur solde. Distinguez les comptes de bilan et les comptes de gestion.
6. Enregistrez les opérations dans le journal de l'entreprise.
7. Reportez les écritures dans les comptes schématiques. Calculez les soldes.
8. Présentez une balance de contrôle selon le modèle de la fiche ressource 2 (cf. page 143). Séparez d'un trait les comptes de bilan et les comptes de gestion.

THÈME 2

LA FACTURATION

DOSSIER 1

Présentation et comptabilisation d'une facture

AU RÉFÉRENTIEL ► *ÉTABLIR et VÉRIFIER les documents commerciaux*

MISE EN SITUATION ★ FR 3

Vous assistez le comptable de la société **Loran**. Il vous demande de prendre en charge la gestion des clients. Pour vous familiariser avec le système de facturation, il vous transmet les documents suivants :

LORAN S.A.

Facture n° 453
Grenoble le : 29/01/N
Doit
CLAVEL

Bon de commande n° 790

Réf.	Désignations	Quantités	P.U.	Montant
BR140	Baignoire Reflex 140	6	153,00	918,00
BR160	Baignoire Reflex 160	4	162,00	648,00
BC170	Baignoire Chicago 170	3	415,00	1 245,00
Mode de règlement : *comptant*			Sous total	2 811,00
À emporter			TVA 19,6 %	550,96
			Net à payer en €	3 361,96

BON DE COMMANDE N° 815

CLAVEL — Le 13/01/N

Référence	Quantité
BR140	8
BC170	3
B150EA	4

Extrait du catalogue de LORAN S.A.

Baignoire Reflex (NF sanitaire)		
BR 140	140 cm/110 l	153 €
BR 160	160 cm/130 l	162 €

Baignoire Chicago (NF sanitaire)		
BC 170	170 cm/195 l	415 €

Baignoire Balnéo eau/air		
B150EA	150 cm	1 230 €

TRAVAIL À RÉALISER

Réflexion

1. Qui est le fournisseur ? Qui est le client ?
2. Combien doit le client pour la commande n° 790 ?
3. Quel est le montant du net commercial de la facture n° 453 ?
4. Dans quel compte enregistrez-vous la TVA :
   – chez Loran ?
   – chez Clavel ?

Action

1. Vérifiez, puis enregistrez la facture n° 453 chez Loran.
2. Établissez au 18/02/N la facture n° 473, d'après le bon de commande n° 815.
3. Enregistrez cette facture chez le client et chez le fournisseur.

Les réductions sur facture

AU RÉFÉRENTIEL

- ***IDENTIFIER, SÉLECTIONNER les informations utiles dans les catalogues, les fichiers***
- ***CALCULER et JUSTIFIER les réductions sur factures***

MISE EN SITUATION ★★ *FR 3*

La société **Badmat** importe du matériel de badminton (filets, volants, raquettes) qu'elle revend à des particuliers ou à des associations. Pour développer son activité, elle décide d'améliorer son système tarifaire.

Extrait du fichier clients

N°	Nom	Coderéduction
41101	REMM	A
41102	Club de l'Étoile	C
41103	A.S.B.	B
41104	BARRET	A

Extrait du fichier réduction

Coderéduction	Montant
A	0 %
B	2 %
C	2,5 %
D	3 %
E	4 %

Pour tout règlement « comptant », il est accordé un escompte de 2 %.

Extrait du catalogue raquettes

	BADMIN	BADSUP	BADPRO
Prix d'achat HT	13,00	18,00	
Coef.	1,4		2,5
Prix de vente HT		30,60	50,00
Marge	5,20		

	Coderéduction		
De 4 à 12	B	C	C
De 13 à 18	C	D	D
19 et +	D	E	E

TRAVAIL À RÉALISER

Vous êtes chargé(e) par la société Badmat de vérifier et d'appliquer un système de tarification avec utilisation de fichiers et catalogues.

RÉFLEXION

1. À quoi sert le coefficient dans l'extrait du catalogue raquettes ?
2. Quelle est l'utilité de l'information Coderéduction ?
3. Pourquoi accorder des réductions d'après le statut du client, et d'autres par rapport aux quantités achetées ?
4. Pourquoi ne pas attribuer la même réduction à tous les produits ?
5. Quelle autre réduction commerciale pourrait accorder la société Badmat ?

ACTION

1. Complétez le catalogue raquettes.
2. Présentez et calculez les corps et pieds de facture pour les opérations suivantes :
   - Client A.S.B., 12 BADMIN, 12 BADSUP, règlement comptant.
   - Client Club de l'Étoile, 15 BADPRO, 20 BADSUP, règlement à 30 jours fin de mois.
3. Enregistrez les opérations chez Badmat.

DOSSIER 3

La facturation et les frais accessoires

AU RÉFÉRENTIEL

- ***ÉTABLIR, VÉRIFIER les documents commerciaux***
- ***IDENTIFIER, SÉLECTIONNER les informations utiles dans les catalogues, fichiers***

MISE EN SITUATION ★ *FR 3*

L'entreprise **« Au Bon primeur »** commercialise en gros des fruits et légumes. Elle consent à ses clients importants des conditions avantageuses. Elle leur accorde en particulier des livraisons « franco de port ».

Pour les autres clients, le port est facturé. L'entreprise a mis en place un barème pour le calcul du montant du port forfaitaire. Ce barème est établi en fonction du poids des produits livrés :

- jusqu'à 100 kg .... 5 €
- de 101 à 400 kg .... 10 €
- de 401 à 800 kg .... 15 €
- au-delà de 800 kg .... 20 €

Le comptable a commencé à établir la facture du restaurant « Au Plaisir du Palais », il vous charge de poursuivre son travail.

Au Bon primeur
Facture n° 1021
Giens, le 18/09/N

Doit
Au Plaisir du Palais
Montargis

Réf.	Désignation	Qté	Prix unit.	Montant
F721	Raisins Chasselas cagettes 10 kg	2	8,80	
E438	Nectarines jaunes cagettes 10 kg	3	10,65	
F207	Pommes de terre sacs de 50 kg	4	13,78	
F930	Aubergines Provence cartons de 5 kg	4	2,98	
			Total brut	
			Port forfaitaire	
			TVA 5,5 %	
			Net à payer en €	

TRAVAIL À RÉALISER

RÉFLEXION

1. Que signifie l'expression « franco de port » ? Quelles autres conditions concernant le transport de marchandises connaissez-vous ?
2. Dans quel compte seront enregistrés les frais de transport :
   - chez « Au Bon primeur »,
   - chez « Au Plaisir du Palais » ?
3. Quel est le taux de TVA appliqué aux frais de port ? Pourquoi ?

ACTION

1. Complétez le corps du document.
2. Calculez le poids des produits livrés et déduisez-en le montant du port forfaitaire à facturer au client.
3. Complétez le pied de facture.
4. Enregistrez la facture chez le client et chez le fournisseur.

ENTRAÎNEMENTS

1 LA FACTURATION (CALCUL ET ENREGISTREMENT) ★ FR 3

La société **Infosystem** achète et vend du matériel informatique qu'elle installe en réseau pour les entreprises. Elle vous demande de suivre les opérations relatives à l'installation d'un réseau chez le client **Vioux.**

- Achat à Gil de 7 micro-ordinateurs pour un montant total de 5 441,80 € TTC et d'un serveur pour 1 231,88 € TTC.
- Achat à S.E.I. de 8 cartes réseaux à 31,82 € HT pièce, de 30 mètres de câble à 1,82 € HT le mètre et des accessoires pour un total de 36,36 € HT.
- Vente à Vioux du réseau constitué des 7 micro-ordinateurs, du serveur, des cartes, du câble et des accessoires.
  - Infosystem applique un coefficient de 1,6 sur les machines et de 2,2 sur les cartes et câble. Les accessoires sont vendus à prix coûtant.
  - Infosystem compte pour l'installation du serveur un service de 45,45 € HT et de 23 € HT par machine.

TRAVAIL À RÉALISER

❶ Établissez la facture de vente (TVA : 19,6 %).

❷ Enregistrez-la au journal de la société Infosystem.

2 LES RÉDUCTIONS (CALCUL ET ENREGISTREMENT) ★ FR 3

Les établissements **Caille** sont spécialisés dans la vente en gros de matériel électronique de bricolage.
Ils ont effectué les opérations suivantes :

- Vente à Manu Outil de 10 scies sauteuses à 89 € HT l'une et de 4 perforateurs antivibrations à 191 € HT l'unité. Le client Manu Outil obtient une remise de 5 % sur sa facture.
- Vente à DD Brico de 10 ponceuses vibrantes avec aspiration à 512 € HT l'une, de 4 défonceuses à 178,46 € HT pièce. Le client bénéficie d'une remise de 2 % sur le lot de ponceuses et d'une remise de 2,5 % sur les défonceuses. S'agissant d'un client régulier, les établissements Caille lui accorde une remise de 5 % sur l'ensemble de sa facture. DD Brico, réglant comptant, obtient un escompte de 2 %.

TRAVAIL À RÉALISER

❶ Présentez les corps et les pieds des factures (TVA : 19,6 %).

❷ Procédez à l'enregistrement chez Caille, DD Brico et Manu Outil.

3 LES FRAIS ACCESSOIRES

★★ FR 3

L'entreprise **Ladoux** et fils fabrique des petites boîtes en bois destinées à l'emballage de produits fragiles. Elle vient de réaliser les opérations suivantes :

– le 12 octobre, achat au fournisseur Cottet de colle, vernis, fongicide pour 628,56 €, escompte 2 %, port forfaitaire 20 €, règlement par chèque postal ;
– le 18 octobre, vente au client Terrieux d'un lot de 50 boîtes assorties pour un montant de 287,30 €, remise 10 %, port forfaitaire 15 € ;
– le 20 octobre, vente au client Gallo d'un lot de boîtes « grande finition » pour 958,55 €, remises 10 % et 5 %, port forfaitaire 22 €, escompte 1 % pour règlement sous huitaine ;
– le 21 octobre, facture du transporteur Giraud pour une livraison du 10 octobre : 137,76 €, règlement par chèque bancaire ;
– le 23 octobre, achat à l'entreprise Chazal de bois de tilleul pour 1 287,50 €, port forfaitaire 50 €.

Les prix sont donnés HT. Ces opérations sont soumises à la TVA au taux de 19,6 %.

TRAVAIL À RÉALISER

1. Établissez les factures schématiques.
2. Effectuez les enregistrements.

4 LA CONSIGNATION D'EMBALLAGES

★★ FR 3

Le grossiste **« Au Bon primeur »** livre certaines de ses marchandises dans des cartons ou des cagettes en bois que le client conserve ou détruit. Il lui arrive également de livrer dans des caisses en plastique qu'il consigne 5,5 € la caisse de 20 kg et 4,80 € la caisse de 10 kg.
Pour ses livraisons, il utilise des palettes pouvant supporter un poids n'excédant pas 500 kg. Ces palettes sont consignées 20 € l'une.
Le client Prim'frais est un très bon client. L'entreprise lui livre franco de port et lui accorde une remise de 20 %. Il a passé la commande suivante :

Au Bon primeur
Commande n° 2052 B — Client : Prim'frais
Giens, le 22/09/N — Giens

Réf.	Désignation	Qté	Prix unit. HT
OM	Ananas cartons 10 kg	8	11,75
A402	Pommes Royal caisses 20 kg	13	19,65
F207	Pommes de terre sacs de 50 kg	10	13,78
F318	Pêches jaunes cagettes 10 kg	6	10,98
F325	Pêches blanches cagettes 10 kg	6	10,98
E186	Raisin Muscat caisses de 10 kg	6	9,26
E202	Oranges Navel cartons 20 kg	5	20,15

Sur ces articles, le taux de TVA est de 5,5 %.

TRAVAIL À RÉALISER

1. Établissez la facture à adresser au client Prim'frais.
2. Enregistrez cette facture chez le client et le fournisseur.

THÈME 2

5 RECONSTITUTION DES FACTURES

★★ FR 3

L'entreprise Foulu-Moins distribue des vins et spiritueux auprès des détaillants ou associations. Les spiritueux sont achetés aux producteurs. Les vins sont achetés en bouteilles aux producteurs, ou mis en bouteilles par l'entreprise elle-même.
Dans tous les cas, les bouteilles ne sont pas récupérables.
L'entreprise expédie généralement dans des cartons de 6 bouteilles, mais elle livre parfois dans des casiers de 9 bouteilles qu'elle consigne.

Au cours de la semaine, le comptable a établi les documents suivants :

Foulu-Moins

Facture n° V5232 — Le 12/10/N

Doit Jean Bois

Réf.	Désignation	Qté	PU	Montant
V243	Carton 6 bouteilles de Cahors 1998	5		
S348	Fine Champagne	20	19,50	
			Total brut	
			Remise (10 %)	
			Net commercial	
			Port	30,00
			Total HT	
			TVA (19,6 %)	
			Net à payer	749,00

Transport Bourdonnais

Facture n° 12547 — Le 14/10/N

Doit Foulu-Moins

Désignation	Montant
Transport 2 m³ Montmarault-Lyon	194,00
Transport 3 m³ Bergerac-Montmarault	
Total brut	
Remise 12 %	
Net commercial	
TVA 19,6 %	
Consignation palettes	45,50
Net à payer	460,18

Foulu-Moins

Facture n° V5233 — Le 13/10/N

Doit Centfont S.A.

Réf.	Désignation	Qté	PU	Montant
S348	Fine Champagne	5	19,50	
V195	Carton 6 bouteilles Bordeaux Promo	3		
S527	Cognac Martel	2	22,00	
			Total brut	
			Remise (15 %)	
			Net commercial	
			Port	30,00
			Total HT	
			TVA (19,6 %)	
			Consignation casier	80,00
			Net à payer	343,60

Coopérative vinicole de Montbazillac

Facture n° 2933 — Le 15/10/N

Doit Foulu-Moins

Désignation	Montant
2 000 l Montbazillac AOC 92	
Total brut	
Remise 10 %	
Net commercial	
Port	130,00
Total	
Escompte 2 %	
Net financier	
TVA 19,6 %	
Net à payer	9 741,16

TRAVAIL À RÉALISER

1. Reconstituez toutes les factures (en complétant les zones tramées).
2. Enregistrez ces documents chez Foulu-Moins.

Les retours de produits

AU RÉFÉRENTIEL

- ***ÉTABLIR et VÉRIFIER les documents commerciaux***
- ***CALCULER et JUSTIFIER les réductions sur avoir***

MISE EN SITUATION ★ FR 4

Assistant(e) du comptable de la société **Loran,** vous suivez les clients réguliers de l'entreprise.
À la suite de la livraison facturée le 17/04/N, la société Clavel retourne des baignoires Reflex qui ont une teinte différente du reste du lot. Vous avez réalisé une facture d'avoir n° 120.
Le 27/04/N, la société Clavel découvre un défaut d'aspect lors du montage d'une baignoire Balnéo pour la mise en présentation. Elle vous retourne le produit. La facture d'avoir n° 123 est établie.

LORAN S.A. — Facture n° 669
Grenoble le : 17/04/N — Doit — Sté CLAVEL

Réf.	Désignation	Quantités	P.U.	% remise	P.U. net	Montant
B150EA	Baignoire Balnéo Eau/air	3	1 230,00	5 %	1 168,50	3 505,50
BC170	Baignoire Chicago	4	415,00	2 %	406,70	1 626,80
BR140	Baignoire Reflex	10	153,00	6 %	143,82	1 438,20
					Net commercial	6 570,50
					TVA 19,6 %	1 287,82
					Net à payer en €	7 858,32

LORAN S.A. — Avoir n° 120
Grenoble le : 20/04/N — AVOIR — Sté CLAVEL

Réf.	Désignation	Quantités	PU..	% remise	P.U. net	Montant
BR140	Baignoire Reflex	3	153,00	6 %	143,82	431,46
					Net commercial	431,46
					TVA 19,6 %	84,57
					Net à votre crédit en €	516,03

TRAVAIL À RÉALISER

Réflexion

1. Quelle est l'opération concernée par l'avoir n° 120 ?
2. À quel prix sont reprises les baignoires Reflex ? Pourquoi ?
3. Pourquoi la TVA figure-t-elle sur la facture d'avoir ?

Action

1. Enregistrez la facture d'avoir n° 120 chez Loran et Clavel.
2. Établissez la facture d'avoir n° 123 et enregistrez-la chez Loran et Clavel.

Les réductions hors facture

THÈME 3

DOSSIER 2

AU RÉFÉRENTIEL

- ***ÉTABLIR et VÉRIFIER les documents commerciaux***
- ***CALCULER et JUSTIFIER les réductions sur facture d'avoir***

MISE EN SITUATION ★★ FR 4

Madame Fabre, du service comptable de la librairie en gros **Colbert**, vous transmet le dossier de suivi des clients.
Le 3 novembre, Majuscule l'informe qu'un lot de 10 livres lui est parvenu légèrement écorné. Madame Fabre a commencé à établir la facture d'avoir n° A275.
Le 5 novembre, Colbert reçoit de L'Oiseau Lire, un chèque de 2 810,00 € en règlement anticipé de la facture n° V1478. Madame Fabre décide de lui accorder un escompte de 2 % et établit alors la facture d'avoir correspondante.

COLBERT
12, avenue de la République
38080 L'Isle d'Abeau

AVOIR

Avoir n° A275
Du 3 novembre N

Majuscule
Bourgoin-Jallieu

Désignation	Montant
Rabais de 30 % sur 120 €	
TVA à 5,5 %	
Net à votre crédit	

COLBERT
12, avenue de la République
38080 L'Isle d'Abeau

AVOIR

Avoir n° A276
Du 5 novembre N

L'Oiseau Lire
Villefontaine

Désignation	Montant
Escompte 2 % sur facture V1478	53,27
TVA à 5,5 %	2,93
Net à votre crédit	56,20

TRAVAIL À RÉALISER

Réflexion

1. Pour les documents A275 et A276, quel est le type des réductions accordées et quelle est la nature de l'opération concernée ?
2. Pourquoi le rabais (avoir n° A275) ne suit-il pas la règle énoncée p. 145 : « les réductions commerciales ne sont pas enregistrées » ?
3. Cette différenciation se justifie-t-elle pour les réductions financières ?

Action

1. Complétez l'avoir n° A275.
2. Enregistrez cet avoir chez Colbert et Majuscule.
3. Expliquez pourquoi les 2 % d'escompte appliqués à 2 810 € correspondent au montant TTC de l'avoir. Reconstituez le calcul du montant hors taxes de l'escompte.
4. Enregistrez l'avoir A276 chez Colbert et l'Oiseau Lire.

Les ristournes accordées sur relevé de factures

AU RÉFÉRENTIEL

- ***ÉTABLIR, VÉRIFIER les documents commerciaux***
- ***CALCULER, JUSTIFIER les réductions sur facture d'avoir***

MISE EN SITUATION ★★★ FR 4

Monsieur Johannidis dirige la fromagerie industrielle **Fromalpes.** Pour fidéliser ses clients, il accorde une ristourne sur le chiffre d'affaires du trimestre.
Cette ristourne fait l'objet d'une facture d'avoir adressée au client en même temps que le relevé de factures trimestriel *(TVA à 5,5 %)*.

FROMALPES
12 Chemin de la Pinède
Grenoble
Relevé de factures au 28/11/N

Espace fraîcheur
Sassenage
Solde à régr à 30 jours fin de mois

Date	Libellé	Sommes		Soldes	
		Débit	Crédit	Débiteurs	Créditeurs
01/09	Solde			987,50	
07/09	Fre V2341	1 280,08		2 267,58	
12/09	Règlement par chèque		987,50	1 280,08	
20/09	Règlement partiel facture V2341		800,00	480,08	
24/09	Fre V2542	648,58		1 128,66	
28/09	Avoir AV328		83,08	1 045,58	
04/10	Fre V2735	698,26		1 743,84	
08/10	Règlement solde facture V2341		480,08	1 263,76	
15/10	Fre V2804	1 144,26		2 408,02	
28/10	Fre V3002	498,45		2 906,47	
03/11	Avoir AV397		131,92	2 774,55	
07/11	Règlement factures V2542 AV328		565,50	2 209,05	
17/11	Fre V3191	807,68		3 016,73	
19/11	Règlement facture 2735		698,26	2 318,47	
28/11	Fre V3307	964,71		3 283,18	

FROMALPES
12 Chemin de la Pinède
Grenoble
Avoir n° AV425

AVOIR
Espace fraîcheur
Sassenage
Du 29/11/N

Chiffre d'affaires du trimestre HT	
Ristourne 5 %	
TVA à 5,5 %	
Net à votre crédit	

TRAVAIL À RÉALISER

RÉFLEXION

1. Quel intérêt présente le relevé de factures :
   - pour le client ?
   - pour le fournisseur ?
2. Quelles sont les différentes opérations figurant sur le relevé ?
3. Quelle différence existe-t-il entre la ristourne et les autres réductions commerciales ?
4. Sur le relevé trimestriel, les montants sont-ils TTC ou HT ?

ACTION

1. Calculez le montant du chiffre d'affaires trimestriel HT réalisé avec Espace Fraîcheur.
2. Complétez la facture d'avoir AV425.
3. Enregistrez ce document chez Fromalpes et chez Espace Fraîcheur.

ENTRAÎNEMENTS

THÈME 3

1 RETOUR DE PRODUITS FINIS ★ FR 4

L'entreprise **Royer** confectionne des tapis de laine et des tapis en fibre synthétique. Elle les revend à des distributeurs et à des centrales d'achat.

Au cours de la semaine, elle a réalisé les opérations suivantes :

- 8 octobre, facture à Mondial Moquette pour 100 tapis de laine T2 180 × 280 à 430 € l'un, 200 tapis en polypropylène 160 × 230 à 100 € l'un, remise 20 %, port forfaitaire 58 €;
- 10 octobre, facture aux 3 Suisses pour 100 tapis polypropylène 135 × 200 à 50 € l'un;
- 12 octobre, facture d'avoir à Mondial Moquette pour 30 tapis de polypropylène présentant un défaut d'aspect;
- 15 octobre, facture d'avoir pour 20 tapis aux 3 Suisses pour les mêmes motifs.

Les prix sont HT, les opérations sont soumises à TVA au taux de 19,6 %.

TRAVAIL À RÉALISER

1. Présentez schématiquement les quatre documents.
2. Enregistrez les opérations chez Royer.

2 RETOUR DE MARCHANDISES ★ FR 4

Monsieur Dubois, responsable de **Vivarais Meubles,** qui achète et revend des meubles, vous confie les travaux courants de facturation (TVA 19,6 %).

Au cours du mois de novembre, l'entreprise réalise les opérations suivantes :

- le 3 novembre, facture n° 951 à Ribaud pour 120 chaises de cuisine à 17 € HT, remise 15 %, port forfaitaire 80 € HT;
- le 6 novembre, avoir n° AV951 pour le retour par Ribaud de 4 chaises de cuisine facturées le 3 novembre;

DESJARDINS
Facture n° V584 — Doit
Le 10 novembre N — Vivarais Meubles

Désignation	Quantité	Prix unitaire	Montant
Fauteuils Louis XV	30	338,50	10 155,00
Fauteuils de relaxation	10	1 000,00	10 000,00
			20 155,00
		Remise 10 %	2 015,00
		Net commercial	18 139,50
		Port forfaitaire	100,00
		Total HT	18 239,50
		TVA à 19,6 %	3 574,94
		Net à payer	21 814,44

VIVARAIS MEUBLES
Facture n° 952 — Doit
Le 13 novembre N — THIVIER

Désignation	Quantité	Prix unitaire	Montant
Ensemble canapé 2 fauteuils	4	895,80	3 583,20
Chaises de cuisine	100	17,00	1 700,00
			5 283,20
		Remise 15 %	792,48
		Net commercial	4 490,72
		Port forfaitaire	80,00
			4 570,72
		Escompte 2 %	91,41
		Net financier	4 479,31
		TVA à 19,6 %	877,94
		Net à payer	5 357,25

- le 15 novembre, l'entreprise retourne à Desjardins 2 fauteuils de relaxation, facturés le 10 novembre, dont le mécanisme automatique fonctionne mal. Le 17 novembre, réception de la facture d'avoir n° AV98 de Desjardins concernant le retour du 15.

TRAVAIL À RÉALISER

1. Présentez le calcul de la facture et des factures d'avoir.
2. Enregistrez les opérations chez Vivarais Meubles.

3 RETOUR D'EMBALLAGES CONSIGNÉS

★ FR 4

Le comptable de l'entreprise **Mallardier** vous communique les informations suivantes :

Mallardier

Facture n°6-125 — Le 22 novembre N

Doit Gaultier

Désignation	Quantité	Prix unitaire	Montant
Portiques 3 m	10	148,80	1 488,00
Tobogans	5	98,00	490,00
		Total HT	1 978,00
		TVA à 19,6 %	387,69
		Consignation palettes	50,00
		Net à payer	2 415,69

Le 30 novembre, Gaultier retourne les palettes.

TRAVAIL À RÉALISER

1. Établissez l'avoir du 30 novembre.
2. Enregistrez les deux opérations chez Mallardier et chez Gaultier.

4 RELEVÉ ET RÉDUCTION HORS FACTURE

★ FR 4

L'entreprise **Carron,** soumise à un taux de TVA de 19,6 %, fabrique toute une gamme de couteaux de luxe qu'elle distribue auprès de revendeurs sur tout le marché français. Chaque fin de trimestre, elle accorde une ristourne à ses clients habituels.

Cette ristourne est calculée par tranche selon les conditions suivantes :

- pour la part de chiffre d'affaires à moins de 1 200 € → 2 %,
- pour la part de chiffre d'affaires de 1 200 € à moins de 1 850 € → 3 %,
- pour la part de chiffre d'affaires de 1 850 € à moins de 3 000 € → 4 %,
- pour la part de chiffre d'affaires de 3 000 € à moins de 4 500 € → 6 %,
- pour la part de chiffre d'affaires de 4 500 € et plus → 8 %.

Le 30 septembre, elle adresse à son client Féougier le relevé trimestriel suivant et la facture d'avoir :

Carron
Zone artisanale de Chantoiseau
42000 Saint Étienne

Relevé de factures au 30 septembre — Client : Féougier

Date	Libellé	Montants
01/07	Solde	742,74
08/07	Facture n° V 2532	894,95
20/07	Facture n° V 2987	1 296,23
30/07	Chèque n° 125487	– 661,20
03/08	Facture n° V 3212	1 125,98
12/08	Chèque n° 215115	– 894,95
10/09	Avoir n° AV 598	– 127,82
21/09	Facture n° V 3437	391,92
30/09	Virement	– 1 296,23
	Reste dû	1 390,08

TRAVAIL À RÉALISER

1. Calculez le chiffre d'affaires trimestriel HT réalisé avec le client Féougier.
2. Présentez la facture d'avoir n° AV 622 et enregistrez-la chez Carron et chez Féougier.

THÈME 3

5 EXERCICE DE SYNTHÈSE ★★ FR 4

L'entreprise **Tamaron** fabrique des bijoux originaux qu'elle livre parfois dans des étuis à tiroirs. L'étui est consigné 55 €.

Elle a réalisé les opérations suivantes durant le mois de décembre :

- le 2 décembre, vente à Rajan de 10 colliers, 8 bracelets pour une valeur de 20 892 € HT, port forfaitaire 620 € HT, consignation d'un étui ;
- le 3 décembre, achat d'or à Bonnier : 5 200 € HT, remise 10 %, port forfaitaire 45 € HT ;
- le 5 décembre, vente à Carlier de 5 parures pour 12 850 € HT, remise 15 %, port forfaitaire 54 € HT, escompte 2 %;
- le 6 décembre, retour de l'étui consigné le 2 décembre ;
- le 8 décembre, achat à Vibert de perles naturelles pour 8 350 € HT, remise 5 %;
- le 8 décembre, chèque de Nicoud en règlement de la facture du 15 novembre : 15 280 €;
- le 9 décembre, vente à Beaulieu de 8 colliers pour 8 600 € HT, port forfaitaire 70 € HT ;
- le 10 décembre, chèque en règlement de l'achat du 8 décembre sous déduction d'un escompte de 2 %;
- le 15 décembre, avoir de Vibert pour l'escompte de règlement accordé le 10 décembre ;
- le 18 décembre, vente à Nicoud de 10 parures, 8 colliers, 3 bracelets, 12 paires de boucles d'oreilles pour 34 370 € HT, remise 18 %, port 90 € HT, consignation de 3 étuis ;
- le 22 décembre, rabais de 170 € HT accordé à Nicoud sur un collier présentant un défaut de coloration, retour des étuis consignés ;
- le 26 décembre, vente à Darmond de 4 parures pour 7 390 € HT, port forfaitaire 58 € HT, escompte 1 %, règlement sous huitaine ;
- le 27 décembre, achat à Echoard de petits diamants pour 20 000 € HT, port forfaitaire 125 € HT, règlement moitié à 30 jours, moitié à 60 jours ;
- le 28 décembre, ristourne accordée à Nicoud sur le chiffre d'affaires annuel HT en application des conditions suivantes :
  - pour un chiffre d'affaires < 50 000 € → 1 %,
  - pour un chiffre d'affaires de 50 000 € à moins de 80 000 € → 2 %,
  - pour un chiffre d'affaires de 80 000 € à moins de 100 000 € → 3 %,
  - pour un chiffre d'affaires de 100 000 € à moins de 125 000 € → 4 %,
  - pour un chiffre d'affaires de 125 000 € et plus → 6 %.

Le taux s'applique au chiffre d'affaires total (pas de calcul par tranche).

Tamaron a réalisé avec Nicoud un CA de 112 350 € HT dans l'année.

- Le 29 décembre, Echoard nous fait parvenir un avoir pour la remise de 8 % oubliée sur la facture du 27 décembre.

La TVA est au taux de 19,6 %.

TRAVAIL À RÉALISER

1. Présentez les calculs de facturation.
2. Enregistrez les opérations chez Tamaron.

THÈME 4

LES OPÉRATIONS DE TRÉSORERIE

DOSSIER 1

Les encaissements et les décaissements

AU RÉFÉRENTIEL ➤ ***ENREGISTRER les règlements***

MISE EN SITUATION ★ FR 5

Vous êtes employé(e) par Gaëtan Colombier, gérant de la papeterie **La Papethèque**.

Dans cette entreprise, les achats et les ventes sont soumis à la TVA au taux de 19,6 %. Les règlements des fournisseurs sont effectués, le plus souvent, par chèque ou virement. Les menues dépenses sont parfois réglées en espèces ou par carte bancaire.

Les ventes sont enregistrées globalement à la fin de chaque journée, à partir des informations fournies par la caisse enregistreuse. Le compte de liaisons *Clients divers (n° 411500)* permet de conserver, jour par jour, la trace du chiffre d'affaires réalisé.

Les chèques sont remis à la banque deux fois par semaine. Dès réception, ils sont enregistrés dans un compte d'attente n° 5112. Les encaissements par cartes bancaires sont transférés automatiquement sur le compte bancaire de l'entreprise par télétraitement.

Voici les pièces comptables qui sont à enregistrer à la date du 8 décembre.

PIÈCE DE CAISSE

N° 861 Le : 08/12/...

Recettes	**Dépenses**
	38.40 €

Libellé : timbres-poste et affranchissements

LA POSTE

DATE : 08/12/...

AFFRANCHISSEMENTS : 38.40 €

REÇU

CARTE BANCAIRE

LE 08/12 14 : 5

E. LECLERC
GUÉRET

407 2448
53 0704 69 1237
12/99 101
DÉBIT 0400
MONTANT : € : 29,90

TICKET À CONSERVER

E. LECLERC
GUÉRET

VOUS REMERCIE
DE VOTRE CONFIANCE

LUN 08-12-... *Produits d'entretien*
065CA VALÉRIE M.

CLAIR NET B 5 L	€ 17,90
SPONTEX HARM.	
6 x 2,01	€ 12,00
TOTAL	**€ 29,90**
dont TVA	*€ 4,90*
CARTE BANC.	€ 29,90

CHÈQUE N° 00095292

Date 08-12-...

Ordre Desforges Règlement Facture du 08/11

Montant 2 392.00 €

BORDEREAU VENTES COMPTOIR

DATE :	08/12/...
ESP :	1 083.36 €
CH :	322.92 €
CB :	1 255.80 €
TOT :	1 083.36 €

PIÈCE DE CAISSE N° 862

Journée du : 08/12/...

Recettes	**Dépenses**
1 083.36	

Libellé : ventes au comptant du 08/12/...

BNP

ORDRE DE VIREMENT Date : 08/12

DONNEUR D'ORDRE :
Nom (ou dénomination sociale) : La Papethèque, Guéret
Compte : n° 04691237
Montant du virement 856,26

BÉNÉFICIAIRE :
Nom (ou dénomination sociale) : SARL GALUTIN
Domiciliation bancaire : Société Générale 30007 00401 8754 5678901 21

Signature

BNP

AVIS DE CRÉDIT

SIÈGE	N° DE SIÈGE	DESTINATAIRE
GUÉRET	2857	PAPETHÈQUE COLOMBIER
DATE DE L'AVIS 07/12/...	N° DE COMPTE 04691237	17 Grand-Rue 23000 GUÉRET

SIÈGE BNP ORIGINE :
AUBUSSON

N° D'ORDRE	PAGE	DOCUMENT	À VOTRE CRÉDIT (VALEUR : 09/12/...)
0003310	0001	E/S	705,64 €

VERSEMENT : ORDRE VIREMENT
LYCÉE AUBUSSON V. FACT.

BNP

Dépôt de chèques

Le montant de ce dépôt vous est escompté ce jour et pourra être éventuellement contre-passé au débit de votre compte en cas de non-paiement partiel ou total (voir au verso l'avis au bénéficiaire).

[X] Sur rayon [ ] Hors rayon
Établir un bordereau distinct par nature de dépôt

Réservé à la Banque
Service : PA :
N° Opé :
N° d'ordre : Folio : Document :

Date	Code agence	N° de compte (8 chiffres)	Réservé BNP
0812N		04691237	

Nom et adresse du bénéficiaire
Papeterie Colombier
17, Grand-Rue
23000 Guéret

Emetteurs Ets payeurs et lieux de paiement	Montants
Agena - CA - Guéret	625,00
Besson - CL - Guéret	896,00
Perret - C. Mutuel - Guéret	280,00
Derocles - CA - Guéret	174,00
Lasbroas - C. Mutuel - Guéret	470,00
Benhamed - CA - Guéret	310,00
Jagrear - BP - Guéret	621,80
7 Chèque(s) pour €	3 376,80

Agence tenant le compte : Guéret

Référence dépôt (facultatif)

3615 BNP

Banque Nationale de Paris - S.A. au capital de 5.331.104.700 Francs - Siege Social : 16, bd des Italiens - Paris (9e)
Immatriculée sous le n° 662 042 449 - R.C.S. Paris - Identifiant C.E. FR76662042449

BNP en ligne 0 801 63 06 06

TRAVAIL À RÉALISER

Réflexion

1. Quelles sont les pièces comptables qui correspondent à des encaissements ?
2. Quelles sont les pièces comptables qui correspondent à des décaissements ?
3. Quelles sont les opérations qui ont engendré deux pièces comptables ?

Action

1. Enregistrez les pièces comptables.
2. Indiquez l'utilité des comptes 411500 et 5112. Justifiez leur classement.

La création et l'encaissement d'un effet de commerce

AU RÉFÉRENTIEL

SUIVRE et VÉRIFIER toute opération sur effets

MISE EN SITUATION ★★ *FR 5*

Le 20 novembre, Monsieur **Robin** adresse à sa banque, le Crédit Lyonnais, une *lettre de change* pour encaissement. Stagiaire dans l'entreprise, vous assistez à cette opération et vous étudiez le document.

SARL ROBIN
89, rue Denis Papin
41000 BLOIS

Contre cette
LETTRE DE CHANGE
stipulée SANS FRAIS
veuillez payer la somme indiquée
ci-dessous à l'ordre de nous-mêmes

LCR

À Blois LE

Montant pour contrôle	Date de création	ÉCHÉANCE	LCR seulement / réf. tiré	€ MONTANT
4 789,12	20/10/N	30/11/N		4 789,12

RIB du Tiré

code Éts	code guichet	n° du compte	clé RIB
22346	00051	0002159865	07

DOMICILIATION
Crédit Mutuel
Place Clauzel Le Puy

valeur en Marchandises

NOM et ADRESSE du TIRÉ : M. LAMBERT Gérard, 125 rue Maréchal Foch, 43000 LE PUY

signature
Robin

ACCEPTATION ou AVAL ▲ ne rien inscrire au-dessous de cette ligne ▼

TRAVAIL À RÉALISER

Réflexion

1. Quels sont les mots-clés qui permettent d'identifier ce document ?
2. À quelle date a été créée la lettre de change ? Par qui ? À quelle date aura lieu le règlement ? Qui est le tiré ? Sur tous ces points, quelles différences y a-t-il avec le chèque ?
3. Que signifie la mention « Acceptation » ?

Action

1. Soulignez, sur le document, les mentions qui vous semblent obligatoires.
2. Rassemblez sur un schéma : le tireur, le tiré, le bénéficiaire et leur banque.
3. Indiquez ce que doit faire M. Robin avant d'adresser l'effet à sa banque pour encaissement.
4. Enregistrez la création et le paiement de la lettre de change :
   - dans la comptabilité du tireur,
   - dans celle du tiré.
5. Expliquez l'expression « LCR seulement ».

La négociation d'un effet de commerce

AU RÉFÉRENTIEL ➤ ***SUIVRE et VÉRIFIER toute opération sur effets***

MISE EN SITUATION ★★ FR 5

Le 6 février, la **SARL Mécafort**, spécialisée dans la fabrication d'outillage industriel, tire une lettre de change-relevé sur la SA Robotic.
Le 10 février, le tireur a remis l'effet à *l'escompte* à la BNP. Quelques jours plus tard, il a reçu le document suivant. Vous êtes chargé(e) de l'enregistrer en comptabilité.

BNP

BORDEREAU DE DÉCOMPTE
DE LCR OU BOR REMIS
À L'ESCOMPTE

COPIE POUR DOSSIER

ÉTABLI LE : 12/02/...
REMISE REÇU LE : 10/02/...

SARL MÉCAFOR
22, av. Charles Poncet
74302 CLUSES

BNP Cluses

CODE ÉTS.	CODE GUICHET
30004	04010

NUMÉRO DE COMPTE
04691237

NB TOTAL D'APPOINTS REMIS À L'ESCOMPTE : 001

NUMÉRO	LIEU DU PAIEMENT	MONTANT	ÉCH.	COMMIS.	RÉF.	JOURS	INTÉRÊTS
45603	C. Lyonnais Gap	9 674,72	06/04	6,10	LCR	57	168,48

MONTANT BRUT SOUS RÉSERVE D'ENCAISSEMENT	TOTAL DES COMMISSIONS	TVA 19,6 SUR COMMISSIONS	INTÉRÊTS
9 674,72	6,10	1,19	168,48

CONTRÔLE	MONTANT À VOTRE COMPTE	VALEUR
00014 NCS 2	AU DÉBIT : 175,77	10/02

0000086 OR122 PAGE : 0001

Banque Nationale de Paris – SA au capital de 3 536 972 150 Francs – Siège social : 16, bd des Italiens – Paris (9e) – RCS Paris B 662 042 449

TRAVAIL À RÉALISER

Réflexion

1. Quel est le nom de ce document, celui de l'émetteur, celui du récepteur ?
2. Qui est le tireur de l'effet ? Qui est le tiré ?
3. Retrouvez le montant, la date de création, la date d'échéance, le nom de la banque du tireur et celle du tiré.

Action

1. Comptez le nombre de jours entre la date de création et la date de remise à la banque puis entre cette date et l'échéance. Concluez.
2. Retrouvez les trois éléments qui constituent les agios. Quel est le montant net de cette opération pour la SARL Mécafort ?
3. Enregistrez la création et l'escompte de la LCR dans la comptabilité du tireur.
4. Enregistrez la création et le paiement de l'effet chez le tiré.
5. Comparez l'encaissement et l'escompte.

DOSSIER 3

THÈME 4

ENTRAÎNEMENTS

THÈME 4

1 L'ENREGISTREMENT D'OPÉRATIONS COURANTES

★★ FR 5

Le **Clin d'œil** est un salon de coiffure et esthétique pour hommes et dames.
Les recettes sont enregistrées une fois par semaine à partir des montants TTC figurant sur le bordereau de la caisse. Les chèques reçus ne sont pas remis à l'encaissement le jour même.
Voici quelques unes des opérations enregistrées au début du mois de mars.

Le 01	• *Facture n° 2896 de Skin Tonic*	
	Produits cosmétiques divers	825,00
	Remise 15 %	123,75
		701,25
	TVA 19,6 %	137,44
	Net à payer	838,69
	• *Avis d'échéance* redevance crédit-bail	239,20
Le 02	• *Avis de débit*	
	Virement bancaire aux Éts Lavandou	1 200,00
	• *Bordereau de remise à l'encaissement n° 2585 :* 9 chèques bancaires	2 568,78
Le 02	• *Bordereau de caisse de la semaine du 26/02 au 02/03*	
	Coupes et autres services :	
	– en espèces	1 076,40
	– par chèques	633,88
	– par cartes bancaires	777,40
	Ventes de produits cosmétiques :	
	– en espèces	155,48
	– par cartes bancaires	484,38
Le 05	• *Extrait de compte (télétraitement)*	
	Commission sur encaissement CB du 26/02 au 02/03, HT	9,82
	TVA 19,6 %	1,92
		11,74
	• *Fiche de versement d'espèces* à la banque	800,00
	• *Pièce de caisse n° 562* et *note n° 1231* des Éts Chiron, disquaire	
	3 CD pour sonorisation du salon, TTC	53,82
Le 06	• *Chèque adressé à Skin Tonic* en règlement de la facture Skin du 01/03	
	• *Virement bancaire reçu* de Florence d'Estrait. Montant :	867,10
	• *Facturette CB* établie par Decflor, Fleurs pour le salon, TTC	77,74
	• *Avis de débit* redevance crédit-bail	239,20

Remarque : *le crédit-bail concerne un appareil de balnéothérapie payé en 20 redevances trimestrielles de 200 € HT. Celles-ci sont inscrites dans un compte de charges à la réception de l'avis de débit de la banque.*

TRAVAIL À RÉALISER

Enregistrez ces opérations dans la comptabilité de l'entreprise (TVA 19,6 %).

2 LA CRÉATION ET LE PAIEMENT D'EFFETS DE COMMERCE

★ FR 5

Au cours du mois d'octobre, l'entreprise **Catalpa** a effectué les opérations suivantes.

- Le 06 : acceptation d'une lettre de change n° 2354 tirée par Legrand, échéances 31.12 .... 586,04 €
- Le 08 : établissement d'un billet à ordre n° 140 au 31.12 : bénéficiaire : Godet, en règlement de sa facture n° 6484 ; domiciliation : Banque populaire ; montant .... 1 435,20 €
- Le 13 : tirage d'une LCR n° 78945B sur le client Fillioud .... 717,60 €
- Le 20 : remise à l'encaissement d'une LCR n° 78892B, tirée le 3 septembre sur Aouadi .... 1 614,60 €
- Le 26 : réception du bordereau de décompte d'effets remis à l'encaissement concernant l'effet Aouadi ; commission : 5,00 ; TVA : 0,98 ; agio .... 5,98 €
- Le 27 : avis de débit pour effets domiciliés échus .... 3 797,30 €
- Le 30 : réception d'un billet à ordre-relevé, au 15.01, souscrit par le client Santin .... 1 028,56 €

TRAVAIL À RÉALISER

1. Indiquez ce qui différencie la lettre de change n° 2354 et le billet à ordre n° 140. Précisez qui est le souscripteur du billet à ordre, qui paiera 1 435,20 € à l'échéance et sur quel compte ce montant sera prélevé.
2. Enregistrez toutes les opérations ci-dessus dans la comptabilité de l'entreprise.

3 L'ENREGISTREMENT D'OPÉRATIONS DE TRÉSORERIE

★★ FR 5

Voici quelques-unes des opérations effectuées par la société **Dumoulin** pendant le mois de décembre.

- Le 01 : avis d'échéance au 15, reçu de BNP-Lease ; location photocopieur, HT .... 480,00 €
- Le 02 : avis de débit de la banque pour effets échus .... 14 531,40 €
- Le 03 : bordereau d'effets remis à l'escompte .... 9 568,00 €
- Le 04 : augmentation de capital ; les fonds sont déposés en banque .... 12 000,00 €
- Le 08 : réception d'un billet à ordre souscrit par Basel .... 15 033,72 €
- Le 09 : bordereau d'escompte concernant la remise du 03 ; intérêts : 84,61 ; commission : 7,5 ; TVA : 1,47 ; agios .... 93,58 €
- Le 10 : acceptation d'une LCR tirée par Grévin .... 4 705,00 €
- Le 12 : emprunt bancaire ; fonds mis à disposition par la banque .... 10 000,00 €
- Le 16 : avis de prélèvement bancaire BNP-Lease .... 574,08 €
- Le 18 : envoi d'un chèque au Trésor public pour le paiement de la TVA .... 1 382,00 €

TRAVAIL À RÉALISER

Enregistrez les opérations dans la comptabilité de la société Dumoulin.

4 LA DÉMATÉRIALISATION DES EFFETS DE COMMERCE

★★★ FR 5

La société **Ambiance** fabrique, achète et vend des produits utilisés pour les fêtes (farces, attrapes, cotillons, feux d'artifice, etc.). Elles est dirigée par M. Puce. Sa banque est le crédit Mutuel.
Tous les effets sont traités selon la procédure de la *LCR-magnétique*. C'est une étape décisive vers « l'entreprise sans papiers » dont rêve M. Puce. Lorsqu'une LCR est créée, elle est transmise directement à la banque par télétraitement.
« Sans document, pas d'écriture » dit M. Puce. La créance qui fait l'objet d'une LCR-magnétique est maintenue dans le compte *Clients* jusqu'à son règlement. Exception : lorsque la LCR est négociée, sa valeur est inscrite provisoirement dans le compte *519*.
Voici quelques unes des opérations effectuées par l'entreprise au cours des deux derniers mois.

Le 02/02

Facture n° 24501 adressée à la Mairie de Plougastel (n° 411128)

Rampes lumineuses et appareillage	2 800,00
TVA 19,6 %	548,80
Net à payer	3 348,80

LCR-magnétique au 15/03.

Facture n° 24502 adressée à Association *Carnaval breton* (n° 411108)

Cotillons	2 940,00
TVA 19,6 %	576,24
Net à payer	3 516,24

LCR-magnétique au 31/03.

Le 15/02

Remise à l'escompte, par télétransmission de la LCR-magnétique tirée sur Carnaval breton.

Le 16/02

Extrait de compte (télétraitement)

Commission fixe sur escompte	
LCR	1,02
TVA 19,6 %	0,20
Intérêts et endos	88,64

Le 10/03

Remise à l'encaissement, par télétransmission, de la LCR-magnétique tirée sur Plougastel.

Le 16/03

Extrait de compte (télétraitement)

Commission fixe sur encaissement LCR	1,55
TVA 19,6 %	0,30
Encaissement LCR	3 348,80

***Remarque :** les rampes lumineuses et appareillages annexes sont fabriqués par l'entreprise Ambiance ; les cotillons ont été achetés puis revendus.*

TRAVAIL À RÉALISER

Enregistrez les opérations dans la comptabilité de l'entreprise.

THÈME 5

LES CALCULS FINANCIERS

DOSSIER 1

Les intérêts simples

AU RÉFÉRENTIEL

- ***CONTRÔLER un bordereau***
- ***COMPARER les conditions bancaires***

MISE EN SITUATION ★ FR 6

Vous êtes l'assistant(e) de Monsieur Louis, gérant de la S.A.R.L. **Bouchard**.
M. Louis dispose auprès de sa banque d'un découvert autorisé de 50 000 €. Le Crédit Lyonnais lui fait parvenir, pour le mois de janvier, le bordereau suivant :

CREDIT LYONNAIS	Société : Bouchard		Mois : Janvier
	Base	**Taux**	**Montant**
Découvert moyen	38 000	9,30 %	304,32
Découvert maximal : 4 jours	39 800	0,50 %	2,21
			306,53

Par ailleurs, il a souscrit pour 90 jours auprès de sa banque des bons de caisse[1] d'une valeur de 9 000 €, au taux de 3,5 % l'an.
Enfin, il envisage d'escompter une traite à 45 jours d'échéance, d'une valeur nominale de 15 000 €. Les deux banques contactées lui ont fait parvenir les propositions suivantes :

CRÉDIT LYONNAIS

Taux d'escompte	6,70 % l'an
Commission fixe par effet	3 € HT (TVA 19,6 %)
Jours de banque	1

BNP

Taux d'escompte	6,55 % l'an
Commission fixe par effet	4 € HT (TVA 19,6 %)
Jours de banque	2

TRAVAIL À RÉALISER

RÉFLEXION

1. Qu'est-ce qu'un découvert autorisé ?
2. Quelle est la différence entre un découvert moyen et un découvert maximal ?

ACTION

1. Vérifiez les calculs contenus dans le bordereau de banque, sachant que :
   - le taux sur le découvert moyen s'applique sur le mois complet, soit 31 jours pour janvier ;
   - le taux de plus fort découvert s'applique seulement sur les 4 jours de découvert maximal.
2. Calculez la valeur acquise à intérêts simples par les bons de caisse.
3. Comparez les conditions proposées par les deux banques pour l'opération d'escompte.

1. Bons de caisse : souscrits auprès de la banque, pour une durée de 1 à 24 mois, à un taux garanti.

Les intérêts composés

AU RÉFÉRENTIEL

ACTUALISER des recettes ou des dépenses prévisionnelles

MISE EN SITUATION ★ FR 6

Vous êtes assistant(e) dans la société **CEFE** qui fabrique des transformateurs. Le directeur, M. Jean, souhaite construire un nouveau local et acquérir un matériel plus performant. Le financement du local se ferait avec des capitaux propres. En effet, l'entreprise a placé, il y a 4 ans, un capital de 30 000 € à intérêts composés (capitalisation annuelle au taux de 6 % l'an).
M. Jean a suivi l'évolution de son placement dans le tableau ci-dessous :

Années	Capital en début d'année	Intérêts	Capital en fin d'année
1	30 000,00	1 800,00	31 800,00
2	31 800,00	1 908,00	33 708,00
3	33 708,00	2 022,48	35 730,48
4	35 730,48	2 143,83	37 874,31

Pour le nouveau matériel, la banque de la société propose un prêt de 15 000 €. Le remboursement se fera en 4 annuités, avec un taux de 7 % l'an.

PREMIER TRAVAIL À RÉALISER

RÉFLEXION

1. Quelle est la valeur acquise par le capital placé par M. Jean à la fin de la quatrième année ?
2. Quel est le montant des intérêts acquis par ce capital ?
3. Calculez la valeur acquise par cette somme placée, au même taux, à intérêts simples. Que concluez-vous ?

ACTION

1. Vérifiez le montant de la valeur acquise :
   - à partir de la formule $C_n = C_0(1 + i)^n$,
   - à l'aide de l'extrait de la table 1, page 32 (le taux i est donné en colonne et la durée n en ligne).
2. Calculez la valeur acquise par ce même capital, avec une capitalisation trimestrielle (taux équivalent).

DEUXIÈME TRAVAIL À RÉALISER

RÉFLEXION

1. Quel est, dans le cadre d'un emprunt, la signification du mot amortissement ?
2. Quelles sont les différences essentielles entre un emprunt remboursé par annuités constantes et un emprunt remboursé par amortissements constants ?

ACTION

Présentez :
- le tableau de remboursement par amortissements constants,
- le tableau de remboursement par annuités constantes.

ENTRAÎNEMENTS

1 CALCUL DE VALEURS ACQUISES À INTÉRÊTS SIMPLES ★ FR 6

Vous êtes assistant(e) de gestion dans la SARL **Deluse** qui fabrique et commercialise des jouets en bois. Son gérant, M. Paul, a placé un capital de 3 000 € pendant 210 jours au taux de 4,5 % l'an.
Cette même entreprise a emprunté une somme de 1 000 €, du 10 juillet jusqu'au 13 novembre de la même année, au taux de 7 % l'an.

THÈME 5

TRAVAIL À RÉALISER

1. Calculez l'intérêt et la valeur acquise par ce capital.
2. Calculez la durée de l'emprunt, le montant des intérêts et du remboursement.

2 ESCOMPTE D'UN EFFET DE COMMERCE ★ FR 6

L'entreprise **Lavello** a escompté le 10 novembre une traite au 30 décembre, d'une valeur nominale de 1 000 €. Le taux annuel d'escompte est de 8,30 %. La commission fixe s'élève à 3,5 € HT et la banque ajoute 2 jours de banque supplémentaires.

TRAVAIL À RÉALISER

Calculez la valeur nette de l'effet.

3 ÉQUIVALENCE D'EFFETS ★★ FR 6

Un client, l'entreprise **Bonnet,** souhaite, devant des difficultés provisoires de trésorerie, que l'on remplace 2 traites qu'il a acceptées, l'une de 1 500 € à 20 jours et l'autre de 4 500 € à 51 jours par un effet unique à 120 jours. Le taux d'intérêt exigé est de 9 % l'an.

TRAVAIL À RÉALISER

Calculez la valeur nominale de l'effet de remplacement.

4 CONDITIONS D'ESCOMPTE ★ FR 6

Le gérant de l'entreprise **Maisonnat** souhaite escompter, 40 jours avant son échéance, une traite d'une valeur nominale de 7 500 €. Les conditions proposées par deux banques sont les suivantes :

CRÉDIT AGRICOLE

Taux d'escompte	7,30 % l'an
Commission fixe par effet	5 € HT (TVA 19,6 %)
Jours de banque	3

CRÉDIT MUTUEL

Taux d'escompte	7,50 % l'an
Commission fixe par effet	4 € HT (TVA 19,6 %)
Jours de banque	2

TRAVAIL À RÉALISER

1. Calculez, pour chaque banque, le montant des agios et la valeur nette de la traite.
2. Calculez les taux réels d'escompte.

5 REMBOURSEMENT D'EMPRUNT ★★ FR 6

La société **Régal** envisage d'acquérir une machine à glaces. Un fournisseur lui a proposé un devis.
On vous demande d'étudier les conditions d'emprunt bancaire de cette machine d'une valeur de 105 000 € HT. L'autofinancement exigé par la banque serait de 20 % du montant HT ; la durée de l'emprunt serait de 4 ans avec un taux annuel de 9 % (taux équivalent). Le remboursement se ferait par mensualités constantes.

TRAVAIL À RÉALISER

Présentez les quatre premières lignes du tableau d'amortissement.

THÈME 5

6 VALEUR ACQUISE, TAUX PROPORTIONNEL, TAUX ÉQUIVALENT ★ FR 6

M. Duc a prêté 3 000 € pour une durée de 4 ans au taux de 6,5 % l'an.

TRAVAIL À RÉALISER

Calculez la valeur acquise dans le cas :
- d'une capitalisation annuelle,
- d'une capitalisation semestrielle :
  - avec un taux proportionnel,
  - avec un taux équivalent.

7 CALCUL DE VALEUR ACTUELLE ET DE VALEUR ACQUISE ★ FR 6

La société **Dobel** a contracté un emprunt, il y a 6 ans, à intérêts composés au taux de 7 % l'an. Aujourd'hui, pour rembourser cet emprunt, il lui faut verser 15 000 €. À la signature du contrat, deux autres solutions lui étaient proposées : rembourser le montant de sa dette au bout de 3 ans ou au bout de 9 ans.

TRAVAIL À RÉALISER

1. Indiquez quel était le montant de l'emprunt.
2. Calculez le montant des remboursements si la société avait choisi une des deux autres solutions.

8 AMORTISSEMENT D'UN EMPRUNT ★ FR 6

L'entreprise **Aubin** souhaite financer des nouvelles installations par un emprunt de 10 000 €.
Sa banque lui propose un prêt au taux de 5 % l'an, remboursable en 5 annuités.

TRAVAIL À RÉALISER

Présentez les tableaux d'amortissement de l'emprunt :
- par annuités constantes,
- par amortissements constants.

EXTRAITS DES TABLES FINANCIÈRES

Table 1 $C = (1 + i)^n$ Valeur acquise par un capital

n	4,25	4,50	4,75	5	6
1	1,042 500	1,045 000	1,047 500	1,050 000	1,060 000
2	1,086 806	1,092 025	1,097 256	1,102 500	1,123 600
3	1,132 996	1,141 166	1,149 376	1,157 625	1,191 016
4	1,181 148	1,192 519	1,203 971	1,215 506	1,262 477
5	1,231 347	1,246 182	1,261 160	1,276 282	1,338 226

Table 2 $C = (1 + i)^{-n}$ Valeur actuelle d'un capital

n	4,50	4,75	5	5,5
1	0,956 938	0,954 654	0,952 381	0,950 119
2	0,915 730	0,911 364	0,907 029	0,902 726
3	0,876 297	0,870 037	0,863 838	0,857 697
4	0,838 561	0,830 584	0,822 702	0,814 914
5	0,802 451	0,792 921	0,783 526	0,774 265

Table 5 $a = \frac{i}{1 - (1 + i)^{-n}}$ Valeur des annuités constantes qui amortissent en *n* périodes un capital de un euro

n	4	5	5,25	5,50	6
3	0,360 349	0,367 209	0,368 930	0,370 654	0,374 110
4	0,275 490	0,282 012	0,283 651	0,285 294	0,288 591
5	0,224 627	0,230 975	0,232 573	0,234 176	0,237 396
6	0,190 762	0,197 017	0,198 595	0,200 179	0,203 363
7	0,166 610	0,172 820	0,174 389	0,175 964	0,179 135

THÈME 6

LE SUIVI ET LE CONTRÔLE DES COMPTES

DOSSIER 1

L'état de rapprochement bancaire

AU RÉFÉRENTIEL ► ***ÉTABLIR un état de rapprochement bancaire***

MISE EN SITUATION ★★ FR 7

Euravoile est une entreprise qui fabrique des petits voiliers. Le document suivant est arrivé ce matin par courrier.

Banque Nationale de Paris
Relevé d'Identité Bancaire
Cadre réservé au destinataire du RIB

Titulaire du compte
EURAVOILE SA
Domiciliation
BNP BERNAY

BNP
Banque Nationale de Paris
SA au capital de 2 939 589 400 francs
Siège social : 16 bd des Italiens - Paris 9e
RCS Paris B 642 042 449

RELEVÉ DE COMPTE COURANT

Code banque	Code guichet	N° de compte	Clé RIB
30004	00156	00020112439	23

Siège	N° de compte	Établi au
00156	20112439	3011..

Tout versement d'espèces à nos guichets ou à l'un de nos agents donne lieu à la délivrance immédiate d'un reçu.

N° d'ordre	Page	Document	
0002632	1	88003	SOLDE CRÉDITEUR AU 15/11/... 2 480,80

Date	Nature des Opérations	Valeur	Débit	Crédit
15-11	CHÈQUE SUR RAYON	17-11		20 000,00
22-11	CHÈQUE 2277463	20-11	111,00	
22-11	CHÈQUE 2277461	20-11	1 500,00	
22-11	Virement TRM	20-11	4 575,48	
22-11	Virement Europa	23-11		30 635,34
22-11	TPE CARTES BANCAIRES	25-11		1 211,60
24-11	CHÈQUE 2277456	22-11	193,03	
24-11	CHÈQUE 2277455	22-11	840,00	
24-11	PRÉL DE FRANCE TÉLÉCOM 30002 01927 00000061404B	22-11	2 060,18	
24-11	PRÉL DE EDF 30001 00031 8004Z450932	22-11	7 311,93	
24-11	CHÈQUE SUR RAYON	26-11		2 372,00
25-11	COMMISSION CB HT	23-11	9,18	
25-11	TVA 19,6 %	23-11	1,80	
25-11	CHÈQUE 2277465	23-11	6 006,53	
26-11	CHÈQUE 2277466	24-11	1 518,08	
29-11	CHÈQUE 9938274	27-11	510,00	
29-11	CHÈQUE 2277458	27-11	1 187,93	
29-11	VIR DE DUMONT 30002 07825 FACTURE 1996241	27-11		4 464,07
	TOTAL DES MONTANTS		25 825,14	61 163,81

SAUF ERREUR OU OMISSION — SOLDE CRÉDITEUR AU 30/11/... 35 338,67

Assistant(e) de gestion dans cette entreprise, vous comparez ce document avec le compte BNP de votre comptabilité.

N° Compte 512200			Intitulé : BNP		
Journal	**Date**	**N° Pièces**	**Libellé**	**Débit**	**Crédit**
	15-11		À nouveau	2 480,80	
BQ	15-11		Remise chèque Domart	20 000,00	
BQ	15-11	938274	ch : Destivel		510,00
BQ	15-11	2277455	ch : Lachenal		840,00
BQ	15-11	2277456	ch : Gomez		193,03
BQ	15-11		Prélèvement EDF		7 311,93
BQ	15-11		Prélèvement Télécom		2 060,18
BQ	16-11	2277457	ch : Chouraqui		446,40
BQ	16-11	2277458	ch : Dessault		1 187,93
BQ	16-11	2277459	ch : Leborgne		150,49
BQ	16-11	2277460	ch : Gaspard		2 244,51
BQ	17-11		Virement TRM		4 575,48
BQ	18-11	2277461	ch : Maltaverne		1 500,00
BQ	20-11	2277462	ch : Dechambaut		527,40
BQ	22-11	2277463	ch : Boudeaux		111,00
BQ	22-11		Virement Europa	30 635,34	
BQ	22-11		CB du 15 au 22-11	1 211,60	
BQ	23-11	2277465	ch : Richemond		6 006,53
BQ	23-11	2277466	ch : Blachon		1 518,08
BQ	24-11		Remise chèque Guitard	2 372,00	
BQ	25-11	4702471	CB Auchan		220,00
BQ	27-11	227746	ch : Maubon		18 499,50
BQ	28-11		Remise chèque Delmas	1 844,91	
TOTAUX AU 30-11				58 544,65	47 902,46
SOLDE DÉBITEUR AU 30-11					10 642,19
BALANCE				58 544,65	58 544,65

Pour vérifier la concordance entre les soldes des deux documents, vous construisez un *état de rapprochement.*

Prolongement du **Compte BNP**			Prolongement du **Relevé de Compte Bancaire**		
Éléments	**Débit**	**Crédit**	**Éléments**	**Débit**	**Crédit**
Solde fin de période du 30-11	....	....	Solde fin de période du 30-11	....	....

TRAVAIL À RÉALISER

Réflexion

1. Quelle différence faites-vous entre l'opération « chèque sur rayon » et l'opération « chèque 2277463 » qui sont inscrites au début du relevé de compte ?
2. Pourquoi l'opération « chèque sur rayon », créditée sur le relevé, est débitée sur le compte Banque ? Qu'en concluez-vous ?
3. Le relevé et le compte banque sont appelés *« Comptes réciproques » ;* pourquoi ?

Action

1. Pointez les sommes qui sont identiques sur les deux documents.
2. Expliquez pourquoi certaines sommes ne sont pas pointées. Trouvez une justification dans chaque cas.
3. Faites l'état de rapprochement.
4. Enregistrez dans la comptabilité de l'entreprise les opérations manquantes.

La situation comptable des tiers

DOSSIER 2

THÈME 6

AU RÉFÉRENTIEL

- ***ÉTABLIR un échéancier des créances et des dettes***
- ***PROPOSER et APPLIQUER toute action corrective***

MISE EN SITUATION ★ FR 7

Vous êtes assistant(e) de M. Propre, gérant de la société **Toutnet,** entreprise de nettoyage installée à Arcachon.

Au début de chaque quinzaine, le comptable de l'entreprise édite, à partir d'un logiciel de gestion commerciale, un *échéancier des créances* dont il extrait un *tableau des retards de paiement.* Il vous demande d'étudier ce tableau et de lancer les actions nécessaires.

Retards de paiement à la date du *01.12...*

N° Client	Nom Client	Pièce comptable	Date pièce comptable	Date échéance facture	Montant facture	Montant règlement	Retard moins de 30 j	Retard plus de 30 j
411502	Aubert	FA. 4152	20.09	20.10	1 218,06 €			1 218,06 €
		FA. 4402	09.10	09.11	1 583,48 €		1 583,48 €	
411541	Chouquet	FA. 4165	25.09	25.09	90,45 €			90,45 €
		FA. 4492	15.10	30.11	1 015,45 €			
		CH. 502	29.11			1 015,45 €		
411586	Gislot	FA. 4489	15.10	15.11	494,46 €		494,46 €	

Vous commencez votre travail. Emporté(e) par votre élan, vous demandez à M. Gislot de régler sa facture. Celui-ci répond qu'il vous a adressé un chèque le 20 octobre et que son compte bancaire a été débité. Vous vérifiez et vous constatez que :
– le comptable a crédité par erreur le compte 411585 GILLOT de 494,46 €;
– l'entreprise Gislot n'a jamais eu jusqu'ici de retard de paiement.

TRAVAIL À RÉALISER

Réflexion

1. Comment, selon vous, sont fixées les dates d'échéances ? L'échéance de la FA. 4165 vous semble-t-elle anormale ?
2. Auriez-vous pu éviter d'importuner M. Gislot ? Comment ? Que devez-vous faire pour réparer cette maladresse ?
3. Quelle différence y a-t-il entre un échéancier des créances et un tableau des retards de paiements ? Quel intérêt présente l'échéancier des créances ?
4. À quoi pourrait servir un échéancier des dettes ?

Action

1. Analysez la situation des clients Aubert et Chouquet : hypothèses plausibles pour le retard, actions à entreprendre.
2. Corrigez l'erreur concernant le client Gislot.

ENTRAÎNEMENTS

1 L'ÉTAT DE RAPPROCHEMENT ★★ FR 7

L'entreprise **Costa,** titulaire d'un compte au Crédit Agricole, vous fournit les renseignements suivants au 30 novembre :

– solde *débiteur* du compte 5121 *Crédit Agricole* dans l'entreprise .... 8 022,76 ;
– solde *créditeur* du relevé adressé par la banque .... 9 756,89.

Après pointage des sommes identiques, il reste quelques différences.

– Une annuité de remboursement d'emprunt figure sur le relevé et vous ne l'avez pas enregistrée ; montant total : 300 €, dont 156 € d'intérêts.
– Le virement du client Greffon, qui est sur le relevé, n'a pas été comptabilisé : 806 €.
– Des frais d'encaissement de carte bancaire, indiqués sur le relevé, n'ont pas été pris en compte ; montant HT : 12,75 € ; TVA 2,50 €.
– Le chèque de 1 243,38 €, tiré le 27 novembre à l'ordre du fournisseur Baquet, n'a pas encore été présenté à la banque.

TRAVAIL À RÉALISER

1. Présentez l'état de rapprochement.
2. Enregistrez les écritures nécessaires dans la comptabilité de l'entreprise.

2 LE LETTRAGE, L'ESCOMPTE ★ FR 7

Le comptable de la société **Sissois** vous montre un extrait du grand livre des clients et vous charge de continuer le lettrage qu'il avait commencé.

Journal	Date	N° pièce	Libellé	Montant débit	Montant crédit	Solde cumulé
	411 035		FAVIER			
–	01.09		Solde à nouveau	364,01 A		364,01
B	15.09	2153	CHQ Favier		364,01 A	0,00
V	26.09	844	FACT Favier	422,46 B		422,46
V	21.10	910	FACT Favier	184,31 C		606,77
B	27.10	3002	CHQ Favier		100,00 B	506,77
B	28.10	3003	CHQ Favier		322,46 B	184,31
B	10.11	3228	CHQ Favier		184,31 C	0,00
V	07.12	1004	FACT Favier	743,16		743,16
	411 036		PAULTRON			
V	15.11	999	FACT Paultron	483,01		483,01
V	20.11	128	AVOIR Paultron		15,51	467,50
B	30.11	3442	CHQ Paultron		483,01	– 15,51
	411 037		DUBERNET			
V	25.09	837	FACT Dubernet	2 248,48		2 248,48
OD	30.09	123	LCR Dubernet		2 248,48	0,00

L'entreprise tient plusieurs journaux spécialisés, dont celui des opérations diverses. La LCR Dubernet, à échéance du 30 novembre, a été négociée le 6 octobre. L'escompte est accepté par la banque au taux de 8 %. Il faut ajouter les commissions qui sont de 1,5 € HT (TVA 19,6 %).

TRAVAIL À RÉALISER

1. Rappelez ce qu'est le grand livre. Trouvez ce qui signifient les lettres dans la colonne « Journal ».
2. Examinez le lettrage des sommes dans le compte Favier. À quoi sert ce travail ? Lettrez les comptes Paultron et Dubernet. Expliquez le solde cumulé du compte Paultron.
3. Calculez la valeur nette escomptée qui sera inscrite au compte bancaire de l'entreprise Sissois.
4. Reconstituez dans les comptabilités de Sissois et Duvernet les enregistrements de la vente, de son règlement et de la négociation de l'effet.

ENTRAÎNEMENTS

3 LE RAPPROCHEMENT BANCAIRE AVEC SOLDES DE DÉPART DIFFÉRENTS

★★ FR 7

Vous êtes en stage dans l'entreprise **JR Création** et vous venez de recevoir le relevé de compte de la BRED daté du 2 janvier.

DATE	RÉFÉRENCE	DÉBIT	CRÉDIT	VALEUR
	SOLDE PRÉCÉDENT		27 180,00	
02-12	CHÈQUE PAIEMENT 232	2 340,00		
02-12	CHÈQUE PAIEMENT 231	1 360,00		
05-12	REMISE DE CHÈQUES		28 230,00	
08-12	CHÈQUE PAIEMENT 233	6 340,00		
13-12	VERSEMENT ESPÈCES		9 000,00	
14-12	VENTE TITRES		12 300,00	
17-12	CHÈQUE PAIEMENT 234	3 220,00		
27-12	DOMICILIATION ÉCHUE	4 324,50		
29-12	NÉGOCIATION EFFETS			
	ESCOMPTE 107 € COMMISSION 2,5 € TTC		21 390,50	
30-12	VIREMENT BIETRY (ACOMPTE TRAVAUX)		1 692,70	
31-12	PRÉLÈVEMENT LOCABAIL	538,20		
	TOTAL MOUVEMENT DÉCEMBRE	18 122,70	72 613,20	
	SOLDE		81 670,50	

Le compte *512 Banques* de JR Création est reproduit ci-dessous.

GRAND-LIVRE (EXTRAIT) DU 01-12 AU 31-12

Date	Jl	T	N°	Libellé		Débit	Crédit	L
				512000 BANQUE BRED				
01-12			Report	Débiteur	13 280,00	13 280,00		
02-12	OD			Chèque 233			6 340,00	–
03-12	OD			Vir CLTS relevé/BRED nov.		10 200,00		–
05-12	OD			Remise de chèques		28 320,00		–
13-12	OD			Chèque 234			3 220,00	–
13-12	OD			Versements espèces		9 000,00		–
20-12	OD			Ventes de titres		12 300,00		–
21-12	OD			Remise à l'escompte		21 500,00		–
29-12	OD			Chèque 235			1 340,00	–
30-12	OD			Chèque 236			10 940,00	–
Déc.				*Débiteur*	*59 480,00*	*81 320,00*	*21 840,00*	
Cumul			Période	Débiteur	59 480,00	81 320,00	21 840,00	
TOTAL			Général	Débiteur	72 760,00	94 600,00	21 840,00	

***Remarques :** les chèques 231 et 232 n'avaient pas été présentés à l'encaissement le 1.12 ; le virement de 10 200 € était sur le précédent relevé, à la date du 29.11 ; après vérification, la remise de chèques du 5.12 est de 28 230 € ; la TVA est à 19,6 %.*

TRAVAIL À RÉALISER

1. Décrivez précisément les opérations enregistrées sur le relevé les 29, 30 et 31 décembre.
2. Rappelez ce qu'est le grand livre.
3. Pointez les sommes qui sont identiques sur les deux documents.
4. Présentez l'état de rapprochement.
5. Enregistrez les écritures dans la comptabilité de l'entreprise.

4 LES EFFETS DE COMMERCE, L'ÉCHÉANCIER, LA CORRECTION D'ERREUR

★★★ FR 7

Le 15 janvier, **Eurodiffusion** tire une LCR n° 2856 de 2 400 € sur son client Dorian, à échéance du 1er mars. Cette LCR est remise à l'encaissement au Crédit du Nord le 20 février.
Le 6 mars, Eurodiffusion reçoit de sa banque un avis d'impayé concernant cette LCR ; frais : 29,90 €. Après accord téléphonique avec Dorian, une nouvelle LCR est émise ; échéance : 30 avril ; montant : le nominal de l'ancienne traite, les frais et les intérêts de retard au taux annuel de 12 %.
Dorian ajoute cette LCR n° 2877 sur son échéancier des dettes au 30/04. En effectuant un pointage, il remarque que la facture du fournisseur Jacquemont (montant : 3 085,68 €) a été saisie en comptabilité une fois le 7 février (réception de la marchandise) et une fois le 14 février (réception de la facture).

TRAVAIL À RÉALISER

1. Enregistrez toutes les opérations indiquées chez Eurodiffusion et chez Dorian.
2. Présentez un tracé de l'échéancier des dettes de Dorian et inscrivez la LCR 2877. À quoi sert ce document extra-comptable ?
3. Corrigez l'erreur dans la comptabilité de Dorian.

5 L'ÉTAT DE RAPPROCHEMENT, L'AMORTISSEMENT D'UN EMPRUNT

★★ FR 7

Vous travaillez dans la S.A. **Lamassour**. Au début du mois de janvier, vous recevez le relevé de compte de la Lyonnaise de banque et vous le comparez avec le compte banque tenu dans l'entreprise.

Extrait du compte n° 512 Banque

01.12	Solde débiteur	40 559,05	
03.12	Chèque 31214 Fr Malaud		2 642,60
08.12	Virement Clt Savoye	4 542,00	
15.12	Chq 31215 Fr Dupuy		7 650,40
17.12	Remise de chèques	17 925,00	
20.12	Chèque 31216		16 850,00
23.12	Chèque 31217		4 842,00
26.12	Chèque 31218		10 000,00
28.12	Chèque 31219		21 488,05
28.12	Remise de chèques	22 530,00	
	Solde débiteur		22 083,00
		85 556,05	85 556,05

Relevé de compte de l'entreprise Lamassour adressé par la banque

01.12	Solde créditeur		44 359,05
04.12	Chèque 31213	3 800,00	
05.12	Chèque 31214	2 642,60	
07.12	Virem^t de M. Savoye		4 542,00
15.12	Chèque 31215	7 650,40	
19.12	Remise de chèques		17 925,00
22.12	Chèque 31216	16 850,00	
27.12	Annuité d'emprunt	24 965,04	
28.12	Encaissement de coupons		600,00
30.12	Chèque 31217	4 842,00	
30.12	Chèque 31218	10 000,00	
31.12	Frais de compte	28,00	
31.12	**Solde débiteur**	3 351,99	

Le débit de 24 965,04 € qui figure sur le relevé est la première annuité d'un emprunt indivis de 80 000 € contracté il y a un an et remboursable par annuités constantes. Le montant des intérêts figurant dans cette annuité est de 7 600 €. Les coupons sont les dividendes des valeurs mobilières détenues par l'entreprise.

TRAVAIL À RÉALISER

1. Justifiez la différence entre les soldes au 1er décembre puis présentez l'état de rapprochement. Précisez si le tableau que vous venez d'établir est un document comptable ou extra-comptable.
2. Passez les écritures nécessaires dans la comptabilité de l'entreprise Lamassour.
3. Retrouvez le taux et la durée de l'emprunt.

THÈME 7

LA GESTION DU PERSONNEL

DOSSIER 1

Le bulletin de salaire

AU RÉFÉRENTIEL ► ***ÉTABLIR** les documents relatifs à la paye*

MISE EN SITUATION ★★ FR 8

Vous êtes en stage dans la société **Ménard** qui emploie 80 salariés. Les payes du mois de mai ont toutes été enregistrées en comptabilité sauf celle de M. Casimir qui n'avait pas donné le justificatif de ses frais de déplacement. Le 6 juin, cet oubli a été réparé et le double de la fiche de paye de M. Casimir vous est communiqué. Des virements bancaires complémentaires sont effectués, le 8 juin, au bénéfice de M. Casimir, des divers organismes sociaux et du bénéficiaire de la saisie-arrêt.

TRAVAIL À RÉALISER

RÉFLEXION

1. Pourquoi la feuille de paye est-elle obligatoire ?
2. Quels éléments composent le salaire brut de M. Casimir ? Quels sont les autres éléments qui peuvent concourir à la détermination d'un salaire brut ?
3. Quels sont les montants de la CSG, de la CRDS et des autres cotisations salariales ?
4. Quelles sont les bases de calcul de ces différentes retenues sur salaire ?
5. À quelle catégorie (cadre ou non cadre) appartient M. Casimir ? Quelles sont les conséquences de l'appartenance à l'une ou l'autre de ces catégories ?
6. Pourquoi l'indemnité de transport ne fait-elle pas partie du salaire brut ?
7. Que sont l'acompte et la saisie-arrêt ? Pourquoi viennent-ils en diminution dans le calcul du salaire net à payer ?
8. Quelles charges incombent à l'entreprise du fait de l'emploi de salariés ?

ACTION

1. Justifiez le montant du salaire imposable.
2. Calculez le montant des cotisations salariales et patronales qui devront être versées aux organismes sociaux (URSSAF, ASSEDIC et Caisses de retraite).
3. Calculez pour l'entreprise le montant de la charge mensuelle résultant de l'emploi de M. Casimir.
4. Effectuez les enregistrements comptables du 6 juin.
5. Enregistrez les virements bancaires du 8 juin.

BULLETIN DE SALAIRE

Société Ménard Bd J. Jaurès 03000 Moulins Siret 45634598400011 Ape 3114		PÉRIODE du 1/05 au 31/05 NOM – PRÉNOM **CASIMIR Michel**
ORGANISME DE RECOUVREMENT URSSAF – MOULINS 03000	QUALIFICATION Analyste	
Date de paiement : 8 juin	MATRICULE 42	N° SÉCURITÉ SOCIALE 161084514025

	Cotisations salariales				Cotisations patronales	
	base	taux	montant		taux	montant
Salaire de base				2 410,00		
Prime d'ancienneté				290,00		
Salaire brut				2 700,00		
CSG déductible	2 619,00	5,10	133,57			
Maladie	2 700,00	0,75	20,25		12,80	345,60
Vieillesse Tr A	2 589,00	6,65	172,17		8,30	214,89
Vieillesse sal. Total	2 700,00	0,10	2,70		1,60	43,20
Contribution solidarité					0,30	8,10
Allocations familiales					5,40	145,80
Accidents travail					1,60	43,20
Aide au logement					0,10	2,59
Aide au logement					0,40	10,80
Versement transport					0,50	13,50
Assedic Tr A	2 589,00	2,44	63,17		4,04	104,60
Assedic Tr B	111,00	2,44	2,71		4,04	4,48
Garantie des salaires Tr A					0,35	9,06
Garantie des salaires Tr B					0,35	0,39
Retraite non cadre Tr 1	2 589,00	3,00	77,67		4,50	116,51
AGFF non cadre Tr 1	2 589,00	0,80	20,71		1,20	31,07
Retraite non cadre Tr 2	111,00	8,00	8,88		12,00	13,32
AGFF non cadre Tr 2	111,00	0,90	1,00		1,30	1,44
Retraite cadre Tr A		3,00			4,50	
AGFF cadre Tr A		0,80			1,20	
Retraite cadre Tr B		7,70			12,60	
AGFF cadre Tr B		0,90			1,30	
Retraite cadre Tr C		7,70			12,60	
CET Tr A + B + C		0,13			0,22	
APEC		0,024			0,036	
Assurance décès cadre					1,50	
			502,83	502,83		
Salaire imposable				2 197,17		
CSG non déductible	2 619,00	2,40	62,86	– 62,86		1 108,55
CRDS non déductible	2 619,00	0,50	13,10	– 13,10		
Salaire net				2 121,21		
Indemnités transports				+ 130,00		
				2 251,21		
Acompte				– 305,00		
Saisie-arrêt				– 152,00		
Salaire net à payer				1 794,21		

Pour faire valoir vos droits, conservez ce bulletin sans limitation de durée.

Les congés payés

AU RÉFÉRENTIEL

CALCULER les droits aux congés payés

MISE EN SITUATION ★★ FR 9

M. Casimir désire prendre des congés au mois de juillet. Il s'informe sur le nombre de jours et sur l'indemnité de congés payés auxquels il a droit.

Sur la période du 1er juin de l'année précédente au 31 mai de l'année en cours, M. Casimir n'a jamais été absent.

Le relevé des rémunérations servant de base de calcul aux indemnités de congés payés est le suivant :

N–1							N				
06	07	08	09	10	11	12	01	02	03	04	05
2 400	2 400	2 400	2 400	2 400	2 400	2 600	2 450	2 450	2 450	2 450	2 450

TRAVAIL À RÉALISER

Réflexion

Quelles sont les conditions d'obtention des congés payés ?

Action

1. Calculez, pour la période de référence, le nombre de jours de congés auxquels a droit M. Casimir.
2. Calculez l'indemnité de congés payés par les deux méthodes et indiquez lequel de ces deux montants devra être alloué à M. Casimir.

ENTRAÎNEMENTS

1 LA RÉALISATION D'UN BULLETIN DE SALAIRE

★★ FR 8

L'entreprise **Véronaise** a, le 15 janvier, versé par virement bancaire un acompte de 600 € à M. Doucet qui est un cadre au salaire de base de 3 500 €. Il a droit à une prime d'ancienneté de 200 €. Pour janvier, il bénéficie d'une prime de bilan de 400 € et l'entreprise doit lui rembourser 150 € au titre d'indemnités de déplacement. Chaque mois, une saisie-arrêt de 300 € est effectuée sur injonction du tribunal. Vous êtes chargé(e) d'établir le bulletin de salaire du mois de janvier.

L'entreprise Véronaise a choisi la méthode du relevé annuel récapitulatif pour informer son personnel du montant des cotisations patronales. Les organismes sociaux sont payés trimestriellement. Le 3 février des virements bancaires sont effectués au profit de M. Doucet et du bénéficiaire de la saisie-arrêt.

TRAVAIL À RÉALISER

1. Comptabilisez l'acompte du 15 janvier.
2. Établissez le bulletin de salaire.
3. Comptabilisez le bulletin de salaire.
4. Comptabilisez les virements du 3 février.

2 SAISIE-ARRÊT SUR SALAIRE

★ FR 8

Michel Delacroix est employé aux établissements **Mattic**. Il est en instance de divorce et sait qu'il sera dans l'obligation de payer une pension alimentaire. Il a à sa charge sa vieille mère, sans grandes ressources. Il vient vous consulter pour avoir une estimation de la saisie-arrêt maximum qui pourrait lui être infligée. Sa rémunération annuelle moyenne est de 16 610 €.
Vous êtes en possession des informations ci-après.

FRACTION SAISISSABLE DES SALAIRES

Tranche de rémunération annuelle	Fraction saisissable
– inférieure ou égale à 3 240 €	1/20
– supérieure à 3 240 € et inférieure ou égale à 6 370 €	1/10
– supérieure à 6 370 € et inférieure ou égale à 9 540 €	1/5
– supérieure à 9 540 € et inférieure ou égale à 12 670 €	1/4
– supérieure à 12 670 € et inférieure ou égale à 15 810 €	1/3
– supérieure à 15 810 € et inférieure ou égale à 19 000 €	2/3
– supérieure à 19 000 €	totalité

Les seuils ci-dessus sont augmentés de 1 220 € par personne à charge.

TRAVAIL À RÉALISER

Calculez le montant mensuel maximum de la saisie-arrêt qui pourrait être faite.

3 LA COMPTABILISATION DE LA PAIE

★ FR 8

L'entreprise **Marjorie** est une micro entreprise qui emploie 4 salariés. Toutes les dettes socialés sont réglées par virements bancaires, le 5 de chaque mois. Tous les calculs concernant la paie de mars ont été effectués sur tableur.
Les résultats pour les 4 salariés ont été regroupés dans les tableaux suivants :

Éléments des salaires	
Salaire de base	5 800,00
Primes d'ancienneté	400,00
Indemnités de déplacement	160,00
Indemnités de salissure	60,00
	6 420,00

Retenues sur salaires et cotisations patronales	Salariés	Employeurs
Acomptes	260,00	
Saisie-arrêt	80,00	
CSG déductible	306,71	
CSG non déductible	144,34	
CRDS	30,07	
Maladie et veuvage	46,50	793,60
Vieillesse	418,50	613,80
Contribution solidarité		18,60
Allocations familiales		334,80
Aides au logement		6,20
Accidents du travail		98,80
Chômage	151,28	250,48
Garantie des salaires		21,70
Retraites complémentaires	235,60	353,40
	1 673,00	2 491,38

TRAVAIL À RÉALISER

1. Calculez pour le mois de mars :
   - le montant total des salaires à payer,
   - le montant total des salaires imposables.
2. Effectuez tous les enregistrements comptables, y compris les virements bancaires.

4 CONGÉS PAYÉS

★ FR 9

Marc Galabet est employé depuis de nombreuses années dans l'entreprise **Javelot**. Au mois d'avril de cette année, il a été promu chef de groupe. Son salaire brut mensuel qui n'était que de 1 210 € est alors passé à 1 500 €.

Vous disposez des informations suivantes pour la période de référence des congés payés :
- nombre de jours ouvrés non travaillés → 0
- salaire brut → 15 100 €

TRAVAIL À RÉALISER

1. Déterminez les congés légaux de M. Galabet.
2. Calculez l'indemnité de congés payés par les deux méthodes de calcul. Quel montant doit être retenu ?

5 CONGÉS PAYÉS

★★ FR 9

Jean Delatour est entré dans l'entreprise **Gabernet** au début de novembre de l'année précédente. Il fabrique du lundi au vendredi (jours ouvrés) des pièces de chaudronnerie. Après une période d'essai avec un salaire modeste, il a été augmenté dès janvier et perçoit maintenant 1 680 € par mois. Le comptable établit, pour chaque salarié, une fiche de suivi des congés payés. Celle de Jean Delatour, à la fin avril, est la suivante :

Cumul présence	Cumul salaires	Total jours acquis	Montant indemnité	
			Maintien	10e
112	9 960,00	13	840,00	996,00

Pour le mois de mai, vous disposez des informations ci-après :
- Salaire brut .... 1 241,00 €
- Nombre mensuel de jours ouvrés 23
- Nombre de jours ouvrés non travaillés ... 8

Motifs des absences :
- 2 jours fériés chômés,
- 6 jours maladie.

TRAVAIL À RÉALISER

1. Déterminez comment ont été calculés dans la fiche de suivi :
   - le nombre de jours acquis,
   - le montant de l'indemnité pour chacune des méthodes de calcul.
2. Indiquez pourquoi le salaire mensuel de mai n'est que de 1 241 €.
3. Calculez les valeurs de ce tableau après prise en compte des informations du mois de mai.
4. Indiquez les droits de M. Delatour :
   - pour le nombre de jours de congés payés,
   - pour le montant de l'indemnité.

THÈME 8

LES IMMOBILISATIONS

DOSSIER 1

Les acquisitions d'immobilisations

AU RÉFÉRENTIEL ➤ ***IDENTIFIER** les éléments d'actifs concernés*

MISE EN SITUATION ★ FR 10

La société **Despesse** est spécialisée dans la fabrication de charpentes.
Vous êtes stagiaire dans le service comptable. Votre directeur souhaite faire le point sur vos connaissances en matière d'acquisition de biens.
M. Despesse vous remet deux factures :

Porte — Facture n° 254 — Le 19 novembre N — Doit Despesse

Désignation	Montant
Machine-outil	7 000,00
Frais de mise en service	300,00
Frais de port	200,00
Montant HT	7 500,00
TVA 19,60 %	1 470,00
Acompte versé	1 000,00
Net à payer TTC	7 970,00
Effet à 30 jours accepté le 22/11/N	

Baudin — Facture n° 25 — Le 19 novembre N — Doit Despesse

Désignation	Montant
Fournitures d'atelier	200,00
Montant HT	200,00
TVA 19,60 %	39,20
Acompte versé	
Net à payer TTC	239,20
Chèque bancaire le 21/11/N	

TRAVAIL À RÉALISER

RÉFLEXION

1. Quel est le bien durable acheté par l'entreprise ? Justifiez votre réponse.
2. Quel est le coût d'acquisition de l'immobilisation ?
3. Quelle est la différence entre le prix d'achat et le coût d'acquisition de l'immobilisation ?
4. Pourquoi est-il important de connaître le coût d'acquisition des immobilisations ?
5. Quel compte utilisez-vous pour enregistrer :
   - l'acquisition de l'immobilisation ?
   - les fournitures d'atelier ?

   Pourquoi cette différence ?

ACTION

Enregistrez ces factures.

Les amortissements

AU RÉFÉRENTIEL ➤ *CALCULER des amortissements*

MISE EN SITUATION ★★ *FR 10*

Vous êtes assistant(e) de gestion dans la société **Ripail,** spécialisée dans la fabrication des peintures. L'entreprise a été créée début janvier N–2.
Le 15 mars, elle acquiert une camionnette pour 30 000 € HT. L'aménagement a coûté 1 000 € HT. La durée de vie est de 5 ans, la date de mise en service est le 15 mars N. Selon l'*Argus,* cette camionnette pourrait être revendue 3 000 € HT en mars N+5.
Au 31 décembre N, M. Ripail vous transmet deux tableaux d'amortissement :

N° de compte : 2 183 — Valeur d'origine : 2 490 €
Nom du compte : matériel de bureau et informatique — Valeur résiduelle : 0
Date d'acquisition : 1er janvier N–2 — Type d'amortissement : linéaire
Date de mise en service : 1er janvier N–2 — Durée de vie : 3 ans – Taux : 33,33 %

Année	Valeur d'origine	Taux	Annuité	Valeur comptable fin d'exercice
N–2	2 490	33,33 %	830	1 660
N–1	2 490	33,33 %	830	830
N	2 490	33,33 %	830	0

N° de compte : 2 154 — Valeur d'origine : 10 000 €
Nom du compte : matériel industriel — Valeur résiduelle : 0
Date d'acquisition : 20 janvier N–2 — Type d'amortissement : dégressif
Date de mise en service : 20 janvier N–2 — Durée de vie : 5 ans – Taux : 35 %

Année	Valeur nette comptable début d'exercice	Taux dégressif	Taux linéaire	Taux à appliquer	Amortissement de l'exercice	Cumul des amortissements	Valeur comptable résiduelle
N–2	10 000,00	35 %	20 %	35 %	3 500,00	3 500,00	6 500,00
N–1	6 500,00	35 %	25 %	35 %	2 275,00	5 775,00	4 225,00
N	4 225,00	35 %	33,33 %	35 %	1 478,75	7 253,75	2 746,25
N+1	2 746,25	35 %	50 %	50 %	1 373,13	8 626,88	1 373,12
N+2	1 373,13	35 %	100 %	100 %	1 373,12	10 000,00	0,00

Remarque : *les colonnes tramées n'apparaissent pas dans un tableau d'amortissement réel. Elles sont présentées ici uniquement pour favoriser la compréhension.*

TRAVAIL À RÉALISER

Réflexion

1. Quel est le rôle de l'amortissement ?
2. Quelle est, dans chaque tableau, la base amortissable ?
3. Comment se calculent le taux linéaire et le taux dégressif ?
4. Comment ont été construites les lignes N–2 de chaque tableau ? Reconstituez les calculs.

Action

1. Repérez la valeur résiduelle estimée de la camionnette. Calculez la base amortissable.
2. Présentez le tableau d'amortissement de la camionnette selon le système linéaire, puis selon le système dégressif.
3. Enregistrez la dotation de l'année N, sachant que l'entreprise a opté pour l'amortissement en mode dégressif pour la camionnette.
4. Analysez les annexes fiscales 2054 et 2055 et expliquez les différentes sommes.
5. Complétez ces annexes pour l'année N.

cerfa N° 10169 * 06 Formulaire obligatoire (article 53 A du Code général des impôts)

⑤ **IMMOBILISATIONS**

D.G.I. N° 2054 (2002) 2

EXEMPLAIRE A CONSERVER PAR LE DÉCLARANT (Ne pas reporter le montant des centimes)*

Désignation de l'entreprise ____________

CADRE A	IMMOBILISATIONS		Valeur brute des immobilisations au début de l'exercice 1	Augmentations : Consécutives à une réévaluation pratiquée au cours de l'exercice ou résultant d'une mise en équivalence 2	Augmentations : Acquisitions, créations, apports et virements de poste à poste 3
INCORP.	Frais d'établissement, de recherche et de développement TOTAL I		KA	KB	KC
INCORP.	Autres postes d'immobilisations incorporelles TOTAL II		KD	KE	KF
CORPORELLES	Terrains		KG	KH	KI
	Constructions	Sur sol propre	KJ	KK	KL
	Constructions	Sur sol d'autrui	KM	KN	KO
	Constructions	Installations générales, agencements et aménagements des constructions *	KP	KQ	KR
	Installations techniques, matériel et outillage industriels		KS 10 000	KT —	KU —
	Autres immobilisations corporelles	Installations générales, agencements, aménagements divers *	KV	KW	KX
	Autres immobilisations corporelles	Matériel de transport *	KY	KZ	LA
	Autres immobilisations corporelles	Matériel de bureau et informatique, mobilier	LB 2 490	LC —	LD —
	Autres immobilisations corporelles	Emballages récupérables et divers *	LE	LF	LG
	Immobilisations corporelles en cours		LH	LI	LJ
	Avances et acomptes		LK	LL	LM
		TOTAL III	LN	LO	LP
FINANCIÈRES	Participations évaluées par mise en équivalence		8G	8M	8T
	Autres participations		8U	8V	8W
	Autres titres immobilisés		1P	1R	1S
	Prêts et autres immobilisations financières		1T	1U	1V
		TOTAL IV	LQ	LR	LS
	TOTAL GÉNÉRAL (I + II + III + IV)		ØG	ØH	ØJ

CADRE B	IMMOBILISATIONS		Diminutions : par virement de poste à poste 1	Diminutions : par cessions à des tiers ou mises hors service ou résultant d'une mise en équivalence 2	Valeur brute des immobilisations à la fin de l'exercice 3	Réévaluation légale * ou évaluation par mise en équivalence : Valeur d'origine des immobilisations en fin d'exercice 4
INCORP.	Frais d'établissement, de recherche et de développement TOTAL I			IT	IU	IW
INCORP.	Autres postes d'immobilisations incorporelles TOTAL II			IV	IW	IX
CORPORELLES	Terrains			LX	LY	LZ
	Constructions	Sur sol propre		MA	MB	MC
	Constructions	Sur sol d'autrui		MD	ME	MF
	Constructions	Inst. gales, agencts et am. des constructions		MG	MH	MI
	Installations techniques, matériel et outillage industriels		—	MJ —	MK 10 000	ML
	Autres immobilisations corporelles	Inst. gales, agencts, aménagements divers		MM	MN	MO
	Autres immobilisations corporelles	Matériel de transport		MP	MQ	MR
	Autres immobilisations corporelles	Matériel de bureau et informatique, mobilier	—	MS —	MT 2 490	MU
	Autres immobilisations corporelles	Emballages récupérables et divers*		MV	MW	MX
	Immobilisations corporelles en cours	MY		MZ	NA	NB
	Avances et acomptes	NC		ND	NE	NF
		TOTAL III		NG	NH	NI
FINANCIÈRES	Participations évaluées par mise en équivalence			ØU	ØV	ØW
	Autres participations			ØX	ØY	ØZ
	Autres titres immobilisés			2B	2C	2D
	Prêts et autres immobilisations financières			2E	2F	2G
		TOTAL IV		NJ	NK	2H
	TOTAL GÉNÉRAL (I + II + III + IV)			ØK	ØL	ØM

* Des explications concernant cette rubrique sont données dans la notice n° 2032

N° 2054 - IMPRIMERIE NATIONALE Février 2002 - 01024 1951

cerfa N° 10172 * 06 Formulaire obligatoire (article 53 A du Code général des impôts)

⑥ **AMORTISSEMENTS**

D.G.I. N° 2055 (2002) 2

EXEMPLAIRE A CONSERVER PAR LE DÉCLARANT

Désignation de l'entreprise ____________

CADRE A — SITUATIONS ET MOUVEMENTS DE L'EXERCICE*

IMMOBILISATIONS AMORTISSABLES		Montant des amortissements au début de l'exercice	Augmentations : dotations de l'exercice	Diminutions : amortissements afférents aux éléments sortis de l'actif et reprises	Montant des amortissements à la fin de l'exercice
Frais d'établissement de recherche et de développement TOTAL I		PA	PB	PC	PD
Autres immobilisations incorporelles TOTAL II		PE	PF	PG	PH
Terrains		PI	PJ	PK	PL
Constructions	Sur sol propre	PM	PN	PO	PQ
Constructions	Sur sol d'autrui	PR	PS	PT	PU
Constructions	Inst. générales, agencements et aménagements des constructions	PV	PW	PX	PY
Installations techniques, matériel et outillage industriels		PZ 5 775	QA	QB —	QC
Autres immobilisations corporelles	Inst. générales, agencements, aménagements divers	QD	QE	QF	QG
Autres immobilisations corporelles	Matériel de transport	QH	QI	QJ	QK
Autres immobilisations corporelles	Matériel de bureau et informatique, mobilier	QL 1 660	QM	QN —	QO
Autres immobilisations corporelles	Emballages récupérables et divers	QP	QR	QS	QT
	TOTAL III	QU	QV	QW	QX
TOTAL GÉNÉRAL (I + II + III)		ØN	ØP	ØQ	ØR

CADRE B — VENTILATION DES DOTATIONS AUX AMORTISSEMENTS DE L'EXERCICE* / **CADRE C — MOUVEMENTS AFFECTANT LA PROVISION POUR AMORTISSEMENTS DÉROGATOIRES***

Immobilisations amortissables		Amortissements linéaires	Amortissements dégressifs	Amortissements exceptionnels	Dotations	Reprises
Frais établissement et recherche TOTAL I		QY	2J	2K	2L	2M
Immob. incorporelles TOTAL II		QZ	2N	2P	2R	2S
Terrains		RA	RB	RC	2T	2U
Constructions	Sur sol propre	RD	RE	RF	2V	2W
Constructions	Sur sol d'autrui	RG	RH	RI	2X	2Y
Constructions	Inst. gales, agenc et am. des const.	RJ	RK	RL	2Z	3A
Inst. techniques mat. et outillage		RM	RN	RO	3B	3C
Autres immobilisations corporelles	Inst. gales, agenc am. divers	RP	RQ	RR	3D	3E
Autres immobilisations corporelles	Matériel de transport	RS	RT	RU	3F	3G
Autres immobilisations corporelles	Mat. bureau et inform. mobilier	RV	RW	RX	3H	3J
Autres immobilisations corporelles	Emballages récup. et divers	RY	RZ	SA	3K	3L
	TOTAL III	SB	SC	SD	SE	SF
Total général (I + II + III)		SG	SH	SJ	SK	SL

CADRE D

MOUVEMENTS DE L'EXERCICE AFFECTANT LES CHARGES RÉPARTIES SUR PLUSIEURS EXERCICES*	Montant net au début de l'exercice	Augmentations	Dotations de l'exercice aux amortissements	Montant net à la fin de l'exercice
Charges à répartir sur plusieurs exercices			SM	SN
Primes de remboursement des obligations			SP	SR

* Des explications concernant cette rubrique sont données dans la notice n° 2032

N° 2055 - IMPRIMERIE NATIONALE Février 2002 - 01024 1941

DOSSIER 2 — THÈME 8

Les cessions d'immobilisations

AU RÉFÉRENTIEL

***PRÉPARER** la régularisation des sorties d'actif*

MISE EN SITUATION ★★ FR 10

La S.A. **Brisac**, créée en 1990, commercialise des articles de jardinerie, des plantes et arbustes de décoration.

Vous êtes stagiaire auprès de M. Farjon, comptable de l'entreprise Brisac. Il vous demande de préparer les écritures de régularisation des comptes d'immobilisations.

L'entreprise a vendu un ordinateur pour 598 € TTC le 30 avril N, payé par chèque. Cet ordinateur avait été acquis pour 3 500 € HT, en N–3. M. Farjon vous remet le tableau d'amortissement de cet ordinateur. L'entreprise arrête ses comptes à la fin de chaque année civile.

N° de compte : 2 183 Compte : Matériel de bureau et informatique Date d'acquisition : 10 septembre N–3 Date de mise en service : 15 septembre N–3	Valeur d'origine : 3 500,00 € Valeur résiduelle : 0 Type d'amortissement : linéaire Durée de vie : 5 ans – Taux : 20 % Base amortissable : 3 500,00 €

Année	Valeur d'origine	Taux	Annuité	Valeur comptable fin d'exercice
N–3	3 500,00	20 %	204,17	3 295,83
N–2	3 500,00	20 %	700,00	2 595,83
N–1	3 500,00	20 %	700,00	1 895,83
N	3 500,00	20 %	700,00	1 195,83
N+1	3 500,00	20 %	700,00	495,83
N+2	3 500,00	20 %	495,83	0,00

TRAVAIL À RÉALISER

RÉFLEXION

1. Pourquoi la valeur d'origine et la base amortissable sont identiques ? Est-ce logique, s'agissant d'un ordinateur ?
2. Quel est le mode d'amortissement de l'ordinateur ?
3. Comment a été effectué le calcul des annuités pour N–3, N–2 et N+2 ?
4. Quelle est la valeur comptable de l'ordinateur au moment de la cession ?

ACTION

Enregistrez :
- la cession,
- la dotation complémentaire de l'année N,
- la sortie du patrimoine de cette immobilisation.

DOSSIER 3

THÈME 8

ENTRAÎNEMENTS

1 ACQUISITION ET AMORTISSEMENT D'UNE IMMOBILISATION

★ FR 10

Pour faire face au surcroît d'activité, une nouvelle machine à commande numérique a été acquise pour équiper l'atelier de fabrication de l'entreprise **Maréchal**. Cette machine a été livrée le 15 octobre N et mise en service, après tous les travaux de mise en route et les essais, le 2 novembre N. La machine est amortissable en mode linéaire sur 5 ans (en novembre N+5, elle pourrait être cédée pour 10 000 €).

FACTURE DU 20 OCTOBRE N

Machine à commande numérique	99 525,00
Montage et installation	475,00
Montant HT	100 000,00
TVA à 19,60 %	19 600,00
Montant TTC	119 600,00
Règlement au 15 décembre N (traite)	

TRAVAIL À RÉALISER

1. Reconstituez les écritures d'acquisition et de paiement de cette machine.
2. Calculez le montant à amortir.
3. Présentez le tableau d'amortissement de la machine et enregistrez la dotation de l'année N.

D'après un sujet de BTS.

2 CALCUL D'ANNUITÉS D'AMORTISSEMENT EN MODE DÉGRESSIF

★★ FR 10

La société **Peyrot,** créée le 1er janvier N–2, fabrique et commercialise du matériel de ski.
Le 15 avril N, l'entreprise a acheté son premier véhicule pour effectuer la livraison des clients : coût d'acquisition 30 000 € HT, amortissement en mode dégressif sur 5 ans, valeur résiduelle : 6 000 € HT.
Tous les autres biens sont amortis en mode linéaire. Voici un extrait de la balance au 31 décembre N.

N°	Noms des comptes	Solde débiteur	Solde créditeur
205	Concessions et droits similaires, brevets, licences, marques...	22 750	
211	Terrains	70 000	
213	Constructions	300 000	
215	Installations techniques, matériels et outillage industriels	600 000	
2183	Matériel de bureau et informatique	1 800	
2184	Matériel de transport	30 000	
2805	Amortissement des concessions et droits similaires, ... (taux 20 %)		9 100
2813	Amortissement des constructions (taux 5 %)		30 000
2815	Amortissement des installations techniques... (taux 10 %)		120 000
28183	Amortissement du matériel de bureau et inf. (taux 33,33 %)		1 200

TRAVAIL À RÉALISER

1. Présentez le tableau d'amortissement du véhicule.
2. Enregistrez les dotations de l'année N.
3. Présentez l'extrait de la balance après l'enregistrement des écritures de dotations de l'année N.

3 CALCUL D'ANNUITÉS D'AMORTISSEMENT EN MODES LINÉAIRE ET DÉGRESSIF

★★★ FR 10

L'entreprise **Rouland,** créée le 1er juillet N–2, arrête ses comptes à la fin de chaque année civile. Vous êtes l'assistant(e) de M. Rouland. Vous disposez des renseignements suivants.

Le compte « Matériel de bureau et matériel informatique » comprend :
- un matériel acquis et mis en œuvre à la création de l'entreprise pour 8 550 € HT, durée d'utilisation : 5 ans ; amortissement linéaire ;
- un ordinateur IBM acquis à la création de l'entreprise pour 6 500 € HT, durée d'utilisation : 3 ans ;
- un ordinateur ADI acquis le 15 mars N pour 4 800 € HT et 150 € de frais d'installation HT ; durée d'utilisation : 3 ans. Les deux ordinateurs sont amortis selon le mode dégressif.

Tous ces matériels, rapidement périmés, ont une valeur résiduelle nulle.
Au 31 décembre N, avant amortissement le compte 2183 est débiteur de 20 000 € ; le compte 28183 est créditeur de 6 627,50 €.

TRAVAIL À RÉALISER

1. Présentez le plan d'amortissement de l'ordinateur IBM.
2. Enregistrez les dotations aux amortissements au 31 décembre N.
3. Présentez les comptes 2183 et 28183 de la balance après l'enregistrement.

D'après un sujet d'examen.

4 CESSION D'UN BIEN AMORTISSABLE

★★ FR 10

La SA **Nivon** a vendu le 25 avril N une machine acquise le 1er septembre N–2.
- Coût d'acquisition de la machine 6 500 € HT (TVA au taux normal).
- Amortissement proportionnel aux résultats attendus : 5 % en N–2, 15 % par an de N–1 à N+1,10 % par an de N+2 à N+4, 5 % par an de N+5 à N+8. Valeur résiduelle estimée à 500 € HT.
- Prix de cession : 4 000 € HT, paiement par chèque le même jour.

TRAVAIL À RÉALISER

1. Calculez le montant à amortir et présentez le tableau d'amortissement de la machine.
2. Présentez toutes les écritures concernant la cession.
3. Calculez le résultat de la cession.

5 DE L'ACQUISITION À LA CESSION

★★ FR 10

Le 20 mars N–1, l'entreprise **Martin** a fait l'acquisition d'un camion : 107 640 € TTC. Un montant de 20 % a été réglé à l'acquisition par chèque bancaire, le solde a été payé le 20 mai (lettre de change).
L'entreprise amortit ce bien, année par année, selon la dépréciation constatée à l'*Argus*. Valeur au 31.12.N–1 : 83 720 € TTC ; au 30.09.N : 71 760 € TTC.
Le 30 septembre N, le camion est cédé contre chèque à un garage pour 65 780 € TTC.

TRAVAIL À RÉALISER

1. Reconstituez l'écriture d'acquisition et les deux premières lignes du tableau d'amortissement.
2. Présentez toutes les écritures de cession de cette immobilisation.
3. Calculez le résultat de la cession.

LES PROVISIONS

Les provisions pour dépréciation des créances

AU RÉFÉRENTIEL ➤ ***CALCULER des provisions pour dépréciation***

MISE EN SITUATION ★★ FR 11

Les activités principales de la S.A. **Dubreuil** sont :
- la fabrication et la pose de vérandas,
- la vente et l'installation de volets roulants manuels ou électriques.

L'exercice comptable coïncide avec l'année civile. L'ensemble des activités de la S.A. Dubreuil est soumis à la TVA au taux normal.
Vous êtes stagiaire dans cette entreprise. Mme Devert, comptable, vous confie le tableau des clients en difficulté.

SITUATION DES CLIENTS EN DIFFICULTÉ AU 31/12/N

Noms des clients	Montant dû TTC	Provisions N–1	Montant de la provision N–1	Observations pour N
Victor	1 196,00	20 %	200,00	Perte probable de 60 %
Devred	1 471,08	40 %	492,00	Ramener la provision à 25 % de la créance
Augustin	14 591,20	60 %	7 320,00	Perte probable de 80 %
Maniac	6 219,20	40 %	2 080,00	Recouvrement probable de 80 %
Delphine	598,00	80 %	400,00	En liquidation judiciaire. Plus aucun règlement n'est espéré
Rampon	5 083,00	30 %	1 275,00	Perte probable de 50 %
Ambroise	1 172,08	70 %	686,00	Recouvrement probable de 80 %

En plus, Mme Devert vous communique oralement les informations suivantes :
- le client Pierre a des difficultés financières ; une provision doit être constituée pour 60 % de la créance : 550 € HT ;
- le client Adrien est en règlement judiciaire, la créance s'élève à 2 392,00 € TTC. La créance est irrécouvrable.

La comptable vous remet aussi l'état qu'elle a préparé pour les enregistrements des provisions pour dépréciation des comptes clients.

ÉTAT DES CRÉANCES SUR DES CLIENTS EN DIFFICULTÉ AU 31/12/N

Noms des clients	Montant dû TTC	Montant HT	Provision N–1	Provision N	Dotations N	Reprises N
Victor	1 196,00	1 000,00	200,00	600,00	400,00	
Devred	1 471,08	1 230,00	492,00	307,50		184,50
Augustin	14 591,20	12 200,00	7 320,00	9 760,00	2 440,00	
Maniac	6 219,20	5 200,00	2 080,00	1 040,00		1 040,00
Delphine	598,00	500,00	400,00	0		400,00
Rampon	5 083,00	4250	1275	2125	850	
Ambroise	1 172,08	980	686	196		490
Pierre	657,80	550		330	330	
Adrien	2 392,00	2000		....		
				Total	....	....

TRAVAIL À RÉALISER

RÉFLEXION

1. Quels calculs a effectué Mme Devert pour obtenir le montant :
   – des provisions pour l'année N,
   – des dotations de l'année N,
   – des reprises de l'année N ?

2. Quelles sont les créances qui sont transférées dans le compte *Clients douteux ?* Justifiez votre réponse.

3. Pour quelles raisons :
   – la provision est-elle calculée sur le montant HT ?
   – enregistre-t-on le montant TTC dans le compte clients douteux ?
   – n'y a-t-il pas de provisions en N pour les clients Delphine et Adrien ?
   – effectue-t-on une reprise sur provisions pour le client Delphine ?

ACTION

1. Complétez les 4 dernières lignes du tableau.

2. Enregistrez :
   – les nouvelles créances douteuses,
   – la dotation de l'année N,
   – la reprise de l'année N,
   – les pertes sur créances irrécouvrables.

3. Justifiez la somme inscrite sur la ligne « provisions pour dépréciation sur comptes clients » de l'annexe fiscale reproduite page 54.

4. Renseignez cette annexe fiscale à partir des enregistrements que vous venez d'effectuer.

Les autres provisions

AU RÉFÉRENTIEL

- ***CALCULER des provisions pour dépréciation***
- ***PRÉVOIR et ANALYSER les provisions pour risques et charges***

MISE EN SITUATION ★★★ *FR 11*

Mme Devert vous demande d'étudier toutes les situations qui conduisent à constituer des provisions pour les titres, les risques et les charges. Elle a préparé le tableau suivant pour la régularisation des titres.

SITUATION DU PORTEFEUILLE DES TITRES

Nature des titres	Nombre de titres	Prix d'achat unitaire	Date d'achat	Provisions au 31/12/N–1	Cours au 31/12/N	Provisions fin d'année N	Dotations au 31/12/N	Reprises sur provisions au 31/12/N
Actions SMI	20	100	10/04/N		110			
Actions BAN	10	150	15/11/N		120	300	300	
Actions SDH	10	110	10/05/N–1	100	130			100
Actions RIB	5	100	12/05/N–1	25	90	50	25	
						Total	325	100

Mme Devert vous fournit également des informations complémentaires :
– un lot de marchandises en stock d'une valeur de 12 000 € HT est déprécié de 10 %,
– une provision pour risques de 1 000 € doit être constituée au 31/12/N concernant le licenciement abusif d'un salarié.

TRAVAIL À RÉALISER

RÉFLEXION

1. Quels sont les calculs effectués par Mme Devert pour obtenir le montant :
   – de la dotation aux provisions au 31/12/N,
   – de la reprise sur provisions au 31/12/N ?
2. La plus-value sur les actions SMI a-t-elle une conséquence comptable ?

ACTION

1. Enregistrez les opérations concernant les titres.
2. Calculez puis enregistrez la provision pour dépréciation des marchandises.
3. Effectuez l'enregistrement de la provision pour risques.
4. Justifiez la somme de 125 € inscrite dans l'annexe fiscale.
5. Renseignez cette annexe fiscale avec les informations contenues dans ce dossier.

DOSSIER 2

THÈME 9

cerfa N° 10949 * 04

Formulaire obligatoire (article 53 A du Code général des impôts)

(7)

PROVISIONS INSCRITES AU BILAN

D.G.I. N° 2056 (2002) 2

1er EXEMPLAIRE DESTINÉ A L'ADMINISTRATION

Désignation de l'entreprise

	Nature des provisions	Montant au début de l'exercice 1	AUGMENTATIONS : Dotations de l'exercice 2	DIMINUTIONS : Reprises de l'exercice 3	Montant à la fin de l'exercice 4
Provisions réglementées	Provisions pour reconstitution des gisements miniers et pétroliers	3T	TA	TB	TC
	Provisions pour investissement (art. 237 bis A-II)	3U	TD	TE	TF
	Provisions pour hausse des prix (1)	3V	TG	TH	TI
	Amortissements dérogatoires	3X	TM	TN	TO
	Dont majorations exceptionnelles de 30 %	D3	D4	D5	D6
	Provisions fiscales pour implantations à l'étranger constituées avant le 1.1.1992 *	IA	IB	IC	ID
	Provisions fiscales pour implantations à l'étranger constituées après le 1.1.1992 *	IE	IF	IG	IH
	Provisions pour prêts d'installation (art. 39 quinquies H du CGI)	IJ	IK	IL	IM
	Autres provisions réglementées (1)	3Y	TP	TQ	TR
	TOTAL I	3Z	TS	TT	TU
Provisions pour risques et charges	Provisions pour litiges	4A	4B	4C	4D
	Provisions pour garanties données aux clients	4E	4F	4G	4H
	Provisions pour pertes sur marchés à terme	4J	4K	4L	4M
	Provisions pour amendes et pénalités	4N	4P	4R	4S
	Provisions pour pertes de change	4T	4U	4V	4W
	Provisions pour pensions et obligations similaires	4X	4Y	4Z	5A
	Provisions pour impôts (1)	5B	5C	5D	5E
	Provisions pour renouvellement des immobilisations *	5F	5H	5J	5K
	Provisions pour grosses réparations	5L	5M	5N	5P
	Provisions pour charges sociales et fiscales sur congés à payer *	5R	5S	5T	5U
	Autres provisions pour risques et charges (1)	5V	5W	5X	5Y
	TOTAL II	5Z	TV	TW	TX
Provisions pour dépréciation	sur immobilisations - incorporelles	6A	6B	6C	6D
	sur immobilisations - corporelles	6E	6F	6G	6H
	sur immobilisations - titres mis en équivalence	02	03	04	05
	sur immobilisations - titres de participation	9U	9V	9W	9X
	sur immobilisations - autres immobilisations financières (1)*	06	07	08	09
	Sur stocks et en cours	6N	6P	6R	6S
	Sur comptes clients	6T 12 453	6U	6V	6W
	Autres provisions pour dépréciation (1)*	6X 125	6Y	6Z	7A
	TOTAL III	7B	TY	TZ	UA
	TOTAL GÉNÉRAL (I + II + III)	7C	UB	UC	UD
	Dont dotations et reprises	— d'exploitation	UE	UF	
		— financières	UG	UH	
		— exceptionnelles	UJ	UK	

Titres mis en équivalence : montant de la dépréciation à la clôture de l'exercice calculé selon les règles prévues à l'article 39-1-5e du C.G.I. | 10

(1) à détailler sur feuillet séparé selon l'année de constitution de la provision ou selon l'objet de la provision.

NOTA : Les charges à payer ne doivent pas être mentionnées sur ce tableau mais être ventilées sur l'état détaillé des charges à payer dont la production est prévue par l'article 38 II de l'annexe III au CGI.

* Des explications concernant cette rubrique sont données dans la notice n° 2032

Février 2002 - 10242221
N° 2056 - IMPRIMERIE NATIONALE

ENTRAÎNEMENTS

1 PROVISIONS POUR DÉPRÉCIATION DES CRÉANCES

★ FR 11

L'entreprise **Modern'Bureau** (TVA au taux normal) vous communique les informations suivantes :

SITUATION DES CLIENTS AU 31 DÉCEMBRE N

Noms des clients douteux	Créances TTC au 31/12/N–1	Provisions au 31/12/N–1	Règlement TTC en N	Observations
Blanchard	3 588,00	600,00	598,00	Ajuster la provision à 40 % du montant
Proust	1 435,20	720,00	478,40	Pour solde de tout compte

Le client Alotte est en difficulté ; on pense récupérer 60 % de sa créance qui s'élève à 1 196 €, taxes comprises.

TRAVAIL À RÉALISER

1. Présentez le tableau des créances douteuses au 31/12/N.
2. Enregistrez les régularisations nécessaires au 31/12/N.

THÈME 9

2 AJUSTEMENT DES PROVISIONS POUR DÉPRÉCIATION DES CRÉANCES

★ FR 11

L'entreprise **Leroux** (TVA au taux normal) vous présente l'état des créances au 31 décembre N :

Noms des clients	Créances TTC au 31/12/N–1	Provisions N–1	Provisions au 31/12/N–1	Règlements en N	Observations
Borel	11 960,00	30 %	3 000,00	2 152,80	Pour solde
Daval	5 980,00	20 %	1 000,00	–	Pertes à prévoir : 80 % du solde
Benoît	8 372,00	30 %	2 100,00	1 196,00	Irrécouvrable
Espit	1 794,00	20 %	300,00		Règlement espéré : 70 % de la créance

TRAVAIL À RÉALISER

1. Présentez le tableau d'ajustement des provisions des créances douteuses au 31/12/N.
2. Enregistrez les régularisations du 31/12/N.

3 PROVISIONS POUR DÉPRÉCIATIONS DIVERSES

★★★ FR 11

L'état des créances sur des clients en difficulté de l'entreprise **Montagne** (TVA au taux normal) se présente comme suit le 31 décembre N :

Noms des clients	Créances TTC au 31/12/N–1	Provisions au 31/12/N–1	Règlements courants N	Observations
Julien	4 784,00	1 000,00	598,00	On pense récupérer 15 % du solde
Rouméas	11 362,00	4 750,00		On pense récupérer 60 % du montant de la créance

- Le client Chapus, dont la créance s'élève à 8 312,20 € taxes comprises, doit être considéré comme douteux. L'entreprise envisage sur cette créance un recouvrement de 40 %.
- La créance d'un montant de 11 960 €, taxes comprises, sur le client Poncin est totalement irrécouvrable.
- Un litige avec un client concernant la vente d'un lot de tables présentant une malfaçon est survenu courant N. Compte tenu du procès en cours, l'entreprise pense être condamnée à payer 12 200 € de dommages et intérêts.
- Un lot de marchandises d'une valeur de 12 225 € est détérioré. Une provision de 20 % doit être constituée.

TRAVAIL À RÉALISER

Enregistrez les régularisations au 31/12/N.

4 PROVISIONS POUR DÉPRÉCIATION DES TITRES

★★ FR 11

Le portefeuille de valeurs mobilières de placement de l'entreprise **Maxime** comprend les titres suivants :

Nature	Nombre de titres au 31/12/N–1	Prix d'achat	Cours moyen de décembre N–1	Cours moyen de décembre N
Actions Danone	40	110	105	115
Actions Havas	20	45	47	50
Actions UAP	35	20	17	15

TRAVAIL À RÉALISER

1. Déterminez dans un tableau le montant des provisions constituées en N–1 et en N.
2. Enregistrez les régularisations au 31/12/N.

D'après un sujet d'examen.

5 PROVISIONS POUR DÉPRÉCIATION DES STOCKS

★★ FR 11

M. Ragat, gérant de l'entreprise **Jourdan**, vous présente le montant des provisions qui ont été enregistrées au 31/12/N–1 :

3911 Provisions pour dépréciation des matières premières .... 500 €
3955 Provisions pour dépréciation des produits finis .... 5 000 €
3970 Provisions pour dépréciation des marchandises .... 500 €

À l'issue des travaux d'inventaire, les évaluations suivantes ont été recueillies, le 31 décembre N :

	Valeur d'entrée	Valeur actuelle
Matières premières	16 000	15 000
Produits finis	80 000	78 000
Marchandises	4 000	4 000

TRAVAIL À RÉALISER

1. Présentez sous forme de tableau le montant des dotations et des reprises pour N.
2. Enregistrez les régularisations.

THÈME 10

L'INVENTAIRE

DOSSIER 1

Les variations de stock

AU RÉFÉRENTIEL

- ***DÉFINIR les objectifs des travaux de fin d'exercice***
- ***CONSTATER les variations de stocks***

MISE EN SITUATION ★ *FR 12*

Daniel **Durieux** a repris l'entreprise familiale de fabrication artisanale de charcuterie et de vente de produits fermiers : miels, pâtés, rillettes, caillettes[1], jambons, saucissons, volailles, huiles d'olive et de pépins de raisin. Pierre l'assiste dans les différentes tâches. Les marchandises sont des volailles nourries au grain et en basse-cour que Daniel achète à des éleveurs spécialisés.
Il achète des volailles qu'il revend en l'état ou qu'il utilise pour la fabrication des conserves. Nous sommes le 31 décembre ; c'est la fin de l'exercice comptable. Daniel vous demande de compter et d'évaluer les marchandises, les matières premières et les produits finis qui sont en stock. À partir de ces informations, le chef d'entreprise dresse les tableaux suivants :

Stocks de marchandises et de matières premières en €

	Stock initial	Stock final	Variation de stock
Marchandises	6 000	4 000	2 000
Matières premières	2 000	3 000	– 1 000

Stock de produits finis en €

	Stock initial	Stock final	Variation de stock
Produits finis	10 000	11 000	1 000

TRAVAIL À RÉALISER

RÉFLEXION

1. Qu'est-ce que « l'exercice comptable » ?
2. Comment s'appelle le recensement que vous avez effectué ?
3. Où Daniel a-t-il trouvé les informations qui figurent dans chaque colonne du tableau ?
4. Comment Daniel a-t-il calculé la variation de stocks :
   – pour les marchandises et les matières premières ?
   – pour les produits finis ?
5. Dans quel(s) cas y a-t-il stockage ? Déstockage ?

ACTION

1. Enregistrez les régularisations des stocks.
2. Énumérez les tâches étudiées dans les dossiers précédents qui sont des « travaux d'inventaire ». Justifiez cette expression.

1. Spécialité charcutière drômoise.

Les régularisations de charges et de produits

AU RÉFÉRENTIEL ➤ ***PRÉPARER** la régularisation des comptes de gestion*

MISE EN SITUATION ★★ FR 12

Daniel vous transmet les informations suivantes.

1. Un lot de marchandises d'une valeur de 200 € HT a été livré le 15/12. La facture n'a pas été reçue le 31/12.
2. L'assurance incendie annuelle, qui couvre la période de novembre N à octobre N + 1, a été réglée le 1/11 pour un montant de 3 000 € (pas de TVA).
3. Une livraison de marchandises de 100 € HT n'a pas encore été facturée.
4. Une ristourne annuelle de 300 € doit être établie en faveur de divers clients, et le fournisseur de volailles doit nous adresser une ristourne annuelle de 500 €.
5. Diverses fournitures de bureau, d'une valeur de 500 € HT, n'ont pas été consommées pendant l'année N. Ces fournitures n'ont pas été recensées au cours de l'inventaire.
6. Le salaire de Pierre, pour le mois de décembre, n'a pas encore été enregistré ; net à payer : 900 €.
7. Il est nécessaire d'enregistrer la provision pour congés payés de 86,54 €.

Daniel a commencé l'enregistrement. Voici les écritures qu'il a passées (TVA : 5,5 %).

		31/12/N		
607		Achats de marchandises	200,00	
4458		TVA à régulariser	11,00	
	408	Fournisseurs-Factures non parvenues		211,00
		31/12/N		
486		Charges constatées d'avance	2 500,00	
	616	Primes d'assurances		2 500,00
		31/12/N		
418		Clients-Factures à établir	105,50	
	707	Ventes de marchandises		100,00
	4458	TVA à régulariser		5,50
		31/12/N		
709		Rabais, remises et ristournes accordés	300,00	
4458		TVA à régulariser	16,50	
	4198	Clients-RRR à accorder		316,50

TRAVAIL À RÉALISER

Réflexion

1. Pourquoi doit-on enregistrer ces différentes écritures au 31/12/N ? Justifiez chaque écriture.
2. Pour quelle raison le compte de TVA n'apparaît pas dans la 2e écriture ?
3. Comment a-t-on calculé la somme inscrite au compte 616 ?
4. Ces régularisations sont-elles des « travaux d'inventaire ». Pourquoi ?

Action

1. Justifiez l'utilisation du compte « 4458 : TVA à régulariser ».
2. Enregistrez les écritures manquantes.

ENTRAÎNEMENTS

1 VARIATION DU STOCK DE MARCHANDISES

★ FR 12

À l'inventaire, le 31 décembre N, M. Gipon, gérant de l'entreprise **Carpentier**, vous informe que le stock de marchandises a été valorisé 41 260 €. Au 1er janvier N, sa valeur était de 32 256 €.

TRAVAIL À RÉALISER

1. Calculez la variation du stock. Y a-t-il eu stockage ou déstockage ?
2. Enregistrez la régularisation.

THÈME 10

2 VARIATIONS DE STOCKS DES PRODUITS FINIS

★★ FR 12

Timeuble est une entreprise industrielle qui fabrique des meubles de jardins. L'inventaire extra-comptable de fin d'exercice au 31/12/N, nous indique qu'il reste en stock :
- des tables ovales pour une valeur de 10 700 €,
- des tables rectangulaires pour 7 100 €,
- des fauteuils de jardin pour 2 500 €.

Les fauteuils en stock sont dépréciés de 10 %.

EXTRAIT DE LA BALANCE *AVANT INVENTAIRE AU 31/12/N*

N° de compte	Libellé des comptes	Solde débiteur	Solde créditeur
3551	Stocks de tables ovales	7 900,00	
3552	Stocks de tables rectangulaires	7 500,00	
3553	Stocks de fauteuils	3 000,00	
39551	Provisions pour dépréciation des tables ovales		1 700,00

TRAVAIL À RÉALISER

1. Calculez la variation de stocks de chacun des articles (présentez vos calculs dans un tableau).
2. Précisez, pour chacun d'eux, s'il y a eu stockage ou déstockage.
3. Enregistrez les régularisations au 31 décembre N sachant que la provision des tables ovales n'est plus justifiée.

3 RÉGULARISATION DE CHARGES ET DE PRODUITS

★★★ FR 12

À la clôture de l'exercice, le 31 décembre, M. Paul, comptable de l'entreprise **Maréchal**, vous communique les renseignements suivants.

1. La prime d'assurance-incendie, d'un montant annuel de 2 000 €, a été réglée le 1er octobre pour les 12 mois à venir.
2. Des marchandises ont été réceptionnées le 23 décembre pour une valeur HT de 3 500 €. La facture n'a pas encore été reçue.
3. Le loyer de 6 000 €, payé le 1er novembre, concerne les mois de novembre, décembre et janvier.
4. Une ristourne de 100 € hors taxes doit être accordée au client Bernard. Une facture d'avoir lui sera adressée ultérieurement.
5. Factures non parvenues :
   - téléphone : 150 € HT,
   - EDF : 250 € HT,
   - réparations du camion de livraison : 800 € HT.
6. Il reste 300 € HT de fournitures de bureau non utilisées.
7. Une facture d'achat a été enregistrée pour 900 € HT alors que la livraison n'aura lieu que le 20 janvier.
8. Une livraison de marchandises de 600 € HT n'a pas été enregistrée ; la facture arrivera début janvier.
9. Le 8 décembre, des marchandises ont été livrées au client Bernard pour 970 € HT ; la facture correspondante ne sera établie qu'en janvier.
10. Le fournisseur Dupuy nous a promis un rabais de 2 % sur une facture de 1 000 €. Au 31 décembre N, l'entreprise Maréchal n'a pas encore reçu la facture d'avoir.
11. Les salaires, d'un montant de 5 000 €, n'ont pas encore été enregistrés.
12. Le responsable de la paie a calculé le montant des congés payés et charges afférentes :
    - congés payés de 480 €,
    - charges patronales sur congés payés de 1 900 €,
    - charges fiscales sur congés payés de 137,5 €.

TRAVAIL À RÉALISER

Enregistrez les différentes opérations au 31 décembre (TVA au taux normal).

4 CESSION DE TITRES IMMOBILISÉS

★★★ FR 12

La société **Vivalp** a fait l'acquisition de 1 000 actions (titres de participation) de la société Record, au cours de 80 €, le 10 février N–1. Le 31 décembre N–1, cette action est cotée 75 €. Le 15 juin N, elle cède 500 actions au cours du jour, soit 72 €. Le 31 décembre N, ces titres sont toujours cotés à 72 €.

TRAVAIL À RÉALISER

1. Reconstituez l'écriture d'acquisition de ces titres, et de l'enregistrement de la provision au 31 décembre N–1.
2. Enregistrez les écritures concernant la vente des 500 actions, et les écritures de régularisation.
3. Déterminez le résultat de la cession (plus ou moins-value).

THÈME 11

LES DOCUMENTS DE SYNTHÈSE

DOSSIER 1

L'organisation comptable

AU RÉFÉRENTIEL

PLANIFIER les travaux périodiques

MISE EN SITUATION ★★ FR 13

La société **Alutech** fabrique des pièces détachées en alliage d'aluminium. Elle sous-traite pour des fabricants de petit électroménager et d'ustensiles de cuisine.
La comptabilité de l'entreprise est subdivisée en cinq journaux auxiliaires (achats, ventes, banque, caisse et opérations diverses).
Le comptable vous transmet la balance auxiliaire des clients et la balance globale après opérations d'inventaire.

TRAVAIL À RÉALISER

RÉFLEXION

1. Pourquoi l'entreprise utilise-t-elle plusieurs journaux ?
2. Dans quel journal sont enregistrées la plupart des opérations d'inventaire ?
3. Quelle est l'utilité, pour Alutech, d'éditer la balance auxiliaire des clients ?
4. Quel lien existe-t-il entre la balance auxiliaire des clients et le compte *Clients* dans la balance globale ?
5. Quel serait l'intérêt d'éditer la balance auxiliaire des fournisseurs ?
6. À quelle nécessité répond l'édition de la balance globale ?

ACTION

1. Repérez les comptes de bilan et les comptes de gestion.
2. Identifiez les comptes mouvementés pendant les travaux d'inventaire. Donnez, pour chaque compte, un exemple d'opération.

BALANCE AUXILIAIRE DES CLIENTS DU 01/01/N AU 31/12/N

N° de compte	Intitulé du compte	Cumul Débit	Cumul Crédit	Solde Débit	Solde Crédit
411010	Client Moulinou	102 450,00	101 495,00	955,00	
411011	Client Menagestyl	58 290,00	57 910,00	380,00	
411013	Client Bourgeois	88 630,00	87 870,00	760,00	
411014	Client Motorolin	112 970,00	112 000,00	970,00	
411015	Clients divers	60 215,00	59 980,00	235,00	
411016	Client Nortinger	41 543,00	40 630,00	913,00	
TOTAL CLASSE 4		464 098,00	459 885,00	4 213,00	
TOTAL BALANCE		464 098,00	459 885,00	4 213,00	0,00
SOLDE BALANCE					4 213,00

BALANCE GLOBALE EN DATE DU 31/12/N

N° de compte	Intitulé du compte	Cumul Débit	Cumul Crédit	Solde Débit	Solde Crédit
101000	Capital		100 000,00		100 000,00
106800	Autres réserves		60 000,00		60 000,00
164000	Emprunts auprès des Ets. de crédit	13 300,00	156 700,00		143 400,00
TOTAL CLASSE 1		13 300,00	316 700,00		303 400,00
205000	Concessions et droits similaires	13 000,00		13 000,00	
213000	Constructions	215 400,00		215 400,00	
215000	Install. techn. Mat. outil. industriels	212 000,00		212 000,00	
218200	Matériel de transport	132 000,00	12 000,00	120 000,00	
218300	Mat. de bureau et informatique	20 000,00		20 000,00	
261000	Titres de participation	59 000,00		59 000,00	
271000	Titres immobilisés (droit propriété)	18 500,00		18 500,00	
274000	Prêts	10 800,00		10 800,00	
280500	Amort. concessions & droits similaires		10 000,00		10 000,00
281300	Amort. constructions		80 100,00		80 100,00
281500	Amort. install. tech. mat. out. industriels		90 000,00		90 000,00
281820	Amort. mat. transport	5 600,00	20 300,00		14 700,00
281830	Amort. mat. bureau et informatique		2 300,00		2 300,00
TOTAL CLASSE 2		686 300,00	214 700,00	668 700,00	197 100,00
311000	Matières premières	5 440,00	2 142,00	3 298,00	
321000	Matières consommables	1 100,00	974,00	126,00	
355000	Produits finis	13 790,00	7 125,00	6 665,00	
370000	Marchandises	9 750,00	4 274,00	5 476,00	
TOTAL CLASSE 3		30 080,00	14 515,00	15 565,00	
401000	Fournisseurs	176 746,00	190 620,00		13 874,00
403000	Fournisseurs-Effets à payer	128 020,00	146 190,00		18 170,00
404000	Fournisseurs d'immobilisations	30 000,00	89 320,00		59 320,00
411000	Clients	464 098,00	459 885,00	4 213,00	
413000	Clients-Effets à recevoir	204 241,00	143 080,00	61 161,00	
421000	Personnel – Rémunérations dues	120 176,00	123 500,00		3 324,00
431000	Sécurité sociale	25 600,00	53 000,00		27 400,00
437000	Autres organismes sociaux	16 700,00	37 000,00		20 300,00
445500	Taxes sur CA à décaisser	48 221,00	83 052,00		34 831,00
467000	Autres comptes débit. ou crédit.		42 700,00		42 700,00
491000	Provis. pour dépréc. comptes clients		2 800,00		2 800,00
TOTAL CLASSE 4		1 213 802,00	1 371 147,00	65 374,00	222 719,00
503000	Actions	41 336,00		41 336,00	
512000	Banque	585 476,00	546 740,00	38 736,00	
531000	Caisse	37 616,00	31 800,00	5 816,00	
590000	Provis. pour dépréc. des VMP		2 800,00		2 800,00
TOTAL CLASSE 5		664 428,00	581 340,00	85 888,00	2 800,00

►►►

N° de compte	Intitulé du compte	Cumul Débit	Cumul Crédit	Solde Débit	Solde Crédit
601000	Achats stockés mat. premières	83 859,00	975,00	82 884,00	
602000	Achats non stockés autres approvision.	17 500,00		17 500,00	
603100	Variat. stocks mat. premières	2 142,00	3 298,00		1 156,00
603200	Variat. stocks autres approvision.	974,00	126,00	848,00	
603700	Variat. stocks de marchandises	4 274,00	5 476,00		1 202,00
606100	Fournitures non stock. Eau énergie	17 000,00		17 000,00	
607000	Achats de marchandises	14 580,00		14 580,00	
613000	Locations	8 790,00		8 790,00	
615000	Entretien et réparations	28 400,00		28 400,00	
616000	Primes d'assurance	18 900,00		18 900,00	
621100	Personnel intérimaire	12 400,00		12 400,00	
622600	Honoraires	22 450,00		22 450,00	
623000	Publicité publicat. relat. publiques	12 200,00		12 200,00	
624000	Transp. biens & coll. de pers.	16 710,00		16 710,00	
626000	Frais postaux et de télécomm.	22 850,00		22 850,00	
627000	Services bancaires et assimilés	2 500,00		2 500,00	
630000	Impôts et taxes et vers. assimilés	19 200,00		19 200,00	
641000	Rémunérations du personnel	123 500,00		123 500,00	
645000	Charges de sécurité sociale	57 755,00		57 755,00	
658000	Charges div. de gestion cour.	19 200,00		19 200,00	
661000	Charges d'intérêt	15 140,00		15 140,00	
665000	Escomptes accordés	1 250,00		1 250,00	
671000	Charges except. sur op. de gestion	980,00		980,00	
675000	Val. comp. des élém. actif cédés	6 400,00		6 400,00	
681100	Dot. aux amort. des immobilisations	32 161,00		32 161,00	
681700	Dot. aux prov. dépréc. actions	2 800,00		2 800,00	
686000	Dot. aux amort. et aux prov. ch. financ.	505,00		505,00	
TOTAL CLASSE 6		564 420,00	9 875,00	556 903,00	2 358,00
701000	Ventes de produits finis	4 821,00	646 091,00		641 270,00
707000	Ventes de marchandises		17 113,00		17 113,00
713500	Variation stocks de produits finis	7 125,00	6 665,00	460,00	
771000	Produits except. sur opér. de gestion		330,00		330,00
775000	Produits des cessions d'éléments d'actif		5 800,00		5 800,00
TOTAL CLASSE 7		11 946,00	675 999,00	460,00	664 513,00
TOTAL BALANCE		3 184 276,00	3 184 276,00	1 392 890,00	1 392 890,00
SOLDE BALANCE					0,00

Élaboration du compte de résultat et du bilan

AU RÉFÉRENTIEL

CALCULER et PRÉSENTER un compte de résultat et un bilan (à l'aide d'un système informatique)

MISE EN SITUATION ★★ FR 14

Alutech vous communique les documents de synthèse élaborés à l'aide du logiciel de l'entreprise :
- le compte de résultat,
- le bilan.

TRAVAIL À RÉALISER

Réflexion

1. Quel intérêt présente le classement des charges et des produits en éléments d'exploitation, financiers et exceptionnels ?
2. Quelles informations fournissent les lignes GG, GV, GW, HI et HN ?
3. À quoi servent les mentions FA, FB, FC, etc. indiquées sur le compte de résultat et les mentions AF, AG, etc. indiquées sur le bilan ?
4. Que signifient les signes – sur les lignes FM, FT, FV du compte de résultat ?
5. Quelle est l'utilité des 3 colonnes de montants à l'actif du bilan ?
6. Quelle est la particularité de la ligne DI du bilan ?

Action

1. Présentez un résumé en grandes masses du compte de résultat et du bilan.
2. Vérifiez le résultat de l'exercice ainsi obtenu.
3. Contrôlez, à partir de la balance globale, le montant des rubriques FS, FT et HB du compte de résultat et le montant des rubriques AT, AU et DX du bilan.

COMPTE DE RÉSULTAT DE L'EXERCICE (EN LISTE)

		Exercice N France 1		Exercice N Exportation 2		Exercice N Total 3	
PRODUITS D'EXPLOITATION	Ventes de marchandises	FA	17 113	FB	0	FC	17 113
	Production vendue biens	FD	641 270	FE	0	FF	641 270
	Production vendue service	FG	0	FH	0	FI	0
	Chiffre d'affaires net	FJ	658 383	FK	0	FL	658 383
	Production stockée					FM	– 460
	Total des produits d'exploitation (I)					FR	657 923
CHARGES D'EXPLOITATION	Achats de marchandises (y compris droits de douane)					FS	14 580
	Variation de stock (marchandises)					FT	– 1 202
	Achats de matières premières et autres approvisionnements (y compris droits de douane)					FU	100 384
	Variation de stock (matières premières et approvisionnements)					FV	– 308
	Autres achats et charges externes (3)					FW	162 200
	Impôts, taxes et versements assimilés					FX	19 200
	Salaires et traitements					FY	123 500
	Charges sociales					FZ	57 755
	DOTATION D'EXPLOITATION – Sur immobilisations – dotations aux amortissements					GA	32 161
	DOTATION D'EXPLOITATION – Sur immobilisations – dotations aux provisions					GB	0
	DOTATION D'EXPLOITATION – Sur actif circulant : dotations aux provisions					GC	2 800
	DOTATION D'EXPLOITATION – Pour risques et charges : dotations aux provisions					GD	0
	Autres charges					GE	19 200
	Total des charges d'exploitation (II)					GF	530 270
1 – RÉSULTAT D'EXPLOITATION (I – II)						GG	127 653
	Total des produits financiers (V)					GP	0
CHARGES FINANCIÈRES	Dotations financières aux amortissements et provisions					GQ	505
	Intérêts et charges assimilées (6)					GR	16 390
	Charges nettes sur cessions de valeurs mobilières de placement					GT	0
	Total des charges financières (VI)					GU	16 895
2 – RÉSULTAT FINANCIER (V – VI)						GV	– 16 895
3 – RÉSULTAT COURANT AVANT IMPÔTS (I – II + III – IV + V – VI)						GW	110 768
PRODUITS EXCEPTIONNELS	Produits exceptionnels sur opérations de gestion					HA	330
	Produits exceptionnels sur opérations en capital					HB	5 800
	Reprises sur provisions et transferts de charges					HC	0
	Total des produits exceptionnels (VII)					HD	6 130
CHARGES EXCEPTIONNELLES	Charges exceptionnelles sur opérations de gestion					HE	980
	Charges exceptionnelles sur opérations en capital					HF	6 400
	Dotations exceptionnelles aux amortissements et provisions					HG	0
	Total des charges exceptionnelles (VIII)					HH	7 380
3 – RÉSULTAT EXCEPTIONNEL (VII – VIII)						HI	– 1 250
Participation des salariés aux résultats de l'entreprise **(IX)**						HJ	0
Impôts sur les bénéfices **(X)**						HK	0
TOTAL DES PRODUITS (I + III + V + VII)						HL	664 053
TOTAL DES CHARGES (II + IV + VI + VIII + IX + X)						HM	554 545
4 – BÉNÉFICE OU PERTE (total des produits – total des charges)						HN	109 508

BILAN – ACTIF

			Exercice N, clos le : I____I			
			Brut 1		Amortissements, provisions 2	Net 3
	Capital souscrit non appelé	AA	0			0
ACTIF IMMOBILISÉ – IMMOBILISATIONS INCORPORELLES	Frais d'établissement	AB	0	AC	0	0
	Frais de recherche et de développement	AD	0	AE	0	0
	Concessions, brevets et droits similaires	AF	13 000	AG	10 000	3 000
	Fonds commercial	AH	0	AI	0	0
	Autres immobilisations incorporelles	AJ	0	AK	0	0
	Avances et acomptes sur immobilisations incorporelles	AL	0	AM	0	0
IMMOBILISATIONS CORPORELLES	Terrains	AN	0	AO	0	0
	Constructions	AP	215 400	AQ	80 100	135 300
	Installations technique, matériel et outillage industriels	AR	212 000	AS	90 000	122 000
	Autres immobilisations corporelles	AT	140 000	AU	17 000	123 000
	Immobilisations en cours	AV	0	AW	0	0
	Avances et acomptes	AX	0	AY	0	0
IMMOBILISATIONS FINANCIÈRES (2)	Participations évaluées selon la méthode de mise en équivalence	CS	0	CT	0	0
	Autres participations	CU	59 000	CV	0	59 000
	Créances rattachées à des participations	BB	0	BC	0	0
	Autres titres immobilisés	BD	18 500	BE	0	18 500
	Prêts	BF	10 800	BG	0	10 800
	Autres immobilisations financières	BH	0	BI	0	0
	TOTAL (I)	BJ	668 700	BK	197 100	471 600
ACTIF CIRCULANT – STOCKS*	Matière premières, approvisionnements	BL	3 424	BM	0	3 424
	Produits intermédiaires et finis	BR	6 665	BS	0	6 665
	Marchandises	BT	5 476	BU	0	5 476
CRÉANCES	Clients et comptes rattachés	BX	65 374	BY	2 800	62 574
	Autres créances	BZ	0	CA	0	0
	Capital souscrit et appelé, non versé	CB	0	CC	0	0
DIVERS	Valeurs mobi., de placement	CD	41 336	CE	2 800	38 536
	Disponibilités	CF	44 552	CG	0	44 552
	Charges constatées d'avant	CH	0	CI	0	0
	TOTAL (II)	CJ	166 827	CK	5 600	161 227
Comptes de	Charges à répartir sur plusieurs exercices **(III)**	CL	0			0
	Primes de remboursement des obligations **(IV)**	CM	0			0
	Écarts de conversion actif **(V)**	CN	0			0
	TOTAL GÉNÉRAL (0 à V)	CO	835 527	1A	202 700	632 827

BILAN – PASSIF AVANT RÉPARTITION

			EXERCICE N 1
CAPITAUX PROPRES	Capital social ou individuel	DA	100 000
	Primes d'émission, de fusion, d'apport, …	DB	0
	Écart de réévaluation (2) (dont écart d'équivalence EK 0)	DC	0
	Réserve légale	DD	0
	Réserves statutaires ou contractuelles	DE	0
	Réserves réglementées (3) (4)	DF	0
	Autres réserves	DG	60 000
	Report à nouveau	DH	0
	RÉSULTAT DE L'EXERCICE (bénéfice ou perte)	DI	109 508
	Subventions d'investissement	DJ	0
	Provisions réglementées	DK	0
	TOTAL (I)	DL	269 508
Autres fonds propres	Produit des émissions de titres participatifs	DM	0
	Avances conditionnées	DN	0
	TOTAL (II)	DO	0
Provisions pour risques et charges	Provisions pour risques	DP	0
	Provisions pour charges	DQ	0
	TOTAL (III)	DR	0
DETTES (5)	Emprunts obligataires convertibles	DS	0
	Autres emprunts obligataires	DT	0
	Emprunts et dettes auprès des établissements de crédit	DU	143 400
	Emprunts et dettes financières divers	DV	0
	Avances et acomptes reçus sur commandes en cours	DW	0
	Dettes fournisseurs et comptes rattachés	DX	32 044
	Dettes fiscales et sociales	DY	85 855
	Dettes sur immobilisations et comptes rattachés	DZ	59 320
	Autres dettes	EA	42 700
Compte régul.	Produits constatés d'avance	EB	0
	TOTAL (IV)	EC	363 319
	Écarts de conversion passif **(V)**	ED	0
	TOTAL GÉNÉRAL (I à V)	EE	632 827
	Total du bilan de l'exercice N		632 827

DOSSIER THÈME 11

ENTRAÎNEMENTS

1 LES COMPTES DE TIERS ★ FR 13

Vous devez assister le comptable de l'entreprise **Joubert**. Il vous remet les documents suivants.

BALANCE AUXILIAIRE DES CLIENTS

du : 01/01/N au 31/12/N

N° de compte	Intitulé du compte	Cumul Débit	Cumul Crédit	Solde Débit	Solde Crédit
411010	Client Fauret	245 875,00	225 478,00	20 397,00	
411011	Client Augier	58 290,00	57 910,00	380,00	
411012	Client Durieux	103 542,00	85 148,00	18 394,00	
411013	Client Gallo	102 580,00	82 130,00	20 450,00	
411014	Client Hamida	186 250,00	121 500,00	64 750,00	
411015	Client Gauthier	158 200,00	98 260,00	59 940,00	
411016	Client Pascalin	52 487,00	45 010,00	7 477,00	
TOTAL CLASSE 4		907 224,00	715 436,00	191 788,00	
TOTAL BALANCE		907 224,00	715 436,00	191 788,00	
SOLDE BALANCE					191 788,00

BALANCE AUXILIAIRE DES FOURNISSEURS

du : 01/10/N au 31/12/N

N° de compte	Intitulé du compte	Cumul Débit	Cumul Crédit	Solde Débit	Solde Crédit
401001	Fournisseurs Maurin	322 500,00	384 300,00		61 800,00
401008	Fournisseur Johanaux	247 860,00	284 200,00		36 340,00
401012	Fournisseur Amary	318 950,00	358 700,00		39 750,00
401013	Fournisseur Blois & Robin	131 580,00	192 450,00		60 870,00
TOTAL CLASSE 4		1 020 890,00	1 219 650,00		198 760,00
TOTAL BALANCE		1 020 890,00	1 219 650,00	0,00	198 760,00
SOLDE BALANCE					198 760,00

Le bilan indique les rubriques correspondantes :
- Clients et comptes rattachés 284 248,00
- Fournisseurs et comptes rattachés 421 430,00

TRAVAIL À RÉALISER

1. Rappelez les différentes étapes qui permettent de passer de la facture aux comptes clients ou fournisseurs, puis des comptes individuels aux balances auxiliaires et au bilan.
2. Expliquez la différence de montant entre les balances auxiliaires des clients et des fournisseurs et l'extrait de bilan.
3. Présentez sur un schéma l'organisation comptable, en nommant les différents journaux utilisés.

2 DOCUMENTS DE SYNTHÈSE ET EXTRAITS DE L'ANNEXE ★ FR 14

Le comptable de l'entreprise **Germond** vous communique le compte de résultat, le bilan, le tableau des immobilisations et le tableau des amortissements suivants.

Extrait de l'annexe jointe au bilan :

TABLEAU DES IMMOBILISATIONS

au 31/12/N

Rubriques \ Situations et mouvements	A Valeur brute à l'ouverture de l'exercice	B Augmentations (acquisitions)	C Diminutions (cessions)	D Valeur brute à la fermeture de l'exercice
Immobilisations corporelles				
Terrains	16 000,00			16 000,00
Constructions	170 000,00			170 000,00
Installations techniques, matériel et outillages industriels	117 600,00	28 000,00	24 000,00	121 600,00
Autres immobilisations corporelles	98 240,00	10 000,00		108 240,00
TOTAL	401 840,00	38 000,00	24 000,00	415 840,00

TABLEAU DES AMORTISSEMENTS

au 31/12/N

Rubriques \ Situations et mouvements	A Amortissements cumulés au début de l'exercice	B Augmentations (dotations de l'exercice)	C Diminutions (amortissements des biens cédés)	D Amortissements cumulés à la fin de l'exercice
Immobilisations corporelles				
Constructions	47 600,00	8 500,00		56 100,00
Installations techniques, matériel et outillage industriels	108 682,00	14 654,00	16 000,00	107 336,00
Autres immobilisations corporelles	11 194,00	9 240,00		20 434,00
TOTAL	167 476,00	32 394,00	16 000,00	183 870,00

TRAVAIL À RÉALISER

1. Vérifiez les rubriques AN, AO, AP, AQ, AT, AU du bilan.
2. Retrouvez le montant des rubriques AR et AS du bilan et reportez-les.
3. Complétez la rubrique GA du compte de résultat.
4. Reconstituez les écritures de variation de stocks.
5. Présentez le compte de résultat et le bilan, résumés en grandes masses.

COMPTE DE RÉSULTAT DE L'EXERCICE (EN LISTE)

				Exercice N					Exercice (N–1)
			France 1		Exportation 2		Total 3		4
PRODUITS D'EXPLOITATION	Production vendue – biens	FD	1 627 200	FE	0	FF	1 627 200		1 466 820
	Production vendue – service	FG	0	FH	0	FI	0		0
	Chiffre d'affaires net	FJ	1 627 200	FK	0	FL	1 627 200		1 466 820
	Production stockée					FM	– 5 836		– 222
	Total des produits d'exploitation (I)					FR	1 621 364		1 466 598
CHARGES D'EXPLOITATION	Achats de matières premières et autres approvisionnements (y compris droits de douane)					FU	918 690		902 530
	Variation de stock (matières premières et approvisionnements)					FV	2 600		– 2 020
	Autres achats et charges externes					FW	149 960		158 440
	Impôts, taxes et versements assimilés					FX	23 000		25 200
	Salaires et traitements					FY	148 212		140 570
	Charges sociales					FZ	68 000		64 500
	DOTATION D'EXPLOITATION – Sur immobilisations – dotations aux amortissements					GA			30 300
	DOTATION D'EXPLOITATION – Sur immobilisations – dotations aux provisions					GB	0		0
	DOTATION D'EXPLOITATION – Sur actif circulant : dotations aux provisions					GC	3 000		200
	DOTATION D'EXPLOITATION – Pour risques et charges : dotations aux provisions					GD	0		0
	Autres charges					GE	2 600		300
	Total des charges d'exploitation (II)					GF	1 348 456		1 320 020
1 – RÉSULTAT D'EXPLOITATION (I – II)						GG	272 908		146 578
PRODUITS FINANCIERS	Produits nets sur cessions de valeurs mobilières de placement					GO	0		1 530
	Total des produits financiers (V)					GP	0		1 530
CHARGES FINANCIÈRES	Dotations financières aux amortissements et provisions					GQ	606		0
	Intérêts et charges assimilées					GR	33 509		36 410
	Différences négatives de change					GS	0		0
	Charges nettes sur cessions de valeurs mobilières de placement					GT	0		0
	Total des charges financières (VI)					GU	34 115		36 410
2 – RÉSULTAT FINANCIER (V – VI)						GV	– 34 115		– 34 880
3 – RÉSULTAT COURANT AVANT IMPÔTS (I – II + III – IV + V – VI)						GW	238 793		111 698
PRODUITS EXCEPTIONNELS	Produits exceptionnels sur opérations de gestion					HA	400		0
	Produits exceptionnels sur opérations en capital					HB	2 504		8 800
	Reprises sur provisions et transferts de charges					HC	0		0
	Total des produits exceptionnels (VII)					HD	2 904		8 800
CHARGES EXCEPTIONNELLES	Charges exceptionnelles sur opérations de gestion					HE	1 178		0
	Charges exceptionnelles sur opérations en capital					HF	8 000		4 900
	Dotations exceptionnelles aux amortissements et provisions					HG	0		0
	Total des charges exceptionnelles (VIII)					HH	9 178		4 900
3 – RÉSULTAT EXCEPTIONNEL (VII – VIII)						HI	– 6 274		3 900
TOTAL DES PRODUITS (I + III + V + VII)						HL	1 624 268		1 476 928
TOTAL DES CHARGES (II + IV + VI + VIII + IX + X)						HM	1 391 749		1 361 330
4 – BÉNÉFICE OU PERTE (total des produits – total des charges)						HN	232 519		115 598

BILAN – ACTIF

				Exercice N, clos le :				
				Brut 1		Amortissements, provisions 2	Net 3	Net 4
ACTIF IMMOBILISÉ*		Capital souscrit non appelé (O)	AA	0			0	0
	IMMOBILISATIONS INCORPORELLES	Frais d'établissement	AB	0	AC	0	0	0
		Frais de recherche et développement	AD	0	AE	0	0	0
		Concessions, brevets et droits similaires	AF	0	AG	0	0	0
		Fonds commercial	AH	0	AI	0	0	0
		Autres immobilisations incorporelles	AJ	0	AK	0	0	0
		Avances et acomptes sur immobilisations incorporelles	AL	0	AM	0	0	0
	IMMOBILISATIONS CORPORELLES	Terrains	AN	16 000	AO	0	16 000	16 000
		Constructions	AP	170 000	AQ	56 100	113 900	122 400
		Installations techniques, matériel et outillage industriels	AR		AS			
		Autres immobilisations corporelles	AT	108 240	AU	20 434	87 806	87 046
		Immobilisations en cours	AV	0	AW	0	0	0
		Avances et acomptes	AX	0	AY	0	0	0
	IMMOBILISATIONS FINANCIÈRES (2)	Participations évaluées selon la méthode de mise en équivalence	CS	0	CT	0	0	0
		Autres participations	CU	44 000	CV	0	44 000	44 000
		Créances rattachées à des participations	BB	0	BC	0	0	0
		Autres titres immobilisés	BD	22 000	BE	0	22 000	18 000
		Prêts	BF	23 000	BG	0	23 000	26 000
		Autres immobilisations financières	BH	0	BI	0	0	0
		TOTAL (I)	BJ	504 840	BK	183 870	320 970	322 364
ACTIF CIRCULANT	STOCKS*	Matières premières, approvisionnements	BL	11 700	BM	0	11 700	14 300
		En cours de production de biens	BN	0	BO	0	0	0
		En cours de production de services	BP	0	BQ	0	0	0
		Produits intermédiaires et finis	BR	10 142	BS	0	10 142	15 978
		Marchandises	BT	0	BU	0	0	0
		Avances et acomptes versés sur commandes	BV	0	BW	0	0	0
	CRÉANCES	Clients et comptes rattachés	BX	110 447	BY	3 600	106 847	99 228
		Autres créances	BZ	0	CA	0	0	0
		Capital souscrit et appelé, non versé	CB	0	CC	0	0	0
	DIVERS	Valeurs mobilières de placement	CD	48 656	CE	0	48 656	52 514
		Disponibilités	CF	303 521	CG	0	303 521	274 786
Comptes de régularisation		Charges constatées d'avance	CH	0	CI	0	0	0
		TOTAL (II)	CJ	484 466	CK	3 600	480 866	456 806
		Charges à répartir sur plusieurs exercices **(III)**	CL	0			0	0
		Primes de remboursement des obligations **(IV)**	CM	0			0	0
		Écarts de conversion actif **(V)**	CN	0			0	0
		TOTAL GÉNÉRAL (0 à V)	CO	989 306	1A	187 470	801 836	779 170

ENTRAÎNEMENTS

BILAN – PASSIF AVANT RÉPARTITION

			Exercice N 1	Exercice N–1 2
CAPITAUX PROPRES	Capital social ou individuel	DA	200 000	200 000
	Primes d'émission, de fusion, d'apport, ...	DB	0	0
	Écart de réévaluation — EK 0	DC	0	0
	Réserve légale	DD	0	0
	Réserves statutaires ou contractuelles	DE	0	0
	Réserves réglementées	DF	0	0
	Autres réserves	DG	116 000	98 000
	Report à nouveau	DH	0	0
	RÉSULTAT DE L'EXERCICE (bénéfice ou perte)	DI	232 519	115 598
	Subventions d'investissement	DJ	0	0
	Provisions réglementées	DK	0	0
	TOTAL (I)	DL	548 519	413 598
Autres fonds propres	Produit des émissions de titres participatifs	DM	0	0
	Avances conditionnées	DN	0	0
	TOTAL (II)	DO	0	0
Provisions pour risques et charges	Provisions pour risques	DP	0	0
	Provisions pour charges	DQ	0	0
	TOTAL (III)	DR	0	0
DETTES (5)	Emprunts obligataires convertibles	DS	0	0
	Autres emprunts obligataires	DT	0	0
	Emprunts et dettes auprès des établissements de crédit	DU	80 000	200 000
	Emprunts et dettes financières divers	DV	0	0
	Avances et acomptes reçus sur commandes en cours	DW	0	0
	Dettes fournisseurs et comptes rattachés	DX	42 311	39 852
	Dettes fiscales et sociales	DY	16 272	12 310
	Dettes sur immobilisations et comptes rattachés	DZ	71 184	68 200
	Autres dettes	EA	43 550	45 210
Compte régu.	Produits constatés d'avance	EB	0	0
	TOTAL (IV)	EC	253 317	365 572
	Écarts de conversion passif **(V)**	ED	0	0
	TOTAL GÉNÉRAL (I à V)	EE	801 836	779 170
	Total du bilan de l'exercice N		801 836	

THÈME 12

L'ANALYSE DU COMPTE DE RÉSULTAT

DOSSIER 1

Les soldes intermédiaires de gestion

AU RÉFÉRENTIEL ► ***CALCULER et INTERPRÉTER les soldes intermédiaires de gestion***

MISE EN SITUATION ★ FR 15

L'entreprise **CBS SA**, créée le 1er janvier 1985, est spécialisée dans la bureautique.

Son chiffre d'affaires repose d'une part sur une activité de reprographie et d'autre part sur la vente de matériels.

Sa clientèle, constituée de PME-PMI, de collectivités et d'administrations, de professions libérales, reste essentiellement locale. Michel Clément dirige une équipe de 8 personnes : 3 commerciaux, 2 techniciens, 2 assistantes commerciales et 1 assistante de direction.

Un expert comptable vient une fois par an contrôler la liasse fiscale. Le chef d'entreprise réalise toute la gestion, élabore la stratégie commerciale et les analyses financières.

Vous faites votre stage de 6 semaines en tant qu'assistant(e) de gestion et Michel Clément vous confie l'analyse du compte de résultat de l'exercice N.

TRAVAIL À RÉALISER

RÉFLEXION

1. Le résultat de l'exercice est-il bénéficiaire ?
2. L'exploitation dégage-t-elle un résultat positif ?
3. Quelle influence ont le résultat financier et le résultat exceptionnel sur le résultat de l'exercice ?
4. L'entreprise a-t-elle réalisé une plus-value sur la cession de l'immobilisation ?

ACTION

1. Complétez le tableau des soldes intermédiaires de gestion préconisé par le plan comptable.
2. Commentez les soldes pour fournir au chef d'entreprise une réflexion sur l'exercice.

DOSSIER 1

THÈME 12

COMPTE DE RÉSULTAT DE CBS – Système développé

CHARGES (hors taxes)	Exercice N	
		Totaux partiels
Charges d'exploitation (1) :		
Coût d'achat des marchandises vendues dans l'exercice		651 200
– Achats de marchandises *(a)*	645 635	
– Variation des stocks de marchandises *(b)*	5 565	
Consommation de l'exercice en provenance des tiers		88 430
– Achats stockés d'approvisionnements *(a)*		
– matières premières		
– autres approvisionnements		
– Variation des stocks d'approvisionnement *(b)*		
– Achats de sous-traitances		
– Achats non stockés de matières et fournitures	7 830	
– Services extérieurs :		
– personnel extérieur	3 200	
– loyers en crédit-bail *(c)*	6 900	
– autres	70 500	
Impôts, taxes et versements assimilés		10 470
Sur rémunérations		
Autres	10 470	
Charges de personnel		204 120
Salaires et traitements	145 800	
Charges sociales	58 320	
Dotations aux amortissements et aux provisions		19 625
Sur immobilisations : dotations aux amortissements *(d)*	19 625	
Sur immobilisations : dotations aux provisions		
Sur actif circulant : dotations aux provisions		
Pour risques et charges : dotations aux provisions		
Autres charges	2 820	2 820
Total		976 665
Quotes-parts de résultat sur opérations faites en commun		
Charges financières		1 750
Dotations aux amortissements et aux provisions		
Intérêts et charges assimilées (2)	1 750	
Différences négatives de change		
Charges nettes sur cessions de valeurs mobilières de placement		
Charges exceptionnelles		9 425
Sur opérations de gestion	400	
Sur opérations en capital :		
– Valeurs comptables des éléments immobilisés et financiers cédés *(e)*	9 025	
– Autres		
Dotations aux amortissements et aux provisions :		
– Dotations aux provisions réglementées		
– Dotations aux amortissements et autres provisions		
Participation des salariés aux fruits de l'expansion	5 000	5 000
Impôts sur les bénéfices	15 795	15 795
Solde créditeur = **bénéfice**		39 800
TOTAL GÉNÉRAL		1 048 435

(1) Dont charges afférentes à des exercices antérieurs.
(2) Dont intérêts concernant les entreprises liées.
(a) Y compris frais accessoires.
(b) Stock initial moins stock final : montant de la variation en moins entre parenthèses ou précédé du signe (–).
(c) À ventiler en « mobilier » et « immobilier ».
(d) Y compris éventuellement dotations aux amortissements des charges.
(e) À l'exception des valeurs mobilières de placement.

COMPTE DE RÉSULTAT – Système développé

PRODUITS (hors taxes)	Exercice N	
		Totaux partiels
Produits d'exploitation (1) :		
Ventes de marchandises		958 165
Production vendue		73 264
Ventes		
Travaux		
Prestations de services	73 264	
Montant net du chiffre d'affaires		1 031 429
dont à l'exportation: ______		
Production stockée *(a)*		
En-cours de production de biens *(a)*		
En-cours de production de services *(a)*		
Produits *(a)*		
Production immobilisée		
Subventions d'exploitation		
Reprises sur provisions (et amortissements)		
Transferts de charges		750
Autres produits		400
Quotes-parts de résultat sur opérations faites en commun		
Produits financiers		166
De participation (2)		
D'autres valeurs mobilières et créances de l'actif immobilisé (2)		
Autres intérêts et produits assimilés (2)	166	
Reprises sur provisions et transferts de charges financières		
Différences positives de change		
Produits nets sur cessions de valeurs mobilières de placement		
Produits exceptionnels		15 690
Sur opérations de gestion	1 000	
Sur opérations en capital :		
– produits des cessions d'éléments d'actif *(b)*	14 690	
– subventions d'investissement virées au résultat de l'exercice		
– autres		
Reprises sur provisions et transferts de charges exceptionnelles		
Solde débiteur = **perte**		
TOTAL GÉNÉRAL		1 048 435

(1) Dont produits afférents à des exercices antérieurs.
(2) Dont produits concernant les entreprises liées.
(a) Stock final moins stock initial : montant de la variation en moins entre parenthèses ou précédé du signe (–).
(b) À l'exception des valeurs mobilières de placement.

Tableau des soldes intermédiaires de gestion

COMPTES DE GESTION				SOLDES INTERMÉDIAIRES DE GESTION		
Produits (+)	Montants	Charges (–)	Montants	Noms des soldes	Montants de l'exercice	Montants de l'exercice précédent
Ventes de marchandises	958 165	Coût d'achat des marchandises vendues	651 200	• MARGE COMMERCIALE	306 965	
Production vendue Production stockée Production immobilisée	73 264 \ \	ou déstockage de production	\			
Total	73 264	**Total**	0	• PRODUCTION DE L'EXERCICE	73 264	
• Marge commerciale • Production de l'exercice	306 965 73 264	Consommation de l'exercice en provenance d'un tiers	88 430			
Total	380 229	**Total**	88 430	• VALEUR AJOUTÉE PRODUITE	291 799	
• Valeur ajoutée produite Subventions d'exploitation	291 799 0	Impôts, taxes et versements assimilés Charges de personnel	10 470 204 120			
Total	291 799	**Total**	214 590	• EXCÉDENT BRUT (ou insuffisance) D'EXPLOITATION	77 209	
• Excédent brut d'exploitation Reprises sur charges et transfert Autres produits	77 209 750 400	• Ou insuffisance brute d'exploitation Dotations aux amortissements et aux provisions Autres charges	 19 625 2 820			
Total	78 359	**Total**	22 445	• RÉSULTAT D'EXPLOITATION (hors charges et produits financiers)	55 914	
• Résultat d'exploitation (bénéfice) Produits financiers	55 914 166	• Résultat d'exploitation (perte) Charges financières	 1 750			
Total	56 080	**Total**	1 750	• RÉSULTAT COURANT AVANT IMPÔTS (bénéfice ou perte)	54 330	
• Produits exceptionnels	15 690	Charges exceptionnelles	9 425	• RÉSULTAT EXCEPTIONNEL (bénéfice ou perte)	6 265	
• Résultat courant avant impôts • Résultat exceptionnel (bénéfice)	54 330 6 265	• Ou résultat courant avant impôts • Ou résultat exceptionnel (perte) Participation des salariés aux fruits de l'expansion Impôts sur les bénéfices	 5 000 15 795			
Total	60 595	**Total**	20 795	• RÉSULTAT DE L'EXERCICE (bénéfice ou perte)	39 800	
Produits sur cession d'éléments d'actif	14 690	Valeur comptable des éléments cédés	9 025	Plus-value ou Moins-value sur cession d'éléments d'actif	5 665	

La capacité d'autofinancement

AU RÉFÉRENTIEL

CALCULER et INTERPRÉTER la capacité d'autofinancement

MISE EN SITUATION ★ FR 15

L'entreprise **CBS SA** vous demande de compléter l'analyse du compte de résultat par le calcul de la capacité d'autofinancement. L'entreprise veut investir pour son développement. Elle doit évaluer ses besoins en immobilisations et ses besoins d'exploitation. Les ressources nécessaires à la satisfaction de ces besoins proviennent en partie des bénéfices non distribués.

TRAVAIL À RÉALISER

Réflexion

1. Comment appelle-t-on le financement de biens durables à l'aide de bénéfices non distribués ?
2. Quels sont les éléments qui constituent la capacité d'autofinancement (CAF) ?
3. Pourquoi les amortissements font-ils partie de la CAF ?
4. Quel est l'intérêt du calcul de la CAF ?

Action

1. À partir du compte de résultat de CBS SA, complétez le tableau ci-dessous pour l'année N. Vérifiez la CAF par la deuxième méthode.
2. Indiquez les destinations de la valeur ajoutée.
3. Calculez les ratios significatifs :
   - rentabilité commerciale,
   - part de la CAF dans la valeur ajoutée.

TABLEAU DE DÉTERMINATION DE LA CAF

Éléments	Montants
Excédent brut d'exploitation	....
+ Transfert de charges d'exploitation	....
+ Autres produits d'exploitation	....
– Autres charges d'exploitation	....
+ Produits financiers *(1)*	....
– Charges financières *(2)*	....
+ Produits exceptionnels *(3)*	....
– Charges exceptionnelles *(4)*	....
– Participation des salariés	....
– Impôt sur les bénéfices	....
= **Capacité d'autofinancement**	....

(1) Sauf reprises sur provisions.
(2) Sauf dotations aux amortissements et provisions.
(3) Sauf reprises sur provisions exceptionnelles et produits des cessions d'actifs.
(4) Sauf dotations aux amortissements et provisions exceptionnels et VNC des actifs cédés.

DOSSIER 2

THÈME 12

ENTRAÎNEMENTS

1 LES SOLDES INTERMÉDIAIRES DE GESTION ET LA CAF ★ FR 15

Les informations relevées sur le compte de résultat de la société **EPPE** pour l'exercice N vous sont communiquées dans la balance ci-contre.

	Soldes débiteurs	Soldes créditeurs
Achats de marchandises	6 840	
Achats de matières et autres approvisionnements	41 360	
Autres achats et charges externes	16 400	
Autres charges de gestion courante	720	
Autres produits d'exploitation		1 440
Charges de personnel	27 000	
Charges d'intérêts	3 180	
Charges exceptionnelles sur opérations de gestion	2 640	
Dotations d'exploitation	15 500	
Dotations exceptionnelles	4 000	
Dotations financières	480	
Impôts et taxes	6 000	
Impôts sur les bénéfices	11 900	
Intérêts perçus		540
Production immobilisée		1 200
Production stockée (augmentation)		6 600
Production vendue		96 120
Produits des cessions d'éléments d'actif		14 400
Produits exceptionnels sur opérations de gestion		480
Reprises sur provisions d'exploitation		11 100
Reprises sur provisions exceptionnelles		720
Reprises sur provisions financières		2 640
Subventions d'exploitation reçues		2 400
Valeurs comptables des éléments d'actif	6 000	
Variation des stocks de marchandises (diminution)	240	
Variation des stocks de matières premières et autres approvisionnements (augmentation)		1 200
Ventes de marchandises		11 820

TRAVAIL À RÉALISER

1. Présentez un tableau faisant apparaître les soldes intermédiaires de gestion.
2. Calculez la capacité d'autofinancement.
3. Vérifiez la CAF par la 2e méthode.

THÈME 12

2 LA CAF ★ FR 15

M. **Géry** vous donne les informations suivantes et vous demande de procéder à l'analyse du résultat qu'il a réalisé (9 467 €).

- EBE de l'exercice N 12 565
- Charges d'intérêts 2 540
- Autres produits de gestion courante 50
- Dotations aux amortissements 4 400
- Produits financiers provenant de créances commerciales 900
- Produits des cessions d'éléments d'actif 11 000
- VNC des éléments d'actif cédés 8 220
- Autres produits exceptionnels de gestion 125
- Reprise sur provisions 55
- Autres charges exceptionnelles de gestion 68

TRAVAIL À RÉALISER

1. Calculez la CAF.
2. Vérifiez ce calcul par une autre méthode.

3 LE RÉSULTAT, LES SIG ET LA CAF

★ FR 15

On dispose des informations suivantes sur l'entreprise **FCR** pour l'exercice N :

Produits	Année N
Ventes de produits finis	589 347
Production stockée	– 1 000
Production immobilisée	2 031
Subvention d'exploitation	11 014
Autres produits d'exploitation	15 389
Produits financiers	2 553
Reprises sur provisions d'exploitation et transferts de charges	6 450
Produits des cessions d'éléments d'actif	1 759
Rabais, remises, ristournes accordés sur ventes	17 900
Charges	**Année N**
Achats de matières premières	303 392
Rabais, remises, ristournes obtenus sur achats	24 200
Variations de stock de matières premières	1 150
Charges de personnel	170 924
Impôts, taxes et versements assimilés	9 195
Autres charges externes	50 540
Autres charges de gestion courante	26 580
Dotations aux amortissements et aux provisions, charges d'exploitation	26 688
Charges d'intérêts	9 440
Valeur comptable des éléments d'actif cédés	1 000
Dotations aux provisions, charges financières	5 130
Charges exceptionnelles	3 803

Stocks en fin d'exercice	Fin N–1	Fin N
Matières premières	55 090	53 940
Produits finis	37 000	36 000

TRAVAIL À RÉALISER

1. Vérifiez les variations de stocks.
2. Calculez le résultat de l'exercice.
3. Présentez un tableau des soldes intermédiaires de gestion de l'entreprise FCR.
4. Calculez la CAF par la méthode de votre choix.
5. Commentez les soldes intermédiaires de gestion.

ENTRAÎNEMENTS

4 LES SIG, LA CAF ET L'ANALYSE

★★ FR 15

L'entreprise **Ginoux**, spécialisée dans les menuiseries alu-bois-pvc, stores et autres fermetures de bâtiments, vous communique les comptes de résultat des exercices N et N–1 et vous demande de procéder à l'analyse de rentabilité. Après une année difficile, un redressement permet de dégager un bénéfice.

TRAVAIL À RÉALISER

1. Établissez le tableau des soldes intermédiaires de gestion pour N et N–1 et commentez.
2. Calculez la CAF pour les deux années. Vérifiez les résultats obtenus.
3. Pour analyser la situation, calculez les ratios de l'entreprise Ginoux et comparez-les à ceux de la branche d'activité.

cerfa N° 10167 ✱ 03
Formulaire obligatoire (article 53 A du Code général des impôts).

③ COMPTE DE RÉSULTAT DE L'EXERCICE (En liste)

D.G.I. N° 2052 [9]

1er EXEMPLAIRE DESTINÉ A L'ADMINISTRATION

Désignation de l'entreprise : ____________

			Exercice N – France		Exercice N – Exportation et livraisons intracommunautaires		Exercice N – Total	Exercice (N-1)
PRODUITS D'EXPLOITATION	Ventes de marchandises	FA		FB		FC		
	Production vendue – biens	FD	1 367 580	FE		FF	1 367 580	1 378 350
	Production vendue – services	FG		FH		FI		
	Chiffres d'affaires nets	FJ	1 367 580	FK		FL	1 367 580	1 378 350
	Production stockée					FM	855	5 100
	Production immobilisée					FN		
	Subventions d'exploitation					FO		
	Reprises sur amortissements et provisions, transfert de charges					FP	3 450	1 716
	Autres produits (1) (11)					FQ		
	Total des produits d'exploitation (I)					FR	1 371 885	1 385 166
CHARGES D'EXPLOITATION	Achats de marchandises (y compris droits de douane)					FS		
	Variation de stock (marchandises)					FT		
	Achats de matières premières et autres approvisionnements (y compris droits de douane)					FU	312 844	308 454
	Variation de stock (matières premières et approvisionnements)					FV	(10 388)	2 710
	Autres achats et charges externes (3) (6 bis)					FW	155 044	153 563
	Impôts, taxes et versements assimilés					FX	108 551	121 708
	Salaires et traitements					FY	485 444	505 308
	Charges sociales					FZ	226 800	263 000
	DOTATIONS D'EXPLOITATION – Sur immobilisations – dotations aux amortissements					GA	26 786	21 712
	DOTATIONS D'EXPLOITATION – Sur immobilisations – dotations aux provisions					GB	1 250	1 700
	DOTATIONS D'EXPLOITATION – Sur actif circulant : dotations aux provisions					GC	4 300	6 736
	DOTATIONS D'EXPLOITATION – Pour risques et charges : dotations aux provisions					GD	1 680	1 400
	Autres charges					GE	19 630	18 068
	Total des charges d'exploitation (II)					GF	1 331 941	1 404 359
1 - RÉSULTAT D'EXPLOITATION (I – II)						GG	39 944	(19 193)
opérations en commun	Bénéfice attribué ou perte transférée (III)					GH		
	Perte supportée ou bénéfice transféré (IV)					GI		
PRODUITS FINANCIERS	Produits financiers de participations					GJ		
	Produits des autres valeurs mobilières et créances de l'actif immobilisé					GK		
	Autres intérêts et produits assimilés					GL	5 100	1 700
	Reprises sur provisions et transferts de charges					GM		
	Différences positives de change					GN		
	Produits nets sur cessions de valeurs mobilières de placement					GO		
	Total des produits financiers (V)					GP	5 100	1 700
CHARGES FINANCIÈRES	Dotations financières aux amortissements et provisions					GQ		
	Intérêts et charges assimilées					GR	24 460	6 790
	Différences négatives de change					GS		
	Charges nettes sur cessions de valeurs mobilières de placement					GT		
	Total des charges financières (VI)					GU	24 460	6 790
2 - RÉSULTAT FINANCIER (V – VI)						GV	(19 360)	(5 090)
3 - RÉSULTAT COURANT AVANT IMPÔTS (I – II + III – IV + V – VI)						GW	20 584	(24 283)

N° 2052 - Série G - IMPRIMERIE NATIONALE

THÈME 12

cerfa N° 10947 * 04 — Formulaire obligatoire (article 53 A du Code général des impôts)

④ **COMPTE DE RÉSULTAT DE L'EXERCICE (Suite)**

D.G.I. N° 2053 (2002) — 2

Désignation de l'entreprise

			Exercice N	Exercice N – 1
PRODUITS EXCEPTIONNELS	Produits exceptionnels sur opérations de gestion	HA	34 875	10 055
	Produits exceptionnels sur opérations en capital *	HB		
	Reprises sur provisions et transferts de charges	HC	1 795	6 712
	Total des produits exceptionnels (7) **(VII)**	HD	36 670	16 767
CHARGES EXCEPTIONNELLES	Charges exceptionnelles sur opérations de gestion (6 bis)	HE	5 083	1 540
	Charges exceptionnelles sur opérations en capital *	HF	17 690	6 260
	Dotations exceptionnelles aux amortissements et provisions	HG	4 500	7 805
	Total des charges exceptionnelles (7) **(VIII)**	HH	27 273	15 605
4 – RÉSULTAT EXCEPTIONNEL (VII – VIII)		HI	9 397	1 162
Participation des salariés aux résultats de l'entreprise (IX)		HJ	802	
Impôts sur les bénéfices * (X)		HK	7 500	
TOTAL DES PRODUITS (I + III + V + VII)		HL	1 413 655	1 403 633
TOTAL DES CHARGES (II + IV + VI + VIII + IX + X)		HM	1 391 976	1 426 754
5 – BÉNÉFICE OU PERTE (Total des produits – total des charges)		HN	21 679	(23 121)
RENVOIS	(1) Dont produits nets partiels sur opérations à long terme	HO		
	(2) Dont produits de locations immobilières	HY		
	(2) Dont produits d'exploitation afférents à des exercices antérieurs (à détailler au (8) ci- dessous)	1G		
	(3) Dont – Crédit-bail mobilier *	HP		
	(3) Dont – Crédit-bail immobilier	HQ		
	(4) Dont charges d'exploitation afférentes à des exercices antérieurs (	1H		
	(5) Dont produits concernant les entreprises liées	1J		
	(6) Dont intérêts concernant les entreprises liées	1K		
	(6bis) Dont dons faits aux organismes d'intérêt général (art. 238 bis du C.G.I.)	HX		
	(9) Dont transferts de charges	A1		
	(10) Dont cotisations personnelles de l'exploitant (13)	A2		
	(11) Dont redevances pour concessions de brevets, de licences (produits)	A3		
	(12) Dont redevances pour concessions de brevets, de licences (charges)	A4		
	(13) Dont primes et cotisations complémentaires personnelles : facultatives A6 obligatoires A9			

(7) Détail des produits et charges exceptionnels (Si ce cadre est insuffisant, joindre un état du même modèle) :	Exercice N – Charges exceptionnelles	Exercice N – Produits exceptionnels

(8) Détail des produits et charges sur exercices antérieurs :	Exercice N – Charges antérieures	Exercice N – Produits antérieurs

EXEMPLAIRE A CONSERVER PAR LE DÉCLARANT

* Des explications concernant cette rubrique sont données dans la notice n° 2032.

N° 2053 - IMPRIMERIE NATIONALE — Février 2002 - 01024196 1

RATIOS SIGNIFICATIFS DE LA BRANCHE D'ACTIVITÉ

Éléments	Année N	Année N–1
Ratio de rentabilité commerciale	10 %	8 %
Évolution de la CAF en %	150 %	120 %
Ratio de la part de la CAF dans la valeur ajoutée	12 %	9 %

THÈME 13

L'ANALYSE DU BILAN

DOSSIER 1

Le bilan fonctionnel

AU RÉFÉRENTIEL ► ***PRÉSENTER** un bilan fonctionnel*

MISE EN SITUATION ★★ *FR 16*

Vous faites un stage auprès du gérant de la SARL **Sécurit'system** et vous analysez le bilan pour apprécier la gestion de l'entreprise. Le gérant vous fournit les bilans comptables de N–1 et de N, avant répartition des résultats et un modèle de *bilan fonctionnel condensé,* celui de l'année N–1. En effet, le bilan comptable ne donne pas toutes les informations nécessaires à l'analyse.

BILAN SIMPLIFIÉ AU 31/12/N–1 AVANT RÉPARTITION EN MILLIERS D'€

Actif	Exercice N–1			Passif	Exercice N–1
	Brut	Amor. & Prov.	Net		
Immobilisations incorporelles				Capital	300
Immobilisations corporelles				Réserve légale	30
Install. tech. mat. et outil.	384	62	322	Report à nouveau	400
Autres immo. corporelles	320	64	256	Résultat de l'exercice	175
Immobilisations financières				**Total I**	905
Participations	100		100		
Total I	804	126	678	Provisions pour risques	0
				Total II	0
Stocks et en-cours	629	40	589		
Créances d'exploitation				Dettes financières	
Clients et cptes rattachés	430	12	418	Emprunt auprès des	
Autres immo. corporelles				établissements de crédit*	160
Valeurs mobilières de plac.	30		30	Dettes d'exploitation	
Disponibilités	197		197	Dettes fournisseurs	563
Charges constatées d'avance				Dettes fiscales et sociales	130
Total II	1 286	52	1 234	Autres dettes	19
Charges à répartir s/plus. ex.				Dettes diverses	
				Dettes fiscales (I.S.)	125
				Autres dettes diverses	10
				Total III	1 007
Total général	**2 090**	**178**	**1 912**	**Total général**	**1 912**

* *Dont concours bancaires courants : 23.*

BILAN FONCTIONNEL CONDENSÉ POUR L'EXERCICE N–1 EN MILLIERS D'€

Actif	Montants	Passif	Montants
Emplois stables	804	Ressources stables	1 220
Emplois d'exploitation	1 059	Dettes d'exploitation	712
Emplois hors exploitation	30	Dettes hors exploitation	135
Trésorerie actif	197	Trésorerie passif	23
Total actif	**2 090**	**Total passif**	**2 090**

BILAN SIMPLIFIÉ AU 31/12/N AVANT RÉPARTITION EN MILLIERS D'€

Actif	Exercice N			Passif	Exercice N
	Brut	Amort. & Prov.	Net		
Immobilisations incorporelles				Capital	300
Immobilisations corporelles				Réserve légale	30
Install. tech., mat. et outil.	450	85	365	Report à nouveau	525
Autres immo. corporelles	373	84	289	Résultat de l'exercice	225
Immobilisations financières				**Total I**	1 080
Participations	100		100	Provisions pour risques	0
Total I	923	169	754	**Total II**	0
Stocks et en-cours	778	55	723		
Créances d'exploitation				Dettes financières	
Clients et cptes rattachés	518	38	480	Emprunt auprès des	
Autres immo. corporelles				établissements de crédit	220
Valeurs mobilières de plac.	45		45	Dettes d'exploitation	
Disponibilités	155		155	Dettes fournisseurs	525
Charges constatées d'avance				Dettes fiscales et sociales	157
Total II	1 496	93	1 403	Autres dettes	28
Charges à répartir s/plus. ex.				Dettes diverses	
				Dettes fiscales (I.S.)	133
				Autres dettes diverses	14
				Total III	1 077
Total général	**2 419**	**262**	**2 157**	**Total général**	**2 157**

** Dont concours bancaires courants : 52.*

TRAVAIL À RÉALISER

RÉFLEXION

Observez la situation au 31/12/N–1.

1. Quels sont les éléments stables inscrits à l'actif et au passif ?
2. Quel est le montant des ressources stables ?
3. Quels sont les éléments inscrits à l'actif qui entrent dans le cycle d'exploitation ?
4. Quelle différence faites-vous entre les créances d'exploitation et les valeurs mobilières de placement ?
5. À quoi sert le montant des concours bancaires courants indiqué en renvoi ?

ACTION

1. Faites la liste des retraitements comptables nécessaires, à partir du bilan comptable de l'année N.
2. Établissez le bilan fonctionnel au 31/12/N.
3. Commentez l'évolution de la situation de N–1 à N.

L'analyse du bilan fonctionnel

AU RÉFÉRENTIEL ➤ ***DÉDUIRE** les fonds de roulement net global, le besoin en fonds de roulement, la trésorerie nette*

MISE EN SITUATION ★★ *FR 16*

M. Vincent, le gérant de **Sécurit'system**, vous communique, pour l'année N–1, les principaux indicateurs qu'il a calculés à partir du bilan fonctionnel.

Éléments (en milliers d'€)	N–1
Fonds de roulement net global	416
Besoin en fonds de roulement : – Besoin en fonds de roulement d'exploitation : 347 – Besoin en fonds de roulement hors exploitation : – 105	242
Trésorerie nette	174

TRAVAIL À RÉALISER

RÉFLEXION

1. Comment ont été calculés le fonds de roulement net global (FRNG), le besoin en fonds de roulement (BFR) et la trésorerie nette (TN) ?
2. Quel est le lien entre le BFR, le besoin en fonds de roulement d'exploitation (BFRE) et le besoin en fonds de roulement hors exploitation (BFRHE) ?
3. Quelle signification pouvez-vous donner au besoin en fonds de roulement d'exploitation ?

ACTION

1. Calculez pour l'année N :
   - le FRNG,
   - le BFR, décomposez ce besoin en fonds de roulement en BFRE et BFRHE,
   - la TN.
2. Vérifiez que la trésorerie permet l'ajustement entre FRNG et BFR.
3. Comparez les situations en N–1 et N. Commentez.

ENTRAÎNEMENTS

1 LE BILAN FONCTIONNEL ET LE FRNG

★★ FR 16

On vous donne le bilan de la S.A. **Delorme** pour l'exercice N.

BILAN – ACTIF EN MILLIERS D'€

	ACTIF	Exercice N clos le 31/12/N			Exercice N–1
		Brut	Amort. Prov.	Net	Net
ACTIF IMMOBILISÉ	**Immobilisations incorporelles**				
	Frais d'établissement				
	Frais de recherche et de développement				
	Concessions et brevets	7 800		7 800	7 800
	Fonds commercial	22 308		22 308	22 308
	Autres				
	Immobilisations corporelles				
	Terrains				
	Constructions	130 750	13 200	117 550	95 100
	Installations techniques, matériel et outillage	45 500	1 500	44 000	30 600
	Autres	26 900	5 400	21 500	20 030
	Immobilisations en cours				
	Avances et acomptes	185		185	
	Immobilisations financières				
	Participations	1 250		1 250	1 000
	Créances rattachées à des participations				
	Autres titres immobilisés				
	Prêts	385		385	240
	Autres				
	Total (I)	**235 078**	**20 100**	**214 978**	**177 078**
ACTIF CIRCULANT	**Stocks et en-cours**				
	Mat. premières et autres approvisionnements				
	En-cours de production				
	Produits intermédiaires et finis				
	Marchandises	192 000	1 925	190 075	175 000
	Avances et acomptes versés s/commandes				155
	Créances d'exploitation				
	Créances clients et comptes rattachés	274 000	3 230	270 770	237 200
	Autres créances				
	Créances hors exploitation	6 925		6 925	8 000
	Valeurs mobilières de placement				
	Actions propres				
	Autres titres	2 150	120	2 030	400
	Disponibilités	24 262		24 262	14 697
	Charges constatées d'avance*	830		830	1 250
	Total (II)	**500 167**	**5 275**	**494 892**	**436 702**
	Charges à répartir s/plusieurs exercices (III)				
	Primes de remboursement des obligations (IV)				
	Écarts de conversion Actif (V)				
	TOTAL GÉNÉRAL (I + II + III + IV + V)	**735 245**	**25 375**	**709 870**	**613 780**

** Les charges constatées d'avance sont des éléments d'exploitation.*

THÈME 13

ENTRAÎNEMENTS

BILAN - PASSIF AVANT RÉPARTITION EN MILLIERS D'€

	Passif	Exercice N	Exercice N–1
CAPITAUX PROPRES	**Capital**	135 000	135 000
	Réserves		
	Réserve légale	13 500	13 500
	Réserves statutaires		
	Réserves réglementées		
	Autres	85 000	59 000
	Report à nouveau	16 200	15 300
	Résultat de l'exercice	75 200	53 200
	Subventions d'investissement		
	Provisions réglementées		
	Total (I)	324 900	276 000
Provi-sions	**Provisions pour risques**		
	Provisions pour charges	3 850	1 850
	Total (II)	3 850	1 850
DETTES	**Dettes financières**		
	Emprunts obligataires		
	Emprunts et dettes auprès des établissements de crédit	122 500	100 500
	Emprunts et dettes financières divers		
	Avances et acomptes reçus sur commandes		
	Dettes d'exploitation		
	Dettes fournisseurs et comptes rattachés	195 000	183 000
	Dettes fiscales et sociales	35 080	31 120
	Dettes diverses		
	Dettes sur immobilisations et comptes rattachés	28 000	21 310
	Dettes fiscales (I.S.)		
	Autres		
	Produits constatés d'avance*	540	
	Total (III)	381 120	335 930
	Écarts de conversion passif (IV)		
	Total général (I + II + III + IV)	**709 870**	**613 780**

** Les produits constatés d'avance sont des éléments d'exploitation.*

TRAVAIL À RÉALISER

❶ Établissez le bilan fonctionnel au 31/12/N.

❷ Calculez le fonds de roulement net global, le besoin en fonds de roulement d'exploitation, le besoin en fonds de roulement hors exploitation et la trésorerie nette.

THÈME 13

2 LE FONDS DE ROULEMENT ★ FR 16

Voici les bilans fonctionnels condensés (en milliers d'€) de l'entreprise **Benhamou père et fils**.

Actif	N–1	N	Passif	N–1	N
Emplois stables	117 800	194 500	Ressources stables	150 000	240 000
Emplois circulants	685 000	838 250	Passif circulant	714 800	835 250
Trésorerie Actif	62 000	55 000	Trésorerie Passif		12 500
Total Actif	**864 800**	**1 087 750**	**Total Passif**	**864 800**	**1 087 750**

TRAVAIL À RÉALISER

❶ Calculez pour N–1 et N :
- le fonds de roulement net global,
- le besoin en fonds de roulement,
- la trésorerie nette.

❷ Comparez les situations des deux années. L'entreprise dispose-t-elle d'une marge de sécurité ?

3 LE BILAN FONCTIONNEL ET SON ÉVOLUTION

★★ FR 16

M. Rudeau, responsable de l'entreprise **CBS**, vous confie le bilan de N avant répartition des bénéfices et le bilan fonctionnel condensé de N–1, en milliers d'€.

Bilan – Actif

	ACTIF	Exercice N clos le 31/12/N			Exercice N–1
		Brut	Amort. Prov.	Net	Net
ACTIF IMMOBILISÉ	**Immobilisations incorporelles**				
	Frais d'établissement				
	Frais de recherche et de développement				
	Concessions et brevets				
	Fonds commercial				
	Autres				
	Immobilisations corporelles				
	Terrains				
	Constructions				
	Installations techniques, matériel outil. indus.				
	Autres	105 240	70 675	34 565	49 575
	Immobilisations en cours				
	Avances et acomptes				
	Immobilisations financières				
	Participations	155		155	155
	Créances rattachées à des particuliers				
	Autres titres immobilisés				
	Prêts	1 120		1 120	590
	Autres				
	Total (I)	**106 515**	**70 675**	**35 840**	**50 320**
ACTIF CIRCULANT	**Stocks et en-cours**				
	Matières premières et autres approvisionnements				
	En-cours de production				
	Produits intermédiaires et finis				
	Marchandises	37 500	3 900	33 600	26 500
	Avances et acomptes versés sur commandes				150
	Créances d'exploitation				
	Créances clients et comptes rattachés	231 900	2 530	229 370	200 750
	Autres créances				
	Créances hors exploitation	25 850		25 850	22 652
	Valeurs mobilières de placement				
	Actions propres				
	Autres titres				
	Disponibilités	110 904		110 904	148 372
	Charges constatées d'avance*	1 750		1 750	1 270
	Total (II)	**407 904**	**6 430**	**401 474**	**399 694**
	Charges à répartir s/plusieurs exercices (III)				
	Primes de remboursement des obligations (IV) **Écarts de conversion Actif (V)**				
	TOTAL GÉNÉRAL (I + II + III + IV + V)	**514 419**	**77 105**	**437 314**	**450 014**

** Les charges constatées d'avance sont des éléments d'exploitation.*

ENTRAÎNEMENTS

BILAN – PASSIF AVANT RÉPARTITION

	Passif	Exercice N	Exercice N–1
CAPITAUX PROPRES	**Capital**	8 500	8 500
	Réserves		
	Réserve légale	850	780
	Réserves statutaires		
	Réserves réglementées		
	Autres		
	Report à nouveau	75 370	61 620
	Résultat de l'exercice	35 730	38 440
	Subventions d'investissement		
	Provisions réglementées		
	Total (I)	**120 450**	**109 340**
Provi-sions	**Provisions pour risques**		
	Provisions pour charges		
	Total (II)	**0**	**0**
DETTES	**Dettes financières**		
	Emprunts obligataires		
	Emprunts et dettes auprès d'Éts de crédit*	638	7 990
	Emprunts et dettes financières divers	27 580	21 544
	Avances et acomptes reçus sur commandes		
	Dettes d'exploitation		
	Dettes fournisseurs et comptes rattachés	173 254	198 922
	Dettes fiscales et sociales	88 722	95 763
	Dettes diverses		
	Dettes sur immobilisations et comptes rattachés	1 940	15 380
	Dettes fiscales (I.S.)	24 730	1 075
	Autres		
	Produits constatés d'avance**		
	Total (III)	**316 864**	**340 674**
	Écarts de conversion Passif (IV)		
	TOTAL GÉNÉRAL (I + II + III + IV)	**437 314**	**450 014**

* *Dont concours bancaires courants : 1164 pour N–1.*
** *Les produits constatés d'avance sont un élément d'exploitation.*

BILAN FONCTIONNEL CONDENSÉ N–1

Actif	Montants	Passif	Montants
Emplois stables	95 308	Ressources stables	207 928
Emplois d'exploitation	253 900	Dettes d'exploitation	294 685
Emplois hors exploitation	22 652	Dettes hors exploitation	16 455
Trésorerie Actif	148 372	Trésorerie Passif	1 164
Total Actif	**520 232**	**Total Passif**	**520 232**

TRAVAIL À RÉALISER

1. Établissez le bilan fonctionnel pour l'exercice N.
2. Calculez pour N–1 et N :
   – le fonds de roulement net global,
   – le besoin en fonds de roulement,
   – la trésorerie.
3. Comparez les situations de N et N–1. Commentez.

ENTRAÎNEMENTS

4 LE FRNG, LE BFR, LA TNB ET LES RATIOS

★ FR 16

Mme **Valla,** responsable du contrôle de gestion, vous charge de l'analyse des bilans et de l'étude des principaux indicateurs de la situation de l'entreprise.

Bilan fonctionnel condensé N–1 en milliers d'€

Actif	Montants	Passif	Montants
Emplois stables	**14 720**	**Ressources stables**	**17 163**
Emplois d'exploitation	**6 525**	Capitaux propres	11 000
Stocks	2 188	Amortissements et provisions	3 150
Créances	4 025	Dettes financières	3 013
Charges constatées d'avance	312	**Dettes d'exploitation**	**4 519**
Emplois hors exploitation	**936**	Dettes fournisseurs	3 875
Créances diverses	630	Produits constatés d'avance	644
Valeurs mobilières	306	**Dettes hors exploitation**	**628**
Trésorerie actif	**880**	**Trésorerie passif**	**751**
Total Actif	**23 061**	**Total Passif**	**23 061**

Bilan fonctionnel condensé N en milliers d'€

Actif	Montants	Passif	Montants
Emplois stables	**17 500**	**Ressources stables**	**20 150**
Emplois d'exploitation	**7 841**	Capitaux propres	11 300
Stocks	3 500	Amortissements et provisions	3 837
Créances	4 320	Dettes financières	5 013
Charges constatées d'avance	21	**Dettes d'exploitation**	**6 331**
Emplois hors exploitation	**1 750**	Dettes fournisseurs	5 256
Créances diverses	1 300	Produits constatés d'avance	1 075
Valeurs mobilières	450	**Dettes hors exploitation**	**985**
Trésorerie actif	**995**	**Trésorerie passif**	**620**
Total Actif	**28 086**	**Total Passif**	**28 086**

Informations sur l'exploitation

Intitulés	N–1	N
Ventes annuelles HT	19 000	22 500
Achats annuels HT	12 500	15 100
Services extérieures HT	2 800	3 950
Le taux de TVA est de 19,6 %		

Informations sur la branche d'activité

Ratios	Année N
Durée moyenne de stockage	55 jours
Durée moyenne du crédit-clients	60 jours
Durée moyenne du crédit-fournisseurs	85 jours
Couverture des immobilisations	110 %
Couverture des capitaux investis	105 %
Taux d'endettement	20 %

TRAVAIL À RÉALISER

1. Calculez le fonds de roulement net global, le besoin en fonds de roulement et la trésorerie pour N et N–1.
2. Calculez les mêmes ratios que ceux de la branche d'activité pour les deux exercices.
3. Commentez l'évolution et donnez une appréciation globale sur l'analyse des bilans.

THÈME 14

LE CALCUL DES COÛTS

DOSSIER 1

La nécessité du calcul des coûts

AU RÉFÉRENTIEL ➤ ***MONTRER la nécessité du calcul des coûts***

MISE EN SITUATION ★ FR 17

La PME **Desroches** fabrique en sous-traitance des jupes et des robes. Vous assistez le comptable de l'entreprise. Il vous transmet des informations concernant le mois de novembre N.
Au cours du mois, l'entreprise a fabriqué et vendu à un distributeur 6 500 jupes à 17,6 € et 7 000 robes à 22 €.
À partir des charges et produits de la comptabilité générale, l'entreprise a établi le tableau suivant :

		Jupes	Robes
Charges	**Montant**	**€**	**€**
Achat de matières premières	4 090,00	1 227,00	2 863,00
Autres charges externes	36 800,00	14 720,00	22 080,00
Impôts et taxes	2 590,00	1 295,00	1 295,00
Charges de personnel	62 860,00	28 287,00	34 573,00
Charges financières	7 770,00	3 729,60	4 040,40
Dotations aux amortissements	147 250,00	73 625,00	73 625,00
Total des charges		122 883,60	138 476,40
Ventes		114 400,00	154 000,00
Résultat		– 8 483,60	15 523,60

TRAVAIL À RÉALISER

Réflexion

1. Quel est l'intérêt de calculer le résultat pour chaque produit ?
2. Pourquoi établir une répartition des charges du mois entre les jupes et les robes ?
3. À quoi correspond le total des charges pour chaque produit ?

Action

1. Calculez le résultat global de l'activité du mois de novembre.
2. Calculez le coût de revient :
   – d'une jupe,
   – d'une robe.
3. Commentez les chiffres obtenus.
4. Proposez des solutions pour améliorer la situation.

DOSSIER 2

THÈME 14

La répartition des charges indirectes

AU RÉFÉRENTIEL

- ***TRADUIRE** l'activité de l'entreprise par un schéma d'organisation de la comptabilité analytique*
- ***METTRE EN ŒUVRE** un tableau simple d'analyse des charges indirectes, compatible avec l'activité, les moyens et les objectifs de l'entreprise*

MISE EN SITUATION ★★ FR 17

La société **Eurojardin** fabrique deux modèles d'abris de jardin en acier galvanisé (EJ 290 et EJ 670). Les deux modèles sont produits dans les mêmes ateliers. La différence porte sur les dimensions des panneaux constituant l'abri.

La société Eurojardin produit en continu. La quantité à fabriquer de chaque modèle dépend des perspectives de ventes.

Les plaques d'acier sont découpées et percées dans l'atelier « Préparation ». Elles sont ensuite galvanisées et peintes dans l'atelier « Traitement » avant d'être acheminées vers l'atelier « Emballage » où les ouvriers préparent les cartons comprenant les panneaux, la visserie et la notice de montage.

Les charges de la comptabilité générale sont d'un montant de 144 858 €.

Il vous est demandé d'analyser le fonctionnement de la société Eurojardin à partir des documents présentés page suivante.

TRAVAIL À RÉALISER

Réflexion

1. Comment expliquer la différence entre le montant des charges issues de la comptabilité générale et le montant total de la répartition primaire ?
2. Pourquoi le tableau de répartition contient-il seulement des charges indirectes ?
3. Qu'appelle-t-on centre d'analyse ?
4. À quoi correspond la distinction entre centres principaux et centres auxiliaires ?
5. Pourquoi les centres auxiliaires ne sont-ils pas dans la répartition secondaire ?
6. Comment peut-on justifier le choix de l'unité d'œuvre du centre « Traitement » ?
7. De quelle manière est obtenu le coût de l'unité d'œuvre ?

Action

1. Calculez le montant des charges directes et des charges non incorporables.
2. Réalisez le schéma du processus de fabrication des abris de jardin.
3. Précisez les étapes du calcul de coût de revient.
4. Retrouvez les clefs de répartition des charges de personnel.
5. Terminez le tableau de répartition des charges indirectes.
6. Imputez le coût du centre « Traitement » aux deux modèles d'abri de jardin.

Stocks au 31/12/N

	Quantité
Plaques d'acier en m²	3 000
Panneaux découpés en m²	600
Abris de jardin :	
– modèle EJ 290	40
– modèle EJ 670	20

Informations du mois

	Quantité
m² d'acier acheté (2 € le m²)	2 583
Heure Machine « Préparation »	3 788
m² traité pour EJ 290	2 240
m² traité pour EJ 670	1 829
Heure Main-d'œuvre (19 € l'heure)	3 470
Chiffre d'affaires (en €)	953 273

		Centres d'analyse auxiliaires		Centres d'analyse principaux opérationnels					Centre d'analyse principal structurel
	Totaux	Gestion des moyens en personnel	Gestion du matériel	Approvision-nement	Préparation	Traitement	Finition emballage	Distribution	Administration
Charges de personnel	15 480,00	774,00	774,00	1 548,00	4 644,00	3 096,00	2 322,00	774,00	1 548,00
Autres charges	56 300,00	1 126,00	3 378,00	4 504,00	11 260,00	15 764,00	5 630,00	3 378,00	11 260,00
Éléments supplétifs	5 500,00			275,00				330,00	4 895,00
Total répartition primaire	77 280,00	1 900,00	4 152,00	6 327,00	15 904,00	18 860,00	7 952,00	4 482,00	17 703,00
Gestions des moyens en personnel	1 900,00	– 1 900,00	38,00	228,00	266,00	228,00	304,00	342,00	494,00
Gestion du matériel	4 190,00		– 4 190,00	419,00	838,00	1 257,00	419,00	419,00	838,00
Total répartition secondaire	77 280,00			6 974,00	17 008,00	20 345,00	8 675,00	5 243,00	19 035,00
Unité d'œuvre/ taux de frais				Le m² d'acier acheté	Heure machine	Le m² traité	Heure M.O	100 € de ventes	100 € de coût de production
Nombre d'unités d'œuvre				2 583	3 788	4 069,00	3470	9532,73	7 614,00
Coût de l'unité d'œuvre				2,70	4,49	5,0000	2,50	0,55	2,50

DOSSIER 2

THÈME 14

ENTRAÎNEMENTS

1 LES CHARGES INCORPORABLES ★ FR 17

Les charges de la comptabilité générale de l'entreprise **Europlan** sont détaillées ci-contre pour le 1er trimestre N.
La dotation annuelle aux amortissements est estimée à 301 200 €.
Par ailleurs, le comptable vous précise qu'il faut calculer une rémunération fictive des capitaux propres à 5 % l'an (ces capitaux propres s'élèvent à 200 000 €).

N°	Nom du compte	Montant (en €)
60	Achats	180 000
61-62	Autres charges externes (dont 5 600 € d'assurance pour le semestre)	98 600
63	Impôts, taxes et versements assimilés	13 300
64	Charges de personnel	388 600
65	Charges de gestion courante	2 000
66	Charges financières	22 000
67	Charges exceptionnelles	8 000

TRAVAIL À RÉALISER

Déterminez le montant des charges retenues pour le calcul des coûts du 1er trimestre.

2 LA RÉPARTITION PRIMAIRE ET SECONDAIRE DES CHARGES INDIRECTES ★ FR 17

Vous disposez du tableau de répartition des charges indirectes de l'entreprise **Bourjois** pour le mois :

Charges par nature	Montant	Centres auxiliaires		Centres principaux opérationnels				Centre principal structurel
		Entretien	Prestations connexes	Approvisionnement	Moulage	Vernissage	Distribution	Administration
Services extérieurs	1 150 000	10 %		5 %	30 %	50 %		5 %
Impôts et taxes	50 000							100 %
Charges de personnel	850 000	1 %	4 %	2 %	15 %	20 %	40 %	18 %
Charges financières	850 000	20 %	25 %					55 %
Dotations aux amortissements et aux provisions	140 000	2,5 %	2,5 %	5 %	15 %	50 %	10 %	15 %
Éléments supplétifs	20 000	10 %	10 %	5 %	30 %	40 %		5 %
Total répartition primaire	3 060 000							
Entretien			5 %	5 %	35 %	45 %	5 %	5 %
Prestations connexes				5 %	35 %	50 %	5 %	5 %
Total répartition secondaire								
Nature des unités d'œuvre ou assiette de taux de frais				**Kg de matière achetée**	**Heures machine**	**Heure M.O.D.**	**100 € de coût de production des produits vendus**	
Nombre d'unités d'œuvre				157 980	27 844	155 557	555 775	555 775
Coût de l'unité d'œuvre ou taux de frais								

TRAVAIL À RÉALISER

1. Effectuez la répartition primaire et secondaire des charges indirectes.
2. Calculez le coût des unités d'œuvre ou taux de frais (arrondir à 4 chiffres après la virgule).

3 LE PROCESSUS DE FABRICATION ET LA RÉPARTITION SECONDAIRE

★★ FR 17

La société **Jardimeubles** fabrique des meubles de jardin. Sa gamme comprend trois produits : les bacs à fleurs, les chaises et les tables. Une matière unique, un plastique rigide, est utilisée pour l'ensemble de sa production. Elle est achetée puis stockée avant emploi.

Le centre *moulage* est constitué de machines permettant d'obtenir des produits bruts à partir de la matière première. Ces produits passent ensuite directement dans le centre *vernissage*. Le vernissage est effectué automatiquement par les machines. Les produits finis sont alors mis en stock.

À l'exception des matières premières, toutes les charges sont considérées comme des charges indirectes. Les charges indirectes du mois de septembre ont été réparties ci-dessous.

Charges par nature	Centres auxiliaires		Centres principaux opérationnels				Centre principal structurel
	Gestion des bâtiments	Gestion des matériels	Approvisionnement	Moulage	Vernissage	Distribution	Administration
Total répartition primaire	25 270,00	6 800,00	16 030,00	101 890,00	164 550,00	60 021,00	71 278,50
Gestion des bâtiments (*)			1	7	9		2
Gestion des matériels (*)			3	32	45		5
Total répartition secondaire							
Nature des unités d'œuvre ou assiette des taux de frais			**Kg de matière achetée**	**Kg de produit traité**	**Kg de produit traité**	**100 € de chiffre d'affaires**	**100 € de coût de production des produits vendus**
Nombre d'unités d'œuvre							4 955,90
Coût de l'unité d'œuvre ou taux de frais							

** Les nombres donnés sont des coefficients.*

Par ailleurs, on vous communique les informations suivantes pour le mois.

- **Matières premières :**
  - achats : 160 000 kg à 1,14 € le kg
  - consommation centres moulage et vernissage :
    - pour les bacs......... 78 000 kg
    - pour les chaises.... 60 000 kg
    - pour les tables ...... 20 000 kg
- **Vente :**

	Vendus	Prix de vente unitaire
– Bacs	27 000	10,40 €
– Chaises	12 500	24,00 €
– Tables	2 100	41,00 €

TRAVAIL À RÉALISER

1. Présentez le schéma du processus de fabrication de la société Jardimeubles.
2. Effectuez la répartition secondaire des charges indirectes.
3. Calculez le coût des unités d'œuvre.

4 LA RÉPARTITION DES CHARGES ET LE COÛT UNITAIRE DES CENTRES ★★ FR 17

Le comptable de l'entreprise **Forgeron** vous demande de l'aider dans l'élaboration du calcul de coûts. Il vous remet le tableau de répartition des charges indirectes du mois de juillet.

Charges par nature	Montants	Centres auxiliaires		Centres principaux				
		Gestion du personnel	Prestations connexes	Approvi-sionnement	Préparation	Production	Distribution	Adminis-tration
Fournitures consommables	12 000	5 %	10 %	15 %	15 %	30 %	15 %	10 %
Services extérieurs	180 000	12 %	8 %	10 %	30 %	30 %	5 %	5 %
Impôts et taxes	36 000							100 %
Charges de personnel	680 000	1 %	2 %	5 %	10 %	50 %	20 %	12 %
Charges financières	42 000				10 %	30 %		60 %
Dotations aux amortissements et aux provisions	216 000	1 %	4 %	5 %	15 %	50 %	10 %	15 %
Total répartition primaire	**1 166 000**							
Gestion du personnel				10 %	20 %	50 %	10 %	10 %
Prestations connexes				10 %	30 %	30 %	5 %	25 %
Total répartition secondaire								
Nature des unités d'œuvre ou assiette de taux de frais				**100 € d'achat**	**Heures M.O.D.**	**Heures machine**	**100 € de chiffre d'affaires**	**100 € de coût de production des produits vendus**
Nombre d'unités d'œuvre								24 552
Coût de l'unité d'œuvre ou taux de frais								

Par ailleurs, il vous communique les informations suivantes.

- **Achats de la période :**
  - toile : .... 375 000 €
  - armatures : .... 184 200 €
  - mécanismes : .... 136 000 €
- **Ventes de la période :**
  - store GL 620 .... 900 à 858 € l'un
  - store GL 320 .... 1 218 à 524 € l'un
  - store REVA4 .... 1 848 à 315 € l'un
  - store REVA6 .... 3 026 à 475 € l'un

La préparation a nécessité 7 200 heures de main-d'œuvre directe.
La production a utilisé 39 770 heures machine.

TRAVAIL À RÉALISER

1. Justifiez le choix de l'unité d'œuvre du centre approvisionnement.
2. Procédez à la répartition des charges indirectes de l'entreprise et calculez le coût des unités d'œuvre.

THÈME 15

LE COÛT COMPLET

DOSSIER 1

La valorisation des stocks

AU RÉFÉRENTIEL

VALORISER les stocks
(coût moyen pondéré ; premier entré, premier sorti)

MISE EN SITUATION ★ FR 18

Vous êtes stagiaire chez monsieur **Noyelle**, artisan chocolatier. Celui-ci souhaite gérer au mieux ses stocks afin de connaître précisément les quantités utilisées dans la production. Il vous transmet la fiche de stock du cacao pour le mois de mai.

FICHE DE STOCK
TABLEAU D'ENREGISTREMENT ET D'ÉVALUATION DES MOUVEMENTS DE STOCK

Dates	N° bon	Entrées			Sorties			Stock		
		Quantités	Coût unitaire	Coût total	Quantités	Coût unitaire	Coût total	Quantités	Coût unitaire	Coût total
01-mai	Report							6	5,50	33,00
04-mai	E-0405	36	5,85	210,60				42	5,80	243,60
06-mai	S-0605				20	5,80	116,00	22	5,80	127,60
08-mai	E-0805	22	6,00	132,00				44	5,90	259,60
13-mai	E-1305	20	5,10	102,00				64	5,65	361,60
16-mai	S-1605				8	5,65	45,20	56	5,65	316,40
20-mai	S-2005				34	5,65	192,10	22	5,65	124,30
21-mai	S-2105				12	5,65	67,80	10	5,65	56,50

TRAVAIL À RÉALISER

Réflexion

1. À quel coût sont valorisées les entrées en stock ?
2. Quel est le coût unitaire du kilo de cacao en stock le 4 mai ? Le 8 mai ? Le 16 mai ? Comment peut-on expliquer la variation ?

Action

1. Vérifiez le coût unitaire du cacao en stock le 4 mai. Quelle méthode a été utilisée ?
2. Déterminez la valeur du coût moyen pondéré de la période et la valeur du stock final.
3. Établissez la fiche de stock d'après la méthode du premier entré, premier sorti.
4. Comparez et analysez le coût total du stock en fin de mois en fonction des trois méthodes de valorisation. Concluez.

DOSSIER 2

THÈME 15

Le coût complet

AU RÉFÉRENTIEL

- ***DÉTERMINER un coût d'achat***
- ***CALCULER un coût de production***
- ***CALCULER les coûts de revient et les résultats analytiques***

MISE EN SITUATION ★★ *FR 19*

Vous assistez le comptable de la S.A. **Nène** spécialisée en articles de puériculture. L'entreprise fabrique et vend deux modèles de porte-bébé : un modèle ventral, le Kangourou, uniquement constitué de toile, et un modèle dorsal, le Koala, dont la toile est fixée sur des armatures métalliques.

Le comptable vous donne des informations sur l'activité du mois de septembre.

	Stocks en début de mois		Stocks en fin de mois
	Quantité	Prix unitaire	Quantité
Toile (en m²)	600	14,17	700
Tubes (en m)	2 000	1,6	2 800
Kangourou	2 000	15,647	500
Koala	1 500	24,188	500

	Achats du mois	
	Quantité	Prix unitaire
Toile (en m²)	3 000	13
Tubes (en m)	6 000	1,6

	Ventes du mois	
	Quantité	Prix unitaire
Kangourou	6 000	23
Koala	5 000	29

TABLEAU DE RÉPARTITION DES CHARGES INDIRECTES

Charges indirectes	Total	Centres principaux			
		Approvisionnement	Atelier	Distribution	Administration
Totaux après répartition secondaire	91 450	7 290	39 592	33 426	11 142
Unités d'œuvre ou taux de frais		1 € d'achat	1 h de main-d'œuvre directe	Coût de production des produits vendus	
Nombre d'uo		48 600	4 949	222 840	222 840
Coût uo et taux de frais		0,15	8,00	0,15	0,05

COÛT D'ACHAT

	Toile			Tubes		
	Quantité	Montant	PU	Quantité	Montant	PU
Prix d'achat	3 000	39 000	13,0000	6 000	9 600	1,6
Charges d'approv.	39 000	5 850	0,1500	9 600	1 440	0,15
Coût d'achat	3 000	44 850	14,9500	6 000	11 040	1,84

Les entrées se font au Coût d'HA

	Stock Toile						
	Quantité	PU	Montant	Quantité	PU	Montant	
Stock initial	600	14,1700	8 502	1 300	14,8200	19 266	Production Kangourou
Entrées	3 000	14,9500	44 850	1 600	14,8200	23 712	Production Koala
				700	14,8200	10 374	Stock final
Total	3 600	14,8200	53 352	3 600	14,8200	53 352	Total
CMP = 14,8200							

	Stock Tubes						
	Quantité	PU	Montant	Quantité	PU	Montant	
Stock initial	2 000,0000	1,6000	3 200,0000	5200	1,78	9256	Production Koala
Entrées	6 000	1,84	11040	2800	1,78	4984	Stock final
Total	8000	1,78	14240	8000	1,78	14240	Total
CMP = 1,78							

Coût de production

	Kangourou			Koala		
	Quantité	PU	Montant	Quantité	PU	Montant
Coût d'achat de la toile utilisée	1 300	14,8200	19 266			
Coût d'achat des tubes utilisés				5200	1,78	9256
Main d'œuvre directe atelier	2 109	17,0000	35 853	2840	17	48280
Charges atelier	2 109	8,0000	16 872	4000	25,95	103000
Coût de production	4 500	15,9980	71 991			160 536

La production de 4 500 porte-bébés Kangourou a utilisé 1 300 m² de toile et 2 109 heures de main-d'œuvre directe. La production de 4 000 porte-bébés Koala a nécessité 1 600 m² de toile, 5 200 m de tubes et 2 840 heures de main-d'œuvre directe. Le coût de l'heure de main-d'œuvre est de 17 €.

	Stock Kangourou						
	Quantité	PU	Montant	Quantité	PU	Montant	
Stock initial	2 000	15,6470	31 294	6 000	15,8900	95 340	Ventes
Entrées	4 500	15,9980	71 991	500	15,8900	7 945	Stock final
Total	6 500	15,8900	103 285	6 500	15,8900	103 285	Total
CMP = 15,8900							

	Stock Koala						
	Quantité	PU	Montant	Quantité	PU	Montant	
Stock initial							Ventes
Entrées							Stock final
Total							Total
CMP =							

Coût de revient

	Kangourou			Koala		
	Quantité	PU	Montant	Quantité	PU	Montant
Coût de production des sacs vendus	6 000	15,8900	95 340			
Coût hors production						
Charges Distribution	95 340	0,1500	14 301			
Charges Administration	95 340	0,0500	4 767			
Coût de revient	6 000	19,0680	114 408			

Résultat analytique

	Kangourou			Koala		
	Quantité	PU	Montant	Quantité	PU	Montant
Ventes	6 000	23,0000	138 000,00			
Coût de revient	6 000	19,0680	114 408,00			
Résultats			23 592,00			
Résultat unitaire			3,9320			

TRAVAIL À RÉALISER

Réflexion

1. Pourquoi la toile achetée 13 € le m² entre-t-elle en stock à 14,95 €?
2. Quelle est la méthode de valorisation des stocks utilisée?
3. Pourquoi la toile utilisée pour la production est-elle évaluée à 14,82 €?
4. Comment expliquer la différence entre le coût de production du porte-bébé Kangourou fabriqué et le coût de production du porte-bébé Kangourou vendu?
5. Quels sont les éléments qui composent le coût de revient?
6. Comment est calculé le résultat analytique?

Action

Les calculs doivent être effectués avec 3 décimales.

1. Complétez le tableau de calcul du coût d'achat des tubes.
2. Terminez la fiche de stock des tubes.
3. Calculez le coût de production du porte-bébé Koala.
4. Établissez la fiche de stock des porte-bébés Koala.
5. Vérifiez le coût de production des produits vendus du tableau de répartition des charges indirectes.
6. Calculez le coût de revient et le résultat analytique des porte-bébés Koala.
7. Commentez les résultats.

La gestion des stocks

AU RÉFÉRENTIEL

- ***ÉVALUER** le coût du stockage*
- ***DÉCLENCHER** les commandes*

MISE EN SITUATION ★★ *FR 20*

Vous assistez Monsieur **Folly** dans sa société de revente d'appareils de pesage. Il a mis en place un suivi des commandes et des stocks. Il vous demande de suivre sur un semestre le produit d'appel : la balance mécanique 2 kg.

Le coût d'achat est de 15 € l'unité. Le fournisseur assure un délai de livraison de 15 jours. Les commandes doivent êtres passées le 15 du mois pour une livraison au début du mois suivant. Pour obtenir le meilleur prix, monsieur Folly commande 550 unités à la fois. Début janvier, il vient de recevoir les produits commandés le 15 décembre.

Le stock d'alerte se compose de la consommation du mois, augmenté de la moitié de la consommation du mois suivant et du stock de sécurité (25 unités).

Le coût de lancement et de suivi d'une commande est de 13,5 €. Le coût de possession du stock est de 912,5 € pour le semestre.

Tableau de gestion des stocks et de déclenchement des commandes :

	Janvier	Février	Mars	Avril	Mai	Juin	Juillet
Stock début	800	500	700				
Commande		oui					
Livraison	550		550				
Consommation prévue	300	350	350	325	300	200	200
Stock fin	500	150	350				
Stock d'alerte	500	550	537,5				
Stock de sécurité	25	25	25	25	25	25	

TRAVAIL À RÉALISER

RÉFLEXION

1. Qu'est-ce que le stock d'alerte ? Comment le détermine-t-on ?
2. À quoi sert le stock de sécurité ?
3. Que signifie un coût de possession de 912,5 € ? Quels sont les éléments qui composent ce coût ?

ACTION

1. Terminez le tableau.
2. Concevez une représentation graphique faisant apparaître les différents stocks, les dates de livraison et de commandes.
3. Calculez le coût total de gestion du stock pour le semestre. Commentez.

ENTRAÎNEMENTS

1 LA VALORISATION DES STOCKS ★ FR 20

L'entreprise **Gallini** fabrique des dossiers cartonnés. Le comptable de l'entreprise vous confie les bons d'entrée et de sortie suivants concernant le carton :

Bon de sortie n° 243	Bon d'entrée n° 244	Bon de sortie n° 245	Bon de sortie n° 246	Bon d'entrée n° 247
200 m^2 le 03/03/N	2 000 m^2 à 3,82 € le m^2 le 07/03/N	400 m^2 le 10/03/N	1 000 m^2 le 13/03/N	1 500 m^2 à 3,90 € le m^2 le 18/03/N

Bon de sortie n° 248	Bon de sortie n° 249	Bon de sortie n° 250	Bon d'entrée n° 251	Bon de sortie n° 252
600 m^2 le 20/03/N	1 000 m^2 le 24/03/N	700 m^2 le 26/03/N	2 000 m^2 à 3,88 € le m^2 le 28/03/N	800 m^2 le 30/03/N

Le stock de carton au 01/03/N s'élevait à 500 m^2 pour un montant de 1 900 €.

TRAVAIL À RÉALISER

1. Indiquez pourquoi les bons de sortie ne comportent pas de coût.
2. Établissez la fiche de stock en calculant le coût moyen pondéré après chaque entrée.
3. Élaborez la fiche de stock selon la méthode d'épuisement des lots (ou PEPS).

NB : arrondir à 4 décimales si nécessaire.

2 LE DÉCLENCHEMENT DES COMMANDES ★★ FR 20

L'entreprise **ZOPT** est spécialisée dans la fabrication d'outils de précision. La référence RV67 est le composant central de sa production. En raison des risques de rupture de stock, il est décidé d'établir un calendrier d'approvisionnement pour le premier semestre.

Le stock au 1er janvier est de 800 unités. Le stock de sécurité est de 150 unités. Les prévisions de consommation sont les suivantes :

Mois	Janvier	Février	Mars	Avril	Mai	Juin	Juillet
Consommation	400	200	400	800	400	800	600

Le stock d'alerte correspond à la consommation du mois suivant. Le déclenchement de la commande a lieu au début du mois. Le délai de livraison est d'un mois. La livraison est faite en début de mois. Pour des raisons commerciales, l'entreprise commande une quantité constante de 900 unités.

TRAVAIL À RÉALISER

1. Concevez un tableau permettant de connaître le stock initial, la date de commande, la quantité livrée ainsi que la date de livraison, la consommation du mois et le stock final.
2. Réalisez un graphique faisant apparaître les différents stocks et les dates de commandes et de livraison.

3 LE COÛT DE GESTION DE STOCK ★ FR 20

L'entreprise **Alpex** fabrique des couettes. Le comptable s'intéresse particulièrement au stock de duvet d'oie. L'entreprise consomme annuellement 50 000 kg de duvet d'oie pour un coût d'achat de 60 € le kg. L'entreprise passe 6 commandes par an.

Le comptable a déterminé les éléments suivants pour le coût de possession pour 100 € :
- coût d'immobilisation des capitaux 0,20
- contrôle, manutention et magasinage 0,03
- chauffage, électricité et entretien.............. 0,01
- location de l'entrepôt 0,05
- assurance 0,01
- dépréciation, détérioration 0,02

Le coût du personnel administratif gérant les commandes est établi à 28 € par commande. Le coût du traitement informatique de la commande est de 10 € et les fournitures (courrier, téléphone) sont évaluées à 2 € par commande.

TRAVAIL À RÉALISER

1. Calculez le coût de possession annuel du stock.
2. Calculez le coût de lancement des commandes.
3. Déterminez le coût de gestion du stock. Quel est l'intérêt de ce calcul ?
4. Expliquez l'incidence du nombre de commandes sur le coût de gestion du stock.

4 L'OPTIMUM DE LIVRAISON ★★★ FR 20

L'entreprise **Sublet** utilise pour sa production annuelle 3 000 unités d'un composant ayant un coût d'achat de 9 €. Elle a déterminé un coût de lancement et de suivi de commande de 45 € et un taux de détention de 12 %. Elle passe actuellement 4 commandes par an.

TRAVAIL À RÉALISER

1. Calculez le coût total de stockage actuel.
2. Concevez un tableau contenant le coût de détention, le coût de lancement et le coût total pour un nombre de commandes variant de 1 à 8. Quel est le nombre de commandes optimum ?
3. Réalisez un graphique faisant apparaître les différents coûts liés aux commandes. Commentez.

5 LE COÛT COMPLET ★★ FR 19

Reprenez le cas de l'entreprise **Jardimeubles** (cf. page 91). Voici des informations complémentaires.

	Stock initial	Produits fabriqués
Matières premières	40 000 kg à 1,20 € l'un	–
Chaises	1 000 à 14,20 € l'une	12 000 unités
Tables	500 à 25,50 € l'une	2 000 unités
Bacs	13 000 à 8,10 € l'une	26 000 unités

TRAVAIL À RÉALISER

Calculez le coût d'achat, les coûts de production, les coûts de revient et le résultat analytique ; présentez les comptes de stocks.

6 LE COÛT COMPLET

★ FR 19

La S.A. **Teleski** fabrique des bennes 4 places et des bennes 8 places pour télécabines.
L'atelier tubes fabrique les bâtis métalliques ; l'atelier moulage est chargé de la fabrication des coques en polyester moulées sur les bâtis métalliques.
Vous disposez des informations suivantes concernant la production et la vente de bennes du mois.

TABLEAU DE RÉPARTITION DES CHARGES INDIRECTES

	Total	Approvisionnement	Atelier tubes	Atelier moulage	Distribution	Administration
Totaux secondaires	139 294	1 532	47 320	56 628	12 558	21 615
Unités d'œuvre		1 € de matière achetée	1 h machine	1 h ouvrier	100 € de chiffre d'affaires	Coût de production des bennes vendues
Nombre d'unités d'œuvre		15 320	84,5	363	1 794	144 100
Coût de l'unité d'œuvre		0,10	560	156	7,0	0,15

STOCKS ÉVALUÉS AU COÛT MOYEN PONDÉRÉ DU MOIS

Stocks au 01/10/N	
Tubes	280 m à 23 € le m
Résine	1 200 litres à 2,04 € le litre
Bennes 4 places	10 bennes à 1 689,84 € l'une
Bennes 8 places	7 bennes à 2 138,50 € l'une

- **Achats du mois :**
  - tubes : 400 m à 24,00 € le m
  - résine : 2 600 l à 2,20 € le litre
- **Production du mois :**
  - 32 bennes 4 places
  - 35 bennes 8 places
- **Consommation du mois pour une benne produite :**

	Bennes 4 places	Bennes 8 places
Tubes	5,1 m	8,2 m
Résine	29,5 litres	61 litres
M.O.D. atelier tubes à 12 euros de l'heure	3,1 heures	3,9 heures
M.O.D. atelier moulage à 13 euros de l'heure	5 heures	5,8 heures
Charges indirectes atelier tubes	1 heure machine	1,5 heure machine
Charges indirectes atelier moulage	5 heures ouvrier	5,8 heures ouvrier

L'entreprise a vendu 34 bennes 4 places à 2 100 € l'une et 40 bennes 8 places à 2 700 € l'une.

TRAVAIL À RÉALISER

1. Présentez les tableaux conduisant au calcul du coût de revient de chaque type de bennes.
2. Déterminez le résultat analytique sur chacun des deux produits.

THÈME 16

LA VARIABILITÉ DES CHARGES

DOSSIER 1

Charges variables et charges fixes

AU RÉFÉRENTIEL ➤ ***CALCULER une marge sur coût variable***

MISE EN SITUATION ★ *FR 21*

Monsieur Rame à créé **Médicalp**, une micro-entreprise de distribution de matériel médical. Elle vend un produit unique importé des États-Unis. Un représentant, payé à la commission, est chargé de prospecter les professionnels de la santé. Monsieur Rame vous propose de terminer le tableau suivant (les totaux réels ont été arrondis).

Tableau analytique de l'activité

Éléments	Année N				Totaux année N	
	1er trim.	2e trim.	3e trim.	4e trim.		
Nombre de matériels vendus	120	106	108	116		
Chiffre d'affaires en €	54 000	47 700	48 600	52 200		
Charges en € :					Charges variables[1]	Charges fixes[2]
– Achats	20 400	18 020	18 360	19 720		
– Ports sur achats	1 200	1 060	1 080	1 160		
– Services extérieurs	1 350	1 350	1 350	1 350		
– Loyers, entretien	4 100	4 100	4 100	4 100		
– Salaires et charges du représentant	10 800	9 540	9 720	10 440		
– Salaires et charges administratifs	9 000	9 000	9 000	9 000		
– Frais financiers	1 000	1 000	1 000	1 000		
– Dot. Aux amort.	2 300	2 300	2 300	2 300		
Total charges	50 150	46 370	46 910	49 070		

1. *Ou charges opérationnelles.* 2. *Ou charges de structure.*

TRAVAIL À RÉALISER

Réflexion

1. Quelles sont les charges qui varient d'un trimestre à l'autre ? Pourquoi ?
2. Quelles sont les charges qui restent fixes ? Pourquoi ?
3. Si l'entreprise doublait son volume d'activité, les charges fixes resteraient-elles constantes ? Pourquoi ?

Action

1. Expliquez les expressions « charges opérationnelles » et « charges de structure ».
2. Complétez le tableau de répartition des charges.
3. Calculez la marge sur coût variable.
4. Calculez le résultat.

Le seuil de rentabilité

AU RÉFÉRENTIEL ➤ ***DÉTERMINER** les seuils de rentabilité pertinents*

MISE EN SITUATION ★ FR 21

Monsieur **Rame** caresse un projet ambitieux : multiplier, au cours de l'année N+1, son chiffre d'affaires par 2,5 ! Pour cela, pense-t-il, il lui suffirait de vendre un second matériel, également importé des États-Unis, aux clients qu'il connaît déjà... Selon ses calculs, le taux de marge sur coût variable serait inchangé. Évidemment, le changement de structure impliquerait une augmentation des charges fixes... mais, dans une entreprise de distribution, les investissements matériels sont légers ; il doit être possible de « serrer les dépenses ».

Monsieur Rame vous demande d'analyser son projet, de calculer en premier lieu, le seuil de rentabilité actuel puis de simuler par le calcul un changement de structure. Il affiche l'objectif final suivant : multiplier le résultat par 10.

TRAVAIL À RÉALISER

Réflexion

1. Que signifie l'expression « taux de marge sur coût variable » ?
2. Est-il réaliste d'imaginer un chiffre d'affaires multiplié par 2,5 et un taux de marge sur coût variable constant ?
3. Que signifie « changement de structure » ? Pourquoi, dans ce cas précis, faut-il envisager une augmentation des charges fixes ?
4. Que signifie, dans le langage courant, l'expression « seuil de rentabilité » ? Quel intérêt présente ce calcul ?

Action

1. À partir des résultats du dossier 1, complétez le tableau ci-dessous.
2. Calculez le seuil de rentabilité et faites une représentation graphique.
3. Déterminez le nombre de produits vendus pour atteindre ce seuil.
4. Recherchez la date à laquelle le seuil a été atteint. La marge de sécurité vous paraît-elle suffisante ?
5. Indiquez si le calcul d'un seuil de rentabilité trimestriel serait pertinent. Justifiez votre réponse.
6. Calculez le montant maximum de charges fixes supplémentaires acceptables pour réaliser le projet de M. Rame. Donnez votre avis sur la validité du projet.
7. Calculez le seuil de rentabilité, dans le cadre de ce projet. Commentez.

COMPTE DE RÉSULTAT DIFFÉRENTIEL

Éléments	Montant	%
Chiffre d'affaires		
– Charges variables		
Marge sur coût variable		
– Charges fixes		
Résultat		

ENTRAÎNEMENTS

1 LES CHARGES VARIABLES ET LES CHARGES FIXES ★ FR 21

L'entreprise **Comm2000** fait des prévisions pour l'année N+1. La région est très étendue. Les déplacements sont nombreux et coûteux pour les intervenants en conseils. Voici les renseignements dont vous avez besoin pour analyser la variabilité des charges.

- **Charges de l'année N**
  - Salaires .... *voir-ci-dessous*
  - Charges patronales .... *voir ci-dessous*
  - Autres charges externes 24 000
  - Honoraires 9 200
  - Frais de mission 11 000
  - Frais de gestion 16 000
  - Amortissements 9 500
  - Frais financiers 500

- **Renseignements sur les salaires et charges patronales**
  - Secrétaire à temps plein : 1 300 € par mois.
  - Attaché de gestion à temps partiel : 975 € par mois.
  - Chargés de mission : 2 500 € par mois. Ils sont trois à prospecter la clientèle et à intervenir. Leurs frais de déplacement sont remboursés sur justificatifs.
  - Le gérant est rémunéré par un fixe s'élevant à 3 200 €.

Pour simplifier, les charges patronales sont calculées en appliquant un taux de 40 % aux salaires. Tous les salaires sont des frais fixes.

- **Ventilation des charges[1] en charges variables et charges fixes**

Charges	Charges variables	Charges fixes
Frais de gestion	20 %	80 %
Autres charges externes	50 %	50 %
Frais de mission	85 %	15 %

1. Hors salaires et charges patronales.

Les honoraires et les frais financiers sont indépendants de l'activité.

Pour l'exercice à venir, on prévoit une augmentation des salaires de 2 % et une stabilité des autres charges. Le niveau d'activité n'a pas changé.

TRAVAIL À RÉALISER

1. Identifiez les charges qui relèvent du niveau d'activité et celles qui sont indépendantes.
2. Calculez le coût variable annuel et le montant des charges de structure pour l'année N.
3. Faites des prévisions pour l'année N+1.

THÈME 16

2 L'ÉTUDE DE RENTABILITÉ

★ FR 21

Symphony 2000, pour assurer un service complet à sa clientèle, a sélectionné plusieurs marques de lecteurs de DVD : Sony, Akaï, Panasonic, Goldstar et Denon.

Les prix de ces appareils sont situés entre 299 € et 1 599 € TTC, en fonction de la qualité vidéo et de la qualité audio. La clientèle est composée de passionnés du son et de l'image. Le marché nouveau est en pleine expansion : les ventes flambent !

Le responsable commercial vous demande une étude de rentabilité, avec un prix moyen de vente de 490 € HT par appareil, un taux de marge sur coût variable de 50 % et des frais fixes de 160 000 € correspondant à l'investissement nécessaire.

TRAVAIL À RÉALISER

1. Calculez la marge sur coût variable unitaire.
2. Combien faut-il vendre de lecteurs de DVD pour couvrir les charges fixes ?
3. Calculez le seuil de rentabilité prévisionnel.

3 LE SEUIL DE RENTABILITÉ PRÉVISIONNEL

★★ FR 21

L'entreprise **Protecta** commercialise principalement 3 produits : des isolants pour moteur PF2, des coffres isolants CIS, des bacs de protection BNT.

Le chiffre d'affaires le plus important est réalisé grâce à la production et à la vente des PF2. Pour simplifier, les charges de structure sont réparties également sur les 3 produits.

Éléments	PF2	CIS	BNT	TOTAL	%
Chiffre d'affaires	360 000	285 000	220 000	865 000	100
Charges variables	216 000	158 000	162 000	536 000	61,96
Marge sur coût variable	144 000	127 000	58 000	329 000	38,03
Charges fixes	70 000	70 000	70 000	210 000	24,27
Résultats	74 000	57 000	– 12 000	119 000	13,75

TRAVAIL À RÉALISER

1. Calculez les seuils de rentabilité par produit et le seuil de rentabilité global. Commentez les résultats.
2. Déterminez la date à laquelle le seuil de rentabilité global est atteint, sachant que les ventes sont régulières sur l'année.
3. Vous approfondissez l'étude du produit PF2 dont le prix de vente unitaire s'élève à 450 €. Quelle quantité faut-il vendre pour couvrir les charges de PF2 ?
4. Calculez le nombre de produits PF2 qu'il faudrait vendre pour atteindre un résultat égal à 25 % du chiffre d'affaires (arrondir les calculs).

4 UN PROJET ÉVALUÉ AU SEUIL DE RENTABILITÉ

★ FR 21

Les étudiants de votre section souhaitent organiser un voyage en Italie pour visiter l'entreprise **Fiat**.

La compagnie des autobus que vous avez l'habitude de faire travailler se propose de vous transporter pour un coût total de 2 625 €. Mise à disposition d'un car de voyageurs de 50 personnes, péage, carburant, frais pour 2 chauffeurs, amortissement, parking...

Les charges variables sont évaluées à 125 € par personne. Elles comprennent l'hébergement, les repas, la visite du musée...

Le montant fixé pour chaque étudiant est de 200 €.

TRAVAIL À RÉALISER

1. Calculez le nombre minimum d'inscrits pour que le voyage soit effectué.
2. En définitive, 48 personnes participent au voyage. Calculez le bénéfice prévisionnel.
3. Indiquez combien vous pouvez rétrocéder à chaque étudiant, puisque l'objectif est de faire ni perte ni profit.
4. Présentez un graphique permettant d'illustrer le résultat.

5 COÛT COMPLET, COÛT VARIABLE ET COÛT FIXE

★★ FR 21

La société **Amatin** fabrique des chaises de bureau ergonomiques.

Pour le mois de janvier, un relevé des charges opérationnelles est établi.

- **Éléments**
  - M1 : 0,5 unités à 5 € l'unité.
  - M2 : 4 pieds à 1,3 € l'un.
  - M3 : 1 système hydraulique à 6 €.
  - Fournitures accessoires : 3 € par chaise.
  - Main-d'œuvre directe : 1 heure par chaise à 16 € l'heure.

Les charges de structure s'élèvent à 80 000 € pour une fabrication inférieure à 6 000 chaises et à 150 000 € au-delà.

L'entreprise prévoit plusieurs niveaux d'activité : 4 000 chaises, 5 000 chaises, 7 000 chaises.

TRAVAIL À RÉALISER

1. Présentez un tableau, faisant apparaître, pour les différents niveaux d'activité :
   - le coût variable,
   - le coût fixe,
   - le coût global,
   - le coût unitaire,
   - le coût variable unitaire et le coût fixe unitaire.
2. Faites une représentation graphique.
3. Commentez les résultats obtenus.

6 CALCUL ET REPRÉSENTATION GRAPHIQUE DU SEUIL DE RENTABILITÉ

★ FR 21

La société **Gabion** a enregistré les ventes suivantes sur les 6 premiers mois de l'année.

Mois	Janvier	Février	Mars	Avril	Mai	Juin
Ventes en €	75 000	78 000	81 000	77 000	82 000	79 000

Les charges variables, de janvier à juin, se sont élevées à 250 000 € et les charges fixes annuelles à 220 000 €.

TRAVAIL À RÉALISER

1. Calculez le taux de marge sur coût variable.
2. Calculez le seuil de rentabilité.
3. Faites une représentation graphique du seuil de rentabilité.

7 ANALYSE DU RÉSULTAT ET PRÉVISIONS

★★★ FR 21

L'entreprise **Caravanord** a deux activités :
– fabrication de caravanes,
– vente de petit matériel de camping.
Elle envisage de commencer, l'année prochaine, la fabrication de mobilhomes qui pourraient être vendus 6 400 € HT l'unité. Sur cette nouvelle activité, le taux de marge sur coût variable serait de 25 % et les charges fixes supplémentaires de 200 000 €.
Voici le résultat de l'année N, en €.

COMPTE DE RÉSULTAT

Charges	N	Produits	N
Achats de marchandises	683 022	Ventes de marchandises	1 110 158
Variation de stocks de marchandises	12 012	Production vendue	5 003 997
Achats stockés de matières premières	1 258 450		
Achats stockés autres approvisionnements	152 810		
Variations de stocks d'approvisionnements	33 650		
Achats non stockés mat. et fournit. (1)	225 683		
Services extérieurs	42 125		
Impôts, taxes et versements assimilés	315 986		
Charges de personnel	2 369 675		
Dotations aux amortissements et provisions	457 938		
Charges financières	62 516		
Solde créditeur (bénéfice)	500 288		
Total	**6 114 155**	**Total**	**6 114 155**

1. Considérés comme frais variables.

Les charges fixes sont calculées comme suit : 60 % des services extérieurs, 25 % des impôts et taxes, 10 % des charges de personnel, 100 % des dotations et des charges financières.

TRAVAIL À RÉALISER

1. Présentez le compte de résultat différentiel de l'année N.
2. Calculez le seuil de rentabilité et la date à laquelle il devrait être atteint.
3. Calculez le chiffre d'affaires supplémentaire à réaliser sur la vente de mobilhomes, pour que le taux de bénéfice par rapport aux produits de l'exercice reste inchangé. Combien de mobilhomes faut-il fabriquer ?

D'après un sujet d'examen.

THÈME 17

LA GESTION BUDGÉTAIRE

DOSSIER 1

Le tableau de bord

AU RÉFÉRENTIEL

- ***SÉLECTIONNER les informations pertinentes***
- ***CHOISIR les indicateurs***
- ***EXPOSER par écrit et oralement les conclusions de l'étude des indicateurs***

MISE EN SITUATION ★ *FR 22*

La société **Bernardin** est une entreprise qui fabrique et vend des chaises et des parasols pour la plage et le jardin. M. Bernardin, satisfait de la situation globale de son entreprise mais soucieux tout de même, vous transmet une série d'indicateurs, jugés pertinents, concernant les trois dernières années.

Indicateurs (en euros)	N–2	N–1	N
Chiffre d'affaires annuel	412 320	420 880	400 060
Résultat annuel par produit :			
– chaises de jardin	25 705	28 800	30 200
– chaises de plage	29 480	42 115	45 120
– parasols de jardin	12 850	12 605	17 800
– parasols de plage	55 665	42 750	27 000
Résultat total annuel	123 700	126 270	120 120

Produits	Production annuelle (quantités)			Stocks en fin d'année (quantités)		
	N–2	N–1	N	N–2	N–1	N
Chaises de jardin	4 400	5 000	4 900	116	316	216
Chaises de plage	10 000	14 500	14 800	200	700	500
Parasols de jardin	2 000	1 900	1 900	165	265	165
Parasols de plage	13 000	12 500	11 000	630	3 630	8 630

TRAVAIL À RÉALISER

RÉFLEXION

1. Pourquoi les entreprises ont-elles recours à des tableaux de bord ?
2. Pourquoi les indicateurs ont-ils été jugés pertinents ?
3. Quels autres indicateurs auraient pu être utilisés ?

ACTION

1. Indiquez les motifs de satisfaction de M. Bernardin.
2. Indiquez les raisons de ses inquiétudes.
3. Rédigez une courte note sur la situation de l'entreprise et faites des suggestions.

La gestion prévisionnelle

AU RÉFÉRENTIEL

CONNAÎTRE les grandes étapes d'une démarche prévisionnelle

MISE EN SITUATION ★ FR 22

M. **Bernardin** a demandé une étude au responsable commercial qui lui remet rapidement la note suivante.

« Nos prix sont plus élevés que ceux de la concurrence car nous utilisons un tissu de qualité qui n'est pas nécessaire pour le parasol de plage. La désaffection du public tient aussi à la taille et à l'aspect de nos produits ; les vacanciers préfèrent des parasols de diamètre plus grand et d'aspect plus moderne que ceux que nous fabriquons actuellement. Les commerçants nous ont gardé leur confiance car ils ont toujours été satisfaits de la solidité de nos productions. Je propose donc de modifier la qualité de la toile, de nous mettre au goût du jour et de profiter de l'image de sérieux que nous avons auprès des professionnels. Des budgets prévisionnels devront être établis et il conviendra de les comparer aux réalités. »

Après une réunion avec les principaux responsables de l'entreprise, M. Bernardin décide de brader une grande partie du stock existant et de lancer une nouvelle ligne de parasols. Un stagiaire a budgétisé une partie du projet et il vous transmet l'ébauche de son travail.

Budget des ventes (quantités)				
04	05	06	07	08
2 000	5 000	4 000	1 000	500

Budget de production (quantités)				
02	03	04	05	06
2 800	2 800	2 800	2 700	1 400

Budget des investissements (en €, HT)	01
Outillages nouveaux	6 000

Budget des approvisionnements (quantités)				
Matières		01	03	05
Toiles	(en mètres)	11 200	11 000	2 800
Tubes ∅ 2,5	(en mètres)	6 720	6 600	1 680
Tubes ∅ 2	(en mètres)	8 400	8 250	2 100
Baleines d'acier	(en mètres)	84 000	82 500	21 000
Fournitures	(en unités)	5 880	5 775	1 470

Contraintes	
Capacité productive mensuelle maximale	2 900 parasols
Consommation toiles	2 m par parasol
Consommation tubes ∅ 2,5	1,2 m par parasol
Consommation tubes ∅ 2	1,5 m par parasol
Consommation baleines	15 m par parasol
Consommation fournitures	1,05 u par parasol

TRAVAIL À RÉALISER

Réflexion

1. Quelles sont les sources d'informations qu'a pu utiliser le responsable commercial ?
2. Quel est l'intérêt d'une gestion prévisionnelle ?
3. Quel est l'intérêt de comparer prévisions et réalisations ?

Action

1. Indiquez les points positifs et négatifs de l'étude du responsable commercial.
2. Indiquez quel est le budget directeur de l'ébauche du projet budgétaire.
3. Étudiez la cohérence du projet, pour les parasols et la toile.

DOSSIER 2

THÈME 17

Le budget de trésorerie

AU RÉFÉRENTIEL

***ÉTABLIR** un budget des encaissements et des décaissements pour une période*

***PRÉVOIR** les ajustements de trésorerie*

MISE EN SITUATION ★★ *FR 23*

Le stagiaire a réalisé, pour les quatre premiers mois du premier semestre N+1, le budget de trésorerie du secteur parasols de plage à partir des informations qui lui ont été fournies par les divers responsables de l'entreprise.

- Taux de TVA pour toutes les opérations d'achat ou de vente : 19,6 % (début janvier, il n'y a ni TVA à décaisser, ni crédit de TVA pour ce secteur).
- Prix de vente unitaire HT du nouveau parasol : 18,00 €. Les clients paieront 80 % à l'achat et 20 % à 30 jours.
- En janvier, le stock d'anciens parasols sera bradé au comptant, à un soldeur, pour un total HT de 50 000 €.
- Le fournisseur d'outillage sera payé 20 % au comptant et le reste en juin.
- La toile sera achetée 3,5 € HT le mètre et le fournisseur sera payé 40 % au comptant et 60 % à 30 jours.

Les achats des autres matières, payés à 60 jours, sont de 26 000 € en janvier, 25 000 € en mars et 6 500 € en mai (valeurs HT).

	01	02	03	04	05	06
Budgets des encaissements						
– Ventes au soldeur	59 800,00					
– Ventes nouveaux parasols				34 444,80	....	....
Total	59 800,00			34 444,80	....	....
Budget des décaissements						
– TVA à décaisser	0,00	0,00	0,00	0,00	....	....
– Achat outillages	1 435,20	0,00	0,00	0,00	....	....
– Achats toile	18 753,28	28 129,92	18 418,40	27 627,60	....	....
– Achats autres matières	0,00	0,00	31 096,00	0,00	....	....
– Salaires et charges patronales	9 600,00	9 600,00	9 600,00	9 600,00	9 600,00	9 600,00
Total	29 788,48	37 729,92	59 114,40	37 227,60	....	....
Budget de trésorerie						
Trésorerie début de mois	24 400,00	54 411,52	16 681,60	– 42 432,80	....	....
Encaissements	59 800,00	0,00	0,00	34 444,80	....	....
Décaissements	29 788,48	37 729,92	59 114,40	37 227,60	....	....
Trésorerie fin de mois	54 411,52	16 681,60	– 42 432,80	– 45 215,60	....	....

TRAVAIL À RÉALISER

RÉFLEXION

1. Quelle est l'utilité d'un budget de trésorerie ?
2. Quelle est sa place dans la méthode budgétaire par rapport aux autres budgets ?

ACTION

1. Justifiez la ligne TVA à décaisser en établissant le budget de TVA.
2. Justifiez les montants inscrits sur les lignes *Ventes nouveaux parasols* et *Achats toile.*
3. Complétez le budget pour les mois de mai et juin.
4. Commentez, à chaque fin de mois, la situation de la trésorerie et faites des suggestions.

ENTRAÎNEMENTS

1 LE TABLEAU DE BORD ★ FR 22

La société **Presse Économique** édite une revue dont le prix HT, qui était de 2,10 € en N–2, a été fixé à 2,30 € à partir de N–1. Le responsable des ventes a fait inscrire sur le tableau de bord les indicateurs suivants :

	N–2	N–1	N
Chiffre d'affaires (en €)	2 919 000	3 243 000	3 404 000
Charges d'exploitation (en €)	2 796 580	3 003 500	3 396 200
Résultat net (en €)	66 620	150 314	7 470
Taux de réabonnement étudiants	45,10 %	43,80 %	44,80 %
Taux de réabonnement non étudiants	82,80 %	82,20 %	80,70 %

TRAVAIL À RÉALISER

Rédigez une courte note dégageant les points positifs et négatifs.

2 LA GESTION BUDGÉTAIRE ★ FR 22

La société **Malibou** fabrique et vend des sacs de voyage. M. Garigou, le responsable commercial, vous demande d'effectuer des prévisions pour le premier semestre N+1. Il estime qu'à un prix de vente hors taxe unitaire de 35 €, l'accroissement des ventes devrait approcher la moyenne des taux de progression des 6 dernières années. Pour effectuer ce travail, il vous communique les informations suivantes :

Taux de progression des quantités vendues					
N–5	N–4	N–3	N–2	N–1	N
4,1 %	5 %	4,2 %	5,3 %	5,4 %	6 %

Quantités vendues en N	36 000

Taux moyen de répartition des ventes sur l'année			
Janvier	11 %	Juillet	12 %
Février	10 %	Août	10 %
Mars	04 %	Septembre	12 %
Avril	04 %	Octobre	07 %
Mai	06 %	Novembre	04 %
Juin	10 %	Décembre	10 %

Pour le premier semestre, compte tenu du stock de sacs en début d'année, les productions mensuelles devront être égales aux prévisions de vente du mois suivant, arrondies à la centaine par défaut.

Pour les matières premières, l'entreprise se fait livrer des quantités importantes. Les stocks existants étant suffisants pour faire face aux fabrications de janvier, il a été décidé de recevoir une livraison en janvier et une en avril. Les livraisons devront permettre de faire face à la production des trois mois suivants. Il s'agit essentiellement des toiles et fermetures Éclair. Il faut pour 1 sac :

- 6 m de toiles ; le prix du mètre est de 8 € HT ;
- 2 m de fermetures Éclair ; le prix du mètre est de 2 € HT.

TRAVAIL À RÉALISER

1. Déterminez le taux prévisionnel de progression du chiffre d'affaires pour N+1.
2. Calculez les quantités prévisionnelles de vente du premier semestre N+1.
3. Établissez, pour le premier semestre N+1 :
   - le budget prévisionnel des ventes, en quantités et en valeurs,
   - le budget prévisionnel de production, en quantités,
   - le budget prévisionnel des approvisionnements, en quantités et en valeurs.
4. Indiquez les budgets dont les opérations entraîneront soit des encaissements, soit des décaissements.

3 LE BUDGET DE TRÉSORERIE ★ FR 23

Les activités de la société **Joubert** sont soumises au taux de TVA de 19,6 %. Le comptable vous transmet les prévisions suivantes pour le premier trimestre de l'année N.

- Vente chaque mois de 5 000 produits. Le prix de vente unitaire HT est de 30 € et tous les clients payent comptant.
- Achat chaque mois de 40 000 € HT de matières. Les fournisseurs sont payés 40 % au comptant et 60 % à 30 jours. Des dettes de N–1, de 28 600 €, sont à payer en janvier.
- Achat, chaque mois, de fournitures pour 3 500 € HT. Les fournisseurs sont payés au comptant.
- Amortissements mensuels de 1 500 €.
- Paiement des salariés, des organismes sociaux et de l'État pour la TVA. Le comptable vous fournit le tableau suivant :

	Janvier	Février	Mars
Charges de personnel à payer	84 300	84 300	84 300
TVA à payer	21 600	20 874	20 874

La trésorerie, au 1er janvier est de 3 500 €.

TRAVAIL À RÉALISER

Établissez le budget de trésorerie.

4 LE BUDGET DE TVA ★ FR 23

Afin de préparer le budget de trésorerie du premier semestre de l'année N, le chef comptable de l'entreprise **STV** vous charge d'établir le budget de TVA. Toutes les opérations de cette entreprise sont taxées à 19,6 %. Il vous communique les budgets et les informations nécessaires à ce travail.

Budget des ventes HT (en €)

01	02	03	04	05	06
320 200	266 000	275 000	312 000	330 000	290 000

Budget des investissements HT (en €)

01	03	05
19 000	13 700	23 000

Budget des charges (en €)

	01	02	03	04	05	06
– Services extérieurs (HT)	15 000	20 000	9 000	9 000	11 000	12 000
– Charges de personnel	76 000	76 000	76 000	76 000	76 000	76 000
– Amortissements	12 000	12 000	12 000	12 000	12 000	12 000

Budget des approvisionnements HT (en €)

02	04	06
175 000	190 000	165 000

Informations

- Au début de l'année, il n'existe pas de crédit de TVA.
- Toutes les TVA sur achats sont récupérables.

TRAVAIL À RÉALISER

Établissez le budget de TVA.

5 LE BUDGET DE TRÉSORERIE

★★ FR 23

La société **Merlo** est une entreprise dont toutes les opérations sont soumises à un taux de TVA de 19,6 %. Pour le premier semestre de l'année N, tous les budgets en valeurs HT, sauf le budget de trésorerie, ont été établis et vous sont communiqués ci-après. Vous disposez également des informations suivantes.

– TVA à décaisser de décembre N–1	15 204
– Dettes fournisseurs de N–1 :	
– à régler en janvier	101 000
– à régler en février	97 000
Les fournisseurs d'immobilisations sont réglés 40 % au comptant et le reste à 90 jours. Les fournisseurs d'approvisionnements sont réglés 60 % au comptant et 40 % à 60 jours. Les fournisseurs de services et les taxes diverses sont réglés au comptant.	
– Créances clients de N–1 :	
– à encaisser en janvier	85 000
Les clients règlent 70 % au comptant et 30 % à 30 jours.	
– Dettes envers le personnel et les organismes sociaux de décembre N–1	58 000
Toutes les dettes salariales mensuelles sont payées dans la première semaine du mois suivant.	
– Dettes envers la banque. Mensualités de remboursement d'un emprunt	3 500
– Trésorerie au 1er janvier N+1.	19 800

Budget des ventes (HT)					
01	02	03	04	05	06
220 000	250 000	210 000	260 000	300 000	280 000

Budget des approvisionnements (HT)		
01	03	05
115 000	140 000	125 000

Budget des charges	01	02	03	04	05	06
Services extérieurs HT	22 000	25 000	26 000	28 000	30 000	25 000
Taxes diverses	5 000	1 000	1 500	6 000	2 000	3 000
Charges de personnel	60 000	60 000	60 000	60 000	60 000	60 000
Amortissements	4 400	4 400	4 400	4 900	4 900	4 900

Budget des investissements	
02	04
45 000 HT	22 000 HT

Budget de TVA	01	02	03	04	05	06
TVA collectée	43 120	49 000	41 160	50 960	58 800	54 880
TVA déductible	26 852	13 720	32 536	9 800	30 380	4 900
TVA à décaisser	16 268	35 280	8 624	41 160	28 240	49 980

THÈME 17

TRAVAIL À RÉALISER

Établissez les budgets :
- des encaissements,
- des décaissements,
- de trésorerie finale mensuelle.

THÈME 18

LES PRÉVISIONS BUDGÉTAIRES, LES RÉALISATIONS ET LES ÉCARTS

DOSSIER 1

La prévision des coûts et des recettes

AU RÉFÉRENTIEL

- ***DÉTERMINER le coût prévisionnel d'une action commerciale, d'un travail administratif, d'une commande***
- ***ÉTABLIR des devis***
- ***APPLIQUER une formule de révision des prix***

MISE EN SITUATION ★ FR 24

Vous êtes en stage dans l'entreprise **Fournier** qui reçoit en septembre l'acceptation d'un devis établi en février pour le ravalement des façades d'un immeuble. Le chef des travaux avait rédigé le devis à partir des données suivantes.

- Personnel sur le chantier : 2.
- Durée du chantier : 20 jours de 8 heures effectives par employé.
- Location, montage et démontage d'un échafaudage pour la durée prévue du chantier : 2 150 €. Une majoration journalière de 100 € est prévue en cas de dépassement du temps.
- Matières consommées, en coût d'achat : 2 000 €.
- Coût horaire d'un salarié (toutes charges comprises) : 18,5 €.
- Coefficients multiplicateurs pour la détermination des prix facturés :
  - sur les opérations sous-traitées (échafaudage) : 1,2
  - sur les matières : 2
  - sur le travail : 3

Tous les devis de la société Fournier mentionnent un délai de validité de 6 mois. Au-delà de cette période, grâce à une clause d'indexation, la société se réserve le droit de majorer le montant de ses devis en fonction de l'évolution de l'indice du coût de la construction.

- Indice du coût de la construction :
  - février : 1 058
  - septembre : 1 063

M. Fournier désireux de réaliser ce chantier décide de ne pas modifier le devis initial.

TRAVAIL À RÉALISER

RÉFLEXION

1. Pourquoi faut-il déterminer avec précision le coût de ce chantier ?
2. À quoi sert l'application d'un coefficient multiplicateur au coût du chantier ?
3. Quel est l'intérêt dans un contrat d'une clause d'indexation ? Quels autres indices connaissez-vous ?
4. Quels événements pourraient entraîner des écarts entre prévisions et réalité ?

ACTION

1. Déterminez le coût prévisionnel de ce chantier.
2. Calculez le montant du devis.
3. Calculez le montant qui aurait pu être demandé en application de la clause d'indexation.

Les prévisions et les réalisations

AU RÉFÉRENTIEL

- ***SUIVRE la réalisation d'un programme budgétaire***
- ***METTRE en évidence et COMMENTER les écarts globaux***

MISE EN SITUATION ★ FR 24

La société **Duchemin,** spécialisée dans l'usinage du fer et de la tôle, fabrique sur commande des matériels spécifiques. Les devis proposés sont établis par le bureau d'études à partir des plans fournis par les clients. M. Duchemin est mécontent du coût de production réel d'un travail commandé par l'entreprise SMC. Il vous remet le tableau suivant.

Éléments	Réalisations			Prévisions		
	Quantités	P.U.	Montant	Quantités	P.U.	Montant
• **Atelier découpe :**						
– matières	500 m²	1,80	900,00	440 m²	1,80	792,00
– main-d'œuvre	60 heures	15,00	900,00	50 heures	15,00	750,00
– frais atelier	60 u.o.	37,50	2 250,00	50 u.o.	37,00	1 850,00
• **Atelier assemblage :**						
– main-d'œuvre	58 heures	17,00	986,00	60 heures	17,00	1 020,00
– frais atelier	58 u.o.	40,20	2 331,60	60 u.o.	40,00	2 400,00
• **Atelier finition :**						
– fournitures	800 lots	1,75	1 400,00	800 lots	1,50	1 200,00
– main-d'œuvre	250 heures	13,00	3 250,00	200 heures	13,00	2 600,00
– frais atelier	250 u.o.	6,90	1 725,00	200 u.o.	7,00	1 400,00
			13 742,60			12 012,00

L'étude des fiches de suivi des ateliers permet de réunir les informations suivantes :
- à cause du mauvais réglage d'une machine, l'atelier découpe a dû refaire une série ;
- les 800 lots de fournitures n'ont pu être posés par l'atelier finition dans les temps impartis. Selon le responsable de l'atelier, il était impossible de respecter les 15 minutes prévues par le bureau d'études pour la fixation d'un lot de fournitures.

TRAVAIL À RÉALISER

Réflexion

1. Quelle est la raison du mécontentement de M. Duchemin ?
2. Quels éléments dégagent un écart favorable ? Défavorable ?
3. Quel est le but recherché par l'analyse des écarts ?
4. Quelles sont les raisons de ces écarts ?

Action

1. Calculez et qualifiez l'écart global et les écarts par élément.
2. Indiquez, pour chaque élément, les origines de l'écart en distinguant :
   - les écarts sur quantités,
   - les écarts sur prix.

DOSSIER 2

THÈME 18

ENTRAÎNEMENTS

1 LE COÛT PRÉVISIONNEL D'UNE ACTION COMMERCIALE

★ FR 24

L'entreprise **Germain** envisage sa participation à un salon régional de la mode. Le chef comptable vous fournit les données suivantes.

- Coût de location du stand pour la période du salon : 1 500,00 €.
- Coût d'installation et de démontage :
  - matériel : 450 €,
  - 3 jours par 2 employés de l'entreprise ; le coût journalier, charges comprises, d'un employé est de 112 €,
  - une nuitée de 2 chambres ; le prix d'une chambre, petit déjeuner compris, est de 60 € par nuitée,
  - 6 repas, au total, à 13 € l'un,
  - autres frais de déplacement (carburant, péage...) : 120 €.
- Coût de fonctionnement du stand :
  - 2 agents commerciaux de l'entreprise pendant 4 jours ; la charge de personnel journalière est de 180 € par agent,
  - 1 hôtesse-mannequin d'une agence spécialisée ; le prix facturé par l'agence, pour la durée de son intervention est de 2 100 €,
  - 4 nuitées de 2 chambres aux mêmes prix que précédemment,
  - 36 repas, au total, les commerciaux étant chargés d'inviter les clients les plus intéressants ; le coût d'un repas est estimé à 25 €,
  - autres frais de déplacement : 200 €.
- Coût de l'information et des invitations destinées aux meilleurs clients :
  - achat de 200 entrées à un prix préférentiel de 4,5 € l'entrée,
  - frais de publipostage : 150 €.

TRAVAIL À RÉALISER

Déterminez le coût prévisionnel de cette action commerciale.

2 LE COÛT PRÉVISIONNEL D'UN TRAVAIL ADMINISTRATIF

★★ FR 24

L'entreprise **Carnot** est une centrale d'achat en produits alimentaires. Sa zone d'activité est le sud de la France. Elle dispose de centres de stockage, un par département, qui agissent sur instructions du bureau central d'Avignon. Ce bureau est dirigé par M. Berti qui consacre 70 % de son temps aux achats et 30 % aux commandes clients. Il est secondé par deux employés, Pierre et Alain dont les activités concernent :

- à 10 % le suivi des stocks afin d'informer M. Berti des approvisionnements à réaliser,
- à 90 % le traitement des commandes clients et leur ventilation entre les différents centres de stockage.

Les ordres d'achat, 2 250 en moyenne par mois, et la transmission des ordres de livraison, en moyenne 12 750 par mois, s'effectuent essentiellement par télécopie. Les communications téléphoniques concernent pour 25 % les fournisseurs et pour 75 % les appels aux clients et aux centres de stockage.

Le mobilier et les matériels du bureau central sont totalement amortis, sauf trois ordinateurs d'une valeur unitaire HT de 1 440 €, amortis en mode linéaire sur 4 ans, pour lesquels il reste encore deux annuités d'amortissement. Chaque membre du bureau central dispose de son ordinateur et leur temps d'utilisation coïncide avec le temps d'activité de chacun.

Salaires bruts mensuels :		
– de M. Berti	7 600 €	Les charges patronales représentent 45 % des salaires bruts.
– de Pierre	2 300 €	
– d'Alain	2 300 €	
Frais mensuels de télécopie	1 600 €	
Frais mensuels de téléphone	2 200 €	
Consommation mensuelle de fournitures diverses	1 500 €	Elle dépend essentiellement de la télécopie.

TRAVAIL À RÉALISER

Déterminez, pour le bureau central, les coûts prévisionnels mensuels :
– de l'activité achat,
– de l'activité vente.

3 LE COÛT PRÉVISIONNEL D'UNE COMMANDE

★ FR 24

La société **Merlin** fabrique des outillages industriels sur commande. Elle a reçu d'un de ses clients les plans pour fabriquer 30 pièces identiques. Compte tenu des indications fournies par le bureau d'études et le service comptable, vous disposez des données suivantes pour une pièce.

- **Charges de production**
  - Matières.. 2 kg
  - Prix de la matière.. 6 € le kg
  - Temps de fabrication :
    - usinage.. 30 minutes
    - affinage.. 60 minutes
  - Coût horaire de la main-d'œuvre :
    - usinage.. 18 €
    - affinage.. 20 €
  - Frais d'ateliers :
    - usinage.. 0,5 unité d'œuvre
    - affinage.. 1 unité d'œuvre
  - Coût de l'unité d'œuvre :
    - usinage.. 25 €
    - affinage.. 32 €
- **Charges de distribution et charges administratives**
  Elles représentent 15 % du coût de production.

TRAVAIL À RÉALISER

Déterminez le coût de revient prévisionnel de cette commande.

4 RECETTES PRÉVISIONNELLES

★ FR 24

L'entreprise **Morin** est une société d'entretien des parcs et de la nature. Elle a reçu, le 15 février, un appel d'offre du Conseil Général pour le nettoyage, sur 10 km, d'une petite rivière qui pourrait causer de graves dégâts en cas de fortes pluies. Après étude du site, M. Morin vous communique les informations ci-après.

- Nombre d'employés sur le site : 6.
- Durée de l'intervention : 20 jours.
- Matériel de l'entreprise sur le site :
  - 2 camionnettes,
  - 2 camions-benne,
  - 1 pelleteuse,
  - 3 lots de matériels divers (tronçonneuses, outils...).

Le service comptable vous transmet les données suivantes :

- Coût journalier d'un employé : 95 €.
- Coût journalier :
  - d'une camionnette : 165 €,
  - d'un camion-benne : 420 €,
  - d'une pelleteuse : 500 €,
  - d'un lot de matériels divers : 14 €.

Le service commercial vous communique les divers coefficients multiplicateurs appliqués par l'entreprise pour le calcul des devis :

- main-d'œuvre : 2,5,
- matériels : 3.

Les devis proposés par l'entreprise ne sont valables que 3 mois. Au-delà de ce délai, la société révise le montant du devis en fonction de l'évolution de l'index national BT 01. L'index est de 577,185 au moment de l'établissement du devis. Il est de 582, en juin, à la réception de l'accord du Conseil Général.

TRAVAIL À RÉALISER

1. Calculez le coût prévisionnel de ce chantier.
2. Calculez le montant du devis.
3. Calculez le montant de la facture définitive.

5 SUIVI D'UN PROGRAMME BUDGÉTAIRE – ÉCARTS

★ FR 24

La société **Feréni** avait établi un budget de production pour la réalisation d'une commande à partir de données communiquées par le bureau d'études.

Éléments	Quantités	P.U.	Total
Matière réf. Z500	2 500 kg	2,10	5 250,00
Matière réf. Y150	1 250 kg	1,70	2 125,00
Main-d'œuvre atelier 1	192 h	14,90	2 860,80
Main-d'œuvre atelier 2	200 h	16,00	3 200,00
Frais atelier 1	192 u.o	7,50	1 440,00
Frais atelier 2	200 u.o	11,00	2 200,00
			17 075,80

La production réalisée, les informations suivantes vous sont transmises :
- matière Z500 .... 2 600 kg pour un total de 5 512 €
- matière Y150 .... 1 400 kg pour un total de 2 240 €
- main-d'œuvre atelier 1.................. 200 h pour un total de 2 980 €
- main-d'œuvre atelier 2.................. 180 h pour un total de 2 880 €
- frais d'atelier 1............................... 200 u.o. pour un total de 1 520 €
- frais d'atelier 2............................... 190 u.o. pour un total de 1 995 €.

TRAVAIL À RÉALISER

1. Établissez un tableau détaillant :
   - le coût réel,
   - le coût prévisionnel,
   - les écarts par élément et l'écart global.
2. Analysez les écarts sur éléments en indiquant :
   - les écarts favorables ou défavorables sur quantités,
   - les écarts favorables ou défavorables sur prix.

6 PRÉVISION, RÉALISATION, ÉCARTS

★ FR 24

La **Société Électromécanique de Saintes** (SES) fabrique un produit dans deux ateliers. L'atelier 1 transforme la matière première M1 en produit semi-fini. L'atelier 2 ajoute la matière M2 et réalise la finition du produit.
Le service de gestion prévisionnelle de la SES a établi la fiche de coût unitaire préétabli suivante.

Éléments	Quantités	P.U.	Total
Matière M1	2 kg	7,30	14,60
Main-d'œuvre atelier 1	0,5 h	14,60	7,30
Frais d'atelier 1	0,5 u.o.	18,20	9,10
Coût du produit semi-fini			31,00
Matière M2	1 kg	3,60	3,60
Main-d'œuvre atelier 2	0,25 h	14,60	3,65
Frais atelier 2	0,25 u.o.	22,00	5,50
Coût du produit fini			43,75

Pour le mois de mars, la production a été de 7 700 produits finis.
L'état des charges réelles de mars enregistrées en comptabilité est le suivant :

- Matière M1 .... 16 000 kg à 7,50 € le kg
- Matière M2 .... 7 800 kg à 3,30 € le kg
- Main-d'œuvre atelier 1 .... 4 200 h à 14,80 € l'heure
- Main-d'œuvre atelier 2 .... 2 000 h à 14,90 € l'heure
- Frais atelier 1 .... 79 800 €
- Frais atelier 2 .... 45 000 €

(L'unité d'œuvre des frais d'ateliers est l'heure de main-d'œuvre.)

TRAVAIL À RÉALISER

1. Établissez un tableau faisant apparaître les coûts réels, les coûts prévisionnels et les écarts.
2. Analysez les raisons des écarts.

THÈME 19

LA RENTABILITÉ DES INVESTISSEMENTS

DOSSIER 1

La comparaison de deux projets d'investissement

AU RÉFÉRENTIEL

- ***FORMULER** des propositions en matière de choix d'investissement*
- ***Éléments de calculs financiers** : l'application aux investissements et aux financements*

MISE EN SITUATION ★★ FR 25

La société **Baral** souhaite diversifier sa production et envisage d'acquérir une nouvelle machine qui permettrait d'améliorer son chiffre d'affaires durant 5 années. Le directeur financier, M. Antoine, hésite entre deux équipements désignés par « Projet n° 1 » et « Projet n° 2 ». Il vous communique les informations suivantes.

Éléments	Projet 1	Projet 2
Coût d'acquisition	180 000 €	190 000 €
Durée d'utilisation prévue	5 ans	5 ans
Système d'amortissement	linéaire sur 5 ans	linéaire sur 5 ans
CA annuel supplémentaire prévisionnel	126 000 €	126 000 €
Charges d'exploitation annuelles hors dotation aux amortissements	60 000 €	55 000 €
Impôt sur les sociétés	33,33 %	33,33 %
Valeur résiduelle[1]	10 000 €	15 000 €
Taux de rendement exigé[2]	7 %	7 %

1. Prix de cession de la machine à la fin de la 5e année.
2. Le taux d'actualisation est le taux de rendement minimum exigé par le responsable financier. En dessous de ce taux, l'entreprise renonce (théoriquement) à l'investissement.

Monsieur Antoine vous explique qu'un projet d'investissement est acceptable seulement s'il est rentable. La rentabilité repose sur les profits que l'on espère retirer de l'investissement.

Monsieur Antoine a commencé à évaluer le premier projet. Il a calculé, année par année, les *flux nets de trésorerie* (FNT) générés par la nouvelle machine. Chaque année en effet :

Flux net de trésorerie = produits encaissés – charges décaissées

Les flux nets de trésorerie annuels doivent être comparables dans le temps. Il faut donc les actualiser. Voici les calculs qui ont été faits.

TABLEAU DES FLUX NETS DE TRÉSORERIE GÉNÉRÉS PAR LE PROJET N° 1

Périodes	0	N	N+1	N+2	N+3	N+4
– Investissement	180 000					
+ Produits encaissés supplémentaires (1)		126 000	126 000	126 000	126 000	126 000
– Charges décaissables (1)		60 000	60 000	60 000	60 000	60 000
– Dotation aux amortissements (1)(2)		36 000	36 000	36 000	36 000	36 000
= Résultat avant impôt		30 000	30 000	30 000	30 000	30 000
– Impôt sur les sociétés		10 000	10 000	10 000	10 000	10 000
= Résultat après impôt		20 000	20 000	20 000	20 000	20 000
+ Dotation aux amortissements		36 000	36 000	36 000	36 000	36 000
+ Valeur résiduelle (3)						10 000
= **Flux net de trésorerie**	**– 180 000**	**+ 56 000**	**+ 56 000**	**+ 56 000**	**+ 56 000**	**+ 66 000**

1. L'ensemble des produits et des charges est estimé à la fin de chaque année.
2. La dotation aux amortissements est une charge *calculée* mais *non décaissée :* elle est déductible pour le calcul du résultat avant impôt, mais elle est ensuite ajoutée au résultat après impôt pour le calcul du flux net de trésorerie.
3. La valeur résiduelle en fin d'exploitation est considérée comme une recette additionnelle qui s'ajoute à la recette d'exploitation de la dernière année.

Étude de la rentabilité du projet.

1 Méthode de la valeur actuelle nette (VAN)

VAN = 180 000 – 56 000 × [1 – $(1,07)^{-4}$)/0,07] + [66 000 × $(1,07)^{-5}$]

VAN = + 56 740,92. *Le projet 1 est rentable.*

Le taux de profitabilité du projet 1 est de : 56 740,92 / 180 000 × 100 = **31,52 %**.

2 Méthode du délai de récupération actualisé

Périodes	0	N	N+1	N+2	N+3	N+4
Flux nets de trésorerie actualisés	– 180 000	52 336,45[a]	48 912,57	45 712,68	42 722,13	47 057,09
Flux cumulés	– 180 000	– 127 663,55[b]	– 78 750,98	– 33 038,30	+ 9 683,83	+ 56 740,92

a. 56 000 × $1,07^{-1}$
b. – 180 000 + 52 336,45

Délai de récupération : 3 ans + (360 × 33 038,30/42 722,13) = **3 ans 9 mois et 8 jours.**

3 Méthode du taux interne de rentabilité (TIR)

Pour un taux de rendement de 7 %, la VAN est positive de 56 740,92.

Avec un taux de 18 %, la VAN est négative de 507,33.

Taux plus précis : t = 0,07 + (0,11 × 56 740,92)/(56 740,92 + 507,33) = 17,90 %.

Le TIR est de 17,90 %.

Le même travail doit être fait sur le projet n° 2 pour comparer les résultats. Voici le tableau qui permet de commencer les calculs.

TABLEAU DES FLUX NETS DE TRÉSORERIE GÉNÉRÉS PAR LE PROJET N° 2

Périodes	0	N	N+1	N+2	N+3	N+4
– Investissement						
+ Produits encaissés supplémentaires						
– Charges décaissables						
– Dotation aux amortissements						
= Résultat avant impôt						
– Impôt sur les sociétés						
= Résultat après impôt						
+ Dotation aux amortissements						
+ Valeur résiduelle						
= Flux net de trésorerie						

TRAVAIL À RÉALISER

RÉFLEXION *(sur le projet n° 1)*

1. Quelle est la durée d'utilisation prévue, la valeur résiduelle ?
2. Que signifie l'expression « taux de rendement exigé » ? Quel est ce taux ?
3. Quelle différence faites-vous entre une charge calculée et une charge décaissée ?
4. Quels sont les produits encaissés et les charges décaissées ?
5. Pourquoi la dotation aux amortissements est-elle d'abord déduite pour le calcul du résultat avant impôt, puis ajoutée au flux net de trésorerie ?
6. Pourquoi le FNT est-il négatif en période 0 ?
7. Comment a-t-on calculé les FNT des années N et N+4 ?

ACTION *(sur le projet n° 2)*

1. Complétez le tableau de calcul des flux nets de trésorerie du projet 2.
2. Calculez pour le projet n° 2 :
   - la valeur actuelle nette (VAN) et le taux de profitabilité ; commentez les résultats obtenus ;
   - le délai de récupération actualisé ; concluez ;
   - le TIR ; concluez.
3. Rédigez, en quelques lignes, une conclusion générale pour l'ensemble du dossier 1.

Emprunt ou crédit-bail

AU RÉFÉRENTIEL

- ***IDENTIFIER** les sources internes et externes d'un financement*
- ***FORMULER** des propositions en matière de modes de financement*

MISE EN SITUATION ★★ *FR 25*

Les dirigeants de la société **Baral** ont retenu le projet d'investissement n° 2. Monsieur Antoine étudie maintenant avec vous comment ce projet sera *financé*.

Deux solutions semblent envisageables : le **crédit-bail** ou un **financement mixte** (emprunt + autofinancement).

1re solution : le financement par crédit-bail

Les conditions sont les suivantes :
- loyers de 51 000 € par an sur 5 ans,
- l'entreprise lève l'option d'achat en fin de contrat : 15 000 €.

Monsieur Antoine vous demande de faire les calculs.

Tableau des flux nets de trésorerie générés par le projet (crédit-bail)

Périodes	0	N	N+1	N+2	N+3	N+4
Investissement	0					
Chiffre d'affaires supplémentaire		126 000	126 000	126 000	126 000	126 000
– Charges décaissables		55 000	55 000	55 000	55 000	55 000
– Redevance de crédit-bail		51 000	″	″	″	″
= Résultat avant impôt		20 000	″	″	″	″
– Impôt sur les sociétés		6667	″	″	″	″
= Résultat après impôt		13 333	″	″	″	″
– Option d'achat						15 000
= Flux net de trésorerie	0	13 333	″	″	″	1667

2e solution : le financement mixte

Le montant de l'autofinancement se limiterait à 60 000 €. La différence, 130 000 € pour le projet n° 2, serait financée par un emprunt auprès de la banque de l'entreprise. Le remboursement se ferait par amortissements constants sur 5 ans au taux de 9 % l'an.

TABLEAU DE REMBOURSEMENT DE L'EMPRUNT

Périodes	Capital restant dû en début de période	Intérêts	Amortissements	Annuités	Capital restant dû en fin de période
1	130 000	11 700	26 000	37 700	104 000
2	104 000	9 360	26 000	35 360	78 000
3	78 000	7 020	26 000	33 020	52 000
4	52 000	4 680	26 000	30 680	26 000
5	26 000	2 340	26 000	28 340	0

TABLEAU DES FLUX NETS DE TRÉSORERIE GÉNÉRÉS PAR LE PROJET (FINANCEMENT MIXTE)

Périodes	0	N	N+1	N+2	N+3	N+4
Investissement Emprunt	– 190 000 + 130 000					
Chiffre d'affaires supplémentaire		126 000	126 000	126 000	126 000	126 000
– Charges décaissables		55 000	55 000	55 000	55 000	55 000
– Dotation aux amortissements		38 000	38 000	38 000	38 000	38 000
– Charges financières		11700	9360	7020	4680	2340
= Résultat avant impôt		21300	23640	25980	28320	30660
– Impôt sur les sociétés		7100	7880	8660	9440	10220
= Résultat après impôt		14200	15760	17320	18880	20440
+ Dotation aux amortissements[1]		38000	//	//	//	//
+ Valeur résiduelle						15000
– Amortissement de l'emprunt		26000	//	//	//	//
= Flux net de trésorerie	– 60 000	26200	27760	27320	30880	47440

1. Amortissement linéaire.

TRAVAIL À RÉALISER

RÉFLEXION

1. Quelle est la différence essentielle entre un financement par emprunt indivis et un financement par crédit-bail ?
2. Pourquoi, à l'époque 0, le FNT est de 0 dans le cas d'un crédit-bail et de – 60 000 € dans le cas d'un financement mixte ?
3. Pourquoi la ligne « dotation aux amortissements » n'apparaît pas dans la solution 1 ?
4. Pourquoi trouve-t-on une ligne « charges financières » dans la solution 2 ?

ACTION

1. Complétez les tableaux partiellement remplis.
2. Déterminez le meilleur mode de financement en utilisant la méthode de la VAN.
3. Commentez l'ensemble des résultats obtenus dans ce dossier 2.

ENTRAÎNEMENTS

1 CALCUL DE LA VAN ★ FR 25

La société **Vignal**, spécialisée dans la fabrication de flacons en verre et en plastique destinés au conditionnement des produits cosmétiques, envisage d'acquérir pour améliorer sa productivité, une nouvelle machine d'une valeur de 70 000 € HT.

Pour les six années à venir, les flux nets de trésorerie prévisionnels générés par cette machine s'élèveraient à :
- 12 000 € pour la 1re année,
- 15 000 € pour les 3 années suivantes,
- 15 500 € pour les 2 dernières années.

Le taux d'actualisation retenu est de 11 % l'an. Par ailleurs, la machine n'aurait pas de valeur résiduelle en fin d'utilisation.

TRAVAIL À RÉALISER

Calculez la VAN. Concluez.

2 COMPARAISON DE DEUX PROJETS ★ FR 25

La SARL **Morel** doit restructurer son système de production. Deux projets sont en concurrence. Le tableau ci-dessous montre les caractéristiques et les flux nets de trésorerie engendrés par les deux projets.

		Projet 1	Projet 2
Montant de l'investissement à l'époque 0		130 000 €	140 000 €
Taux de rendement exigé		9 %	9 %
Valeur résiduelle fin N+5		10 000 €	15 000 €
Flux nets de trésorerie :	N	20 000 €	30 000 €
	N+1	25 000 €	30 000 €
	N+2	27 000 €	30 000 €
	N+3	30 000 €	30 000 €
	N+4	32 000 €	30 000 €
	N+5	32 000 €	30 000 €

TRAVAIL À RÉALISER

1. Calculez la VAN de chaque projet.
2. Commentez les résultats de vos calculs.

3 CALCUL DU DÉLAI DE RÉCUPÉRATION ACTUALISÉ

★ FR 25

La société **SGM**, spécialisée dans la vente de produits sanitaires et de produits divers de cuivrerie souhaite acquérir un nouveau matériel d'une valeur de 35 000 €. Les flux nets de trésorerie sont les suivants :

Périodes	0	N	N+1	N+2	N+3	N+4
Flux nets de trésorerie	– 35 000[a]	10 000	10 000	10 000	10 000	15 000

a. Montant de l'investissement initial.

Le taux de rentabilité habituel de l'entreprise est de 10 % l'an.

TRAVAIL À RÉALISER

Calculez le délai de récupération actualisé de cet investissement. Concluez.

4 DÉLAI DE RÉCUPÉRATION SIMPLE, CALCUL DE LA VAN

★★ FR 25

Vous êtes assistant(e) de gestion dans la société **Varoma**. Cette entreprise produit toutes les gammes de chocolat à partir de fèves de cacao importées de divers pays d'Afrique et d'Amérique du Sud.

Le PDG a décidé d'acquérir une nouvelle machine qui permettrait de fabriquer des moules nouveaux pour le chocolat destiné aux pâtissiers. Deux propositions ont été faites par un constructeur italien. Elles sont désignées ci-après « Équipement 1 » et « Équipement 2 ».

Les conditions proposées sont les suivantes :

	Équipement 1	Équipement 2
Prix d'acquisition HT	60 000 €	80 000 €
Durée de vie	4 ans	4 ans
Amortissement	linéaire sur 4 ans	linéaire sur 4 ans
Valeur résiduelle	0	0
Charges d'exploitation hors dotation aux amortissement	4 € l'unité	3,5 € l'unité
Taux d'imposition	33,33 %	33,33 %
Prix de vente unitaire	6 €	6 €
Taux de rendement minimum	10 %	10 %

Les besoins prévisionnels de moules, en quantités, ont été calculés par le service commercial.

- Année N : 10 000
- Année N+1 : 12 000
- Année N+2 : 12 000
- Année N+3 : 12 000

TRAVAIL À RÉALISER

1. Calculez, pour chaque équipement, les flux nets annuels de trésorerie, le délai de récupération simple, la valeur actuelle nette.
2. Concluez.

5 RENTABILITÉ D'UN PROJET ET PLAN DE FINANCEMENT

★★ FR 25

La société **Dantin** a deux importants projets d'investissement, incluant la construction d'un bâtiment. Ils sont codés ci-après A et B. Leur montant est identique : 1,4 million d'€.
Pour le projet A, les flux nets de trésorerie prévus sont de 500 000 €, 450 000 €, 430 000 €, 420 000 € pendant 4 ans. Pour le projet B, les flux nets de trésorerie seraient de 355 000 € par an mais pendant 5 ans. Dans les deux cas, le bâtiment construit serait récupérable à l'issue de la période d'exploitation pour une autre activité.
Après étude, la société Dantin retient le projet A. L'investissement sera financé par :
- une augmentation de capital pour 300 000 €;
- un emprunt bancaire pour le solde; le taux d'intérêt est de 8 %; il est remboursable par cinq amortissements égaux.

Les apports interviendront au début de la première année; le paiement de l'annuité est effectué en fin d'année.

TRAVAIL À RÉALISER

1. Montrez, en calculant l'indice de profitabilité, que la société a eu raison de retenir le projet A.
2. Établissez le plan de financement de ce projet.

6 CHOIX D'INVESTISSEMENT ET DE MODE DE FINANCEMENT

★★ FR 25

Les dirigeants de la société **UKF** estiment indispensable l'acquisition d'une machine robot de 200 000 € HT au début de l'année N.

PRÉVISIONS EN MILLIERS D'€

Années	N	N+1	N+2	N+3	N+4
Chiffre d'affaires	170	185	300	300	300
Charges décaissables	124	100	200	200	200

Remarques :
- *la durée de vie du robot est estimée à 5 ans;*
- *l'amortissement se fera selon un mode linéaire.*

Deux types de financement sont envisageables :
- financement par capitaux propres (apports supplémentaires des actionnaires);
- financement par crédit-bail, dans les conditions suivantes :
  - le dépôt de garantie à la signature du contrat : 60 000 €;
  - redevances annuelles payées en fin d'exercice : 45 000 € HT;
  - durée du contrat : 5 ans avec option d'achat de 30 000 € HT. L'entreprise lèverait l'option.

TRAVAIL À RÉALISER

1. Étudiez la rentabilité de l'investissement envisagé; pour cela :
   - présentez un tableau des flux nets de trésorerie induits par l'investissement,
   - calculez la valeur actuelle (VAN) au taux d'actualisation de 10 % l'an;
   - déterminez le TIR (choisir un taux d'actualisation entre 18 % et 22 %) et commentez les résultats obtenus.
2. Étudiez le financement de l'investissement; pour cela :
   - présentez le tableau des flux nets de trésorerie liés au mode de financement par crédit-bail;
   - calculez la VAN à 10 % l'an;
   - proposez une solution de financement; justifiez votre réponse.

THÈME 20

LES STATISTIQUES

DOSSIER 1

La présentation des données

AU RÉFÉRENTIEL

- ***CHOISIR** un mode de représentation adapté*
- ***UTILISER** les outils informatiques pour réaliser tableaux et graphiques*

MISE EN SITUATION ★ FR 26

Monsieur Desmoulins a ouvert, il y a un an, le magasin **Accro'sage**, spécialisé en articles de jonglerie et accessoires pour les spectacles de rue. Il souhaite mieux connaître sa clientèle.
Il a extrait de sa comptabilité des deux derniers mois les informations suivantes.

TABLEAU 1 – TYPOLOGIE DES CLIENTS

Modalités	Effectifs
Particuliers	144
Professionnels	24
Associations	72

TABLEAU 2 – CONTENU DES FACTURES

Nombre de références par facture	Nombre de factures
1	48
2	48
3	96
4	30
5	12
6 et plus	6

TABLEAU 3 – MONTANT DES FACTURES

Modalités	Nombre de factures
Moins de 30 €	22
De 30 à moins de 76 €	120
De 76 à moins de 112 €	80
De 112 à moins de 148 €	12
De 148 à 462 €	6

TRAVAIL À RÉALISER

RÉFLEXION

1. Les clients recensés constituent-ils une population ou un échantillon ? Justifiez votre réponse.
2. Quel est le caractère de chaque série statistique ?
3. Peut-on, dans le tableau 3, présenter la distribution des valeurs sous une autre forme ?
4. Pourquoi a-t-on regroupé en classes les montants des factures ?

ACTION

1. Dans chaque tableau, calculez les fréquences.
2. Calculez, pour le tableau 3, les fréquences cumulées croissantes et les fréquences cumulées décroissantes.
3. Précisez l'incidence de l'étendue des classes sur la représentation graphique.
4. Réalisez pour chaque tableau une représentation graphique. Justifiez votre choix.
5. Commentez à l'aide des tableaux et graphiques en quelques lignes les résultats obtenus permettant de décrire la clientèle.

Les questions 1, 2 et 4 peuvent être réalisées avec l'outil informatique.

Les paramètres de position et de dispersion

AU RÉFÉRENTIEL

DÉTERMINER les paramètres de position et de dispersion

MISE EN SITUATION ★★ FR 26

Monsieur **Desmoulins** souhaite analyser la distribution de son chiffre d'affaires. Il a réparti les données du tableau 3 dans des classes moins étendues afin de mieux ventiler le nombre de factures.

Montant de la facture en €	Nombre de factures	Cumul	
[10 – 30[	22	22	
[30 – 50[	40	62	← Q1
[50 – 70[	64	126	← Q2
[70 – 90[	46	172	
[90 – 110[	40	212	← Q3
[110 – 130[	16	228	
[130 – 160[	10	238	
[160 – 462[	2	240	

Monsieur Desmoulins veut calculer des indicateurs qui résument la série. Il a commencé le travail et voici les premiers résultats.
– Le mode est de 64.
– La médiane (240/2 = 120) où Q2 se trouve dans la classe [50 – 70[.
– La moyenne arithmétique est de 30, soit : 240/8.
– L'étendue du montant des factures et de 452 €.
– L'écart interquartile, d'après calcul, est de 60 €.

TRAVAIL À RÉALISER

Réflexion

1. Que signifie le positionnement de la médiane dans la classe [50 – 70[?
2. La moyenne arithmétique décrit-elle le montant moyen d'une facture ? Quel calcul vous paraîtrait plus adapté ?
3. À quoi servent les paramètres de position ?
4. Comment interpréter un écart interquartile de 60 € ?
5. À quoi servent les paramètres de dispersion ?

Action

1. Établissez un tableau permettant de calculer :
   – la médiane et les quartiles,
   – la moyenne pondérée,
   – la variance.
2. Calculez l'écart-type et le coefficient de variation.
3. Commentez chaque résultat obtenu.

La corrélation et l'ajustement linéaire

AU RÉFÉRENTIEL

- ***CALCULER la corrélation***
- ***PROCÉDER à un ajustement par la méthode des moindres carrés***
- ***UTILISER les outils informatiques pour réaliser tableaux et graphiques***

MISE EN SITUATION ★★★ *FR 27*

Monsieur **Desmoulins** effectue des opérations publicitaires (encarts dans un journal local, publipostages, distributions de tracts durant des manifestations...). De sa comptabilité, il a extrait les dépenses du compte 6231 (Annonces et insertions) et du compte 6237 (Publications).

Il cherche s'il y a une corrélation entre ces charges de publicité et son chiffre d'affaires.

Il a relevé dans sa comptabilité les informations suivantes (les chiffres arrondis sont en milliers d'euros).

Compte 707	4,5	6,6	6	7,5	7	9	12	14,5
Compte 6231	0,5	1	1,5	2	2,5	3	3,5	4
Compte 6237	1	0,5	0,3	2,5	1,3	1,5	1,6	1,8

TRAVAIL À RÉALISER

Réflexion

1. À qui sert la recherche d'une corrélation ?
2. D'après les données, le compte 6231 vous paraît-il en corrélation avec le chiffre d'affaires ?
3. D'après les données, le compte 6237 vous paraît-il en corrélation avec le chiffre d'affaires ?

Action

1. Représentez sur 2 graphiques les nuages de points qui correspondent aux séries à étudier. Commentez.
2. Calculez les coefficients de corrélation. Concluez.
3. Procédez à l'ajustement des charges du compte 6231 par la méthode des moindres carrés.
4. Déterminez le montant théorique du compte 707 qui correspond à un budget *Annonces et insertions* de 10 770 €.
5. Calculez le budget *Annonces et insertions* nécessaire pour obtenir un montant théorique des ventes égal à 15 400 €.
6. Imaginez la limite de validité de l'ajustement par la méthode des moindres carrés.

Les questions 1 à 5 peuvent être réalisées avec l'outil informatique.

ENTRAÎNEMENTS

1 TABLEAUX ET GRAPHIQUES

★ FR 26

La société **Meunier** réalise 70 % de son chiffre d'affaires à l'exportation. La répartition géographique est la suivante pour l'année N.

Région	€
Amérique du Nord	23 160
Amérique du Sud	15 200
Océanie	8 000
Afrique du Nord	4 600
Sud-Est Asiatique	18 200

TRAVAIL À RÉALISER

1. Présentez le tableau faisant apparaître la part relative des différentes régions dans le CA à l'exportation.
2. Représentez graphiquement. Commentez.
3. Calculez le chiffre d'affaires réalisé en France.
4. Représentez graphiquement la répartition en six zones du chiffre d'affaires total. Commentez.

2 REPRÉSENTATION D'UNE ÉVOLUTION

★★ FR 26

La Société **Meunier** (voir ci-dessus) analyse l'évolution sur 3 ans de la répartition géographique de ses exportations. Les années précédentes, les chiffres d'affaires à l'exportation (en €) étaient les suivants :

Région	N–1	N–2
Amérique du Nord	21 200	20 000
Amérique du Sud	14 300	14 000
Océanie	8 500	9 000
Afrique du Nord	7 300	6 000
Sud-Est Asiatique	14 500	14 000

TRAVAIL À RÉALISER

1. Établissez une représentation graphique décrivant l'évolution de chaque région sur les 3 années en utilisant le diagramme polaire.
2. Représentez les mêmes données avec un graphique en tuyaux d'orgue.
3. Présentez la même évolution en choisissant une autre représentation graphique.
4. Indiquez quel est le graphique le plus lisible.

3 HISTOGRAMME ★★ FR 26

Le dépouillement d'une étude de marché réalisée par la S.A. **Franstat** a permis de répartir comme suit les revenus mensuels des ménages recensés.

Revenus mensuels en €	– de 1 200	[1 200 – 1 500[	[1 500 – 2 400[	[2 400 – 3 000[	[3 000 – 4 500[
Effectifs	60	180	150	80	30

TRAVAIL À RÉALISER

1. Dressez le tableau permettant de calculer les fréquences rectifiées.
2. Présentez un histogramme.

4 GRAPHIQUE ET PARAMETRES DE POSITION ★★ FR 26

Le service comptable de la S.A. **Gazon** a recensé ci-dessous les chèques reçus pendant 1 semaine.

Montant du chèque	[15 – 19[	[19 – 23[	[23 – 25[	[25 – 27[	[27 – 31[	[31 – 35[	[35 – 39[	[39 – 47[
Nombre de chèques	15	20	60	50	25	20	10	5

TRAVAIL À RÉALISER

1. Calculez les intervalles de classe. Expliquez l'influence des intervalles de classe sur la représentation graphique.
2. Effectuez la représentation graphique.
3. Déterminez quel est le pourcentage de chèques dont le montant est supérieur à 27 €.
4. Repérez le mode.
5. Donnez les valeurs de Q1, Q2 et Q3.
6. Calculez le montant d'un chèque moyen.

5 LES PARAMÈTRES DE DISPERSION ★ FR 26

La société **Paire**, spécialisée dans la vente à domicile, a mené son enquête annuelle auprès de ses commerciaux. Elle vous transmet le tableau relatif aux distances parcourues.

Nombre de km (en milliers)	[10 – 12[	[12 – 14[	[14 – 20[	[20 – 26[	[26 – 30[	[30 – 34[	[34 – 38[	[38 – 40[	[40 – 42[
Nombre de commerciaux	2	2	8	10	18	20	14	8	2

TRAVAIL À RÉALISER

1. Calculez la distance moyenne parcourue par un commercial.
2. Déterminez l'étendue de la série. Commentez.
3. Calculez la valeur de la variance, de l'écart-type et du coefficient de variation. Commentez.
4. Mesurez l'espace interquartile après avoir déterminé Q3 et Q1. Commentez.

6 ÉTUDE D'UNE SÉRIE DISCONTINUE ★ FR 26

La responsable de la société **Volet OV** a compté le nombre d'arrêts de l'ordinateur pour une raison inexplicable. Elle vous transmet ces résultats.

Nombre d'arrêts par jour	0	1	2	3	4	5
Nombre de jours	14	43	29	8	5	1

TRAVAIL À RÉALISER

1. Expliquez « série discontinue ». Faites une représentation graphique.
2. Calculez les paramètres de position. Commentez les résultats.
3. Calculez les paramètres de dispersion. Commentez les résultats.

7 CORRÉLATION ★★ FR 27

Le responsable mercatique de l'entreprise **Marchés d'Auvergne** a étudié la consommation des ménages dans sa zone de chalandise. Il a obtenu les informations suivantes :

		Alimentation		Loisirs	
Catégorie socio-professionnelle du chef de ménage	Consommation totale par ménage en €	Coefficient budgétaire	Montant en €	Coefficient budgétaire	Montant en €
Agriculteurs exploitants	5 453,39	14,6	796,19	5,3	289,03
Salariés agricoles	4 656,27	12	558,75	4,9	228,16
Professions indépendantes	6 768,00	17,1	1 157,33	6,1	412,85
Cadres supérieurs	10 000,84	17,5	1 750,15	7,6	760,06
Cadres moyens	7 235,80	17	1 230,09	6,8	492,03
Employés	5 599,64	17,5	979,94	6,5	363,98
Ouvriers	5 268,48	18	948,33	5,6	295,03
Inactifs	3 371,32	16,2	546,15	5,1	171,94

TRAVAIL À RÉALISER

1. Observez le tableau et indiquez s'il existe une corrélation entre la consommation totale par ménage et le coefficient budgétaire affecté à l'alimentation. Vérifiez par le calcul.
2. Vérifiez, par le calcul, l'existence d'une corrélation entre la consommation totale par ménage et le montant du poste alimentation. Commentez.
3. Étudiez l'existence d'une corrélation entre la consommation totale par ménage et le poste loisirs (coefficient budgétaire et montant). Commentez.

8 CORRÉLATION ET AJUSTEMENT ★★★ FR 27

Le responsable Recherche et Développement a trouvé une corrélation forte (0,85) entre le budget Recherche et Développement et le nombre de brevets déposés. Il a ajusté les données et obtenu l'équation y = 132,73 x + 13,651 (avec y = nombre de brevets et x = budget en milliards d'euros).

TRAVAIL À RÉALISER

1. Expliquez l'importance de la corrélation.
2. Démontrez par le calcul la non pertinence de l'équation obtenue.

THÈME 21

LES SÉRIES CHRONOLOGIQUES

DOSSIER 1

Les représentations graphiques

AU RÉFÉRENTIEL ➤ ***CHOISIR un mode de représentation adapté***

MISE EN SITUATION ★ FR 28

Vous êtes l'assistant(e) du responsable commercial de l'entreprise **Morin**. Il vous communique l'état des ventes des 24 derniers mois (en milliers d'€) et deux représentations graphiques de ces données.

Mois	N–1	N
Janvier	10	11
Février	12	13
Mars	11	10
Avril	14	16
Mai	12	11
Juin	15	16
Juillet	14	13
Août	25	26
Septembre	32	33
Octobre	50	49
Novembre	20	21
Décembre	12	12

DIAGRAMME EN BÂTONS

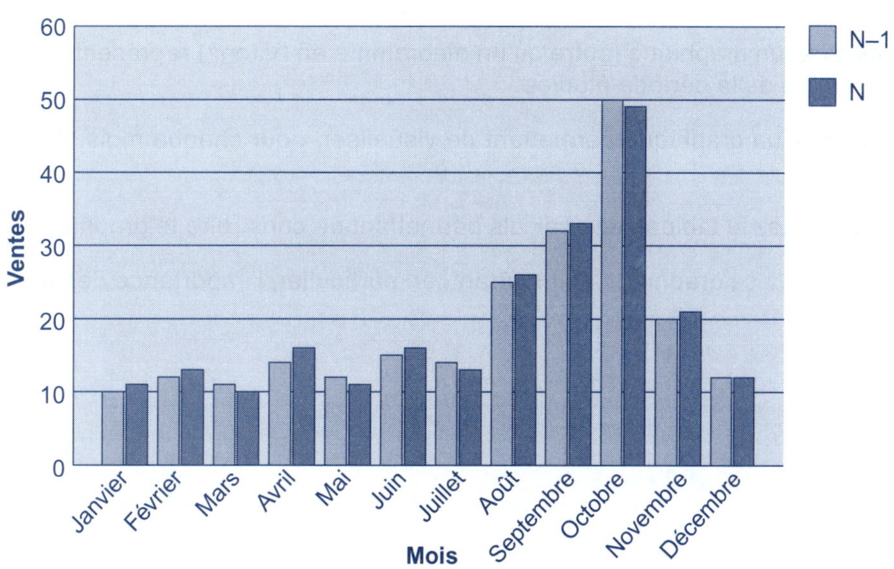

Graphique en « Z »

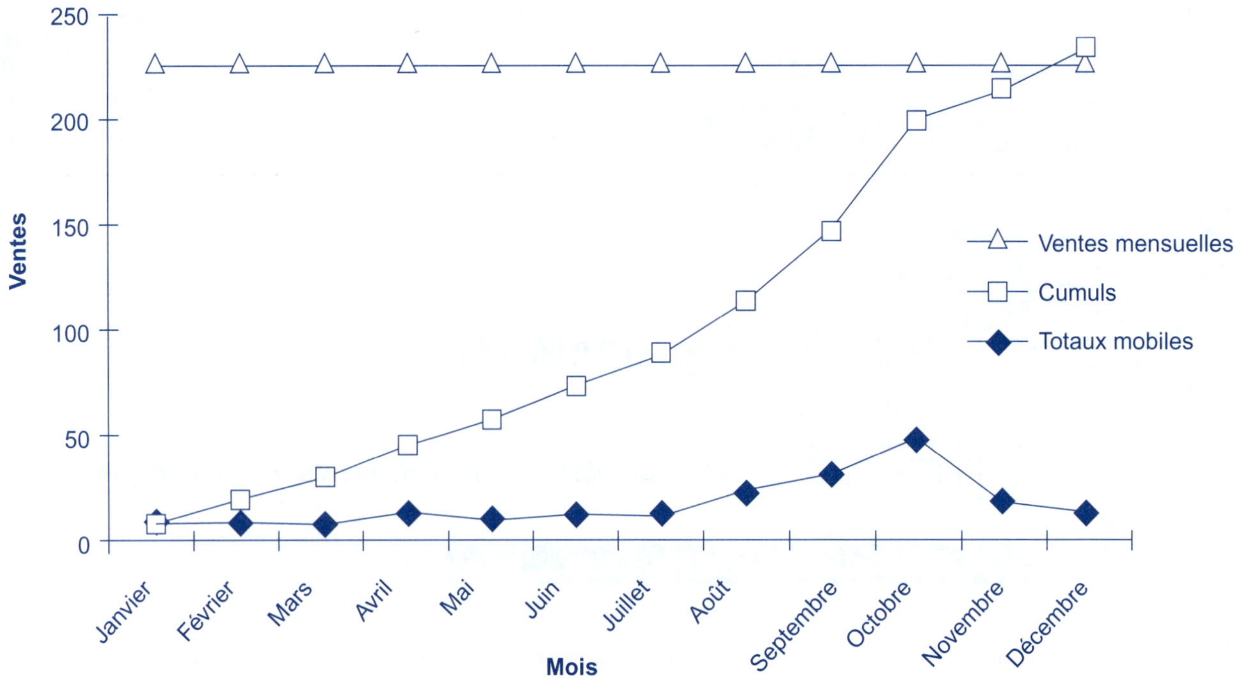

TRAVAIL À RÉALISER

Réflexion

1. Quelles sont les caractéristiques de la série étudiée ?
2. Quel est l'intérêt de représenter graphiquement cette série ?
3. Que permet de représenter le diagramme en « bâtons », le graphique en « Z » ?
4. Quels autres graphiques permettraient de représenter cette série ?

Action

1. Concevez un graphique (autre qu'un diagramme en bâtons) représentant l'évolution des ventes sur l'ensemble de la période étudiée.
2. Concevez un graphique permettant de visualiser, pour chaque mois, l'évolution régulière de cette série.
3. Reconstituez le tableau des calculs permettant de construire le graphique en Z présenté ci-dessus.
4. Commentez ce graphique en montrant, en particulier, l'importance des totaux mobiles.

Les prévisions des ventes

AU RÉFÉRENTIEL ▶ ***ÉTABLIR des prévisions***

MISE EN SITUATION ★ FR 28

Une entreprise de la région nantaise, dont l'activité principale est la vente et la maintenance de matériels de reproduction, télécopieurs, etc., a étudié l'évolution de son chiffre d'affaires (en milliers d'€), mois par mois depuis 4 ans (mois numérotés de 1 à 48).

À partir de ces données, en utilisant la méthode des moindres carrés, l'équation de la droite de tendance a été calculée :

y = 0,0151 x + 23,82.

Les coefficients saisonniers sont les suivants.

Mois	Coefficient
Janvier	1,25
Février	0,90
Mars	0,85
Avril	1,35
Mai	0,85
Juin	0,75
Juillet	0,70
Août	0,55
Septembre	0,95
Octobre	1,05
Novembre	1,15
Décembre	1,65

TRAVAIL À RÉALISER

Réflexion

1. Pourquoi détermine-t-on une droite de tendance ?
2. Dans l'équation de la droite de tendance, à quoi correspond y ? x ?
3. Quelle est l'utilité des coefficients saisonniers ?
4. Comment interpréter la valeur de 0,85 du coefficient du mois de mars ?
5. Comment interpréter la valeur de 1,35 du coefficient du mois d'avril ?

Action

1. Calculez, en utilisant l'équation de la droite, les prévisions des ventes pour les 12 mois suivants.
2. Représentez graphiquement ces prévisions.
3. Calculez, dans le même tableau, les prévisions des ventes saisonnalisées.
4. Reportez les différents points sur le graphique.
5. Commentez.

DOSSIER 3

THÈME 21

Le calcul des coefficients saisonniers

AU RÉFÉRENTIEL

CALCULER des coefficients saisonniers

MISE EN SITUATION ★★ FR 28

Vous réalisez une APA auprès de Monsieur Leroy, responsable commercial de la SARL **Méroc**, dont l'activité principale est la conception et la vente de véhicules professionnels nécessitant des aménagements spécifiques (camions magasins, remorques étales…). Il vous confie une étude qu'il a commencé à réaliser sur l'évolution du chiffre d'affaires de la société depuis 3 ans.

ÉVOLUTION DU CA (EN CENTAINES DE MILLIERS €)

	N–2	N–1	N
Trimestre 1	30	40	50
Trimestre 2	40	50	60
Trimestre 3	20	21	23
Trimestre 4	50	60	70

Il a déterminé l'équation de la droite de régression par la méthode des moindres carrés :
Y = 2,091 x + 29,24

Droite de tendance

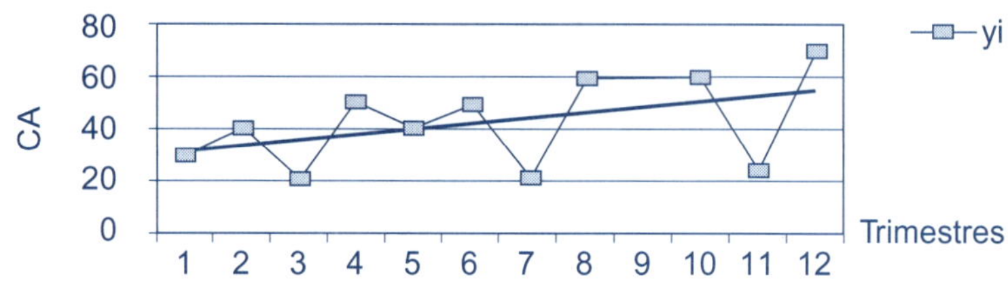

À partir de l'équation de la droite de régression, M. Leroy a calculé les prévisions pour N+1.

Rang des trimestres N+1	13	14	15	16
Prévisions/tendance	56,423	58,514	60,605	62,696

TRAVAIL À RÉALISER

Réflexion

1. Quelles informations peut-on dégager du tableau de l'évolution du chiffre d'affaires ?
2. À la lecture du graphique, quelle est la tendance générale de l'évolution du chiffre d'affaires ?
3. Comment les données sont-elles regroupées autour de la droite de tendance ?
4. Quelle est la validité des prévisions réalisées pour N+1 ?

Action

1. Calculez les coefficients saisonniers pour chaque trimestre.
2. Appliquez ces coefficients aux prévisions de N+1.
3. Poursuivez la réalisation du graphique.

ENTRAÎNEMENTS

1 REPRÉSENTATION GRAPHIQUE

★ FR 28

M. **Legalec** vous communique, mois par mois, les différentes quantités vendues des 3 produits de l'entreprise :
- produit A : 1 000, 1 100, 1 050, 1 200, 1 400, 1 600, 1 200, 1 100, 1 050, 1 000, 1 060, 1090 ;
- produit B : 600, 650, 700, 400, 430, 450, 590, 610, 620, 590, 580, 600 ;
- produit C : 300, 320, 310, 300, 320, 330, 340, 320, 305, 310, 315, 330.

TRAVAIL À RÉALISER

❶ Présentez ces données dans un tableau.

❷ Représentez graphiquement l'évolution de ces trois séries chronologiques.

2 GRAPHIQUE EN Z

★ FR 28

L'entreprise **Rorert** est spécialisée dans la fabrication et le conditionnement de produits pharmaceutiques.
Les chiffres d'affaires des deux dernières années, en dizaine de milliers d'€ sont les suivants :

Mois	CA année précédente	CA année écoulée
Janvier	25	28
Février	23	26
Mars	26	24
Avril	28	19
Mai	30	26
Juin	32	30
Juillet	30	27
Août	5	6
Septembre	30	32
Octobre	31	29
Novembre	28	29
Décembre	29	31

TRAVAIL À RÉALISER

❶ Calculez et présentez dans un tableau, les chiffres d'affaires mensuels de l'année écoulée, les cumuls, les totaux mobiles.

❷ Représentez ces données dans un graphique en « Z ». Commentez votre graphique.

3 CALCUL DES COEFFICIENTS SAISONNIERS ET PRÉVISIONS

★★ FR 28

La société **Pladit** a pour activité la vente aux entreprises et aux professions libérales, de fournitures de papeterie et de matériel de bureau. Au cours des 2 derniers exercices, les ventes mensuelles (en milliers d'€), ont évolué de la manière suivante :

Mois	N–1	N
Janvier	1 020	940
Février	1 000	920
Mars	980	900
Avril	940	860
Mai	930	850
Juin	910	830
Juillet	720	640
Août	600	520
Septembre	650	570
Octobre	900	820
Novembre	870	790
Décembre	880	800

TRAVAIL À RÉALISER

(Utilisation possible et souhaitable de l'outil informatique).

1. À la lecture de ce tableau, déterminez quelle est la tendance de cette série chronologique.
2. Représentez les deux courbes annuelles. L'examen du graphique confirme-t-il cette tendance générale et montre-t-il un phénomène saisonnier nettement marqué ?
3. Déterminez l'équation de la droite de régression par la méthode des moindres carrés.
4. Calculez pour chaque mois les coefficients saisonniers ajustés par la méthode des rapports à la droite de tendance.
5. Effectuez les prévisions pour N+1 (prévisions tendancielles *et* prévisions saisonnalisées).

4 CALCUL DES COEFFICIENTS SAISONNIERS

★★ FR 28

(méthode des rapports de la moyenne de chaque trimestre à la moyenne générale annuelle)

L'entreprise **Cota** est une entreprise spécialisée dans l'installation et l'entretien de chaudières industrielles.

ÉVOLUTION DES VENTES (EN MILLIERS €)

	N–2	N–1	N
Trimestre 1	2 770	2 580	2 430
Trimestre 2	1 290	1 150	1 020
Trimestre 3	2 630	2 450	2 380
Trimestre 4	2 820	2 670	2 525

TRAVAIL À RÉALISER

1. Calculez les coefficients saisonniers
2. Interprétez ces coefficients.

FICHES RESSOURCES

Index : page 190

FICHE RESSOURCE 1 — À savoir

LE PLAN ET LE FONCTIONNEMENT DES COMPTES

THÈME 1

LES BESOINS D'INFORMATION POUR LA GESTION

La gestion est la mise en œuvre de ressources, en vue d'atteindre des objectifs. Le gestionnaire transforme les orientations définies par le chef d'entreprise en *actions concrètes.* L'action prend appui sur des **informations**.

Les sources d'information sont *internes* (exemple : une note de service) ou *externes* (exemple : appel d'un client). Les informations sont *qualitatives* (exemple : analyse de réclamations de consommateurs) et *quantitatives* (exemple : quantité à produire, prix de vente…).

Les **informations comptables** sont *internes* et *quantitatives.* Les informations quantitatives doivent être *structurées* (c'est-à-dire organisées) et *normalisées* de façon à rester comparables dans le temps et dans l'espace.

LES FLUX ÉCONOMIQUES

Un **flux** économique est un *mouvement de valeur.*

► **Exemple**

L'entreprise E achète à un fournisseur F un produit d'une valeur de 119,60 €. Le paiement est effectué au moment de l'achat.

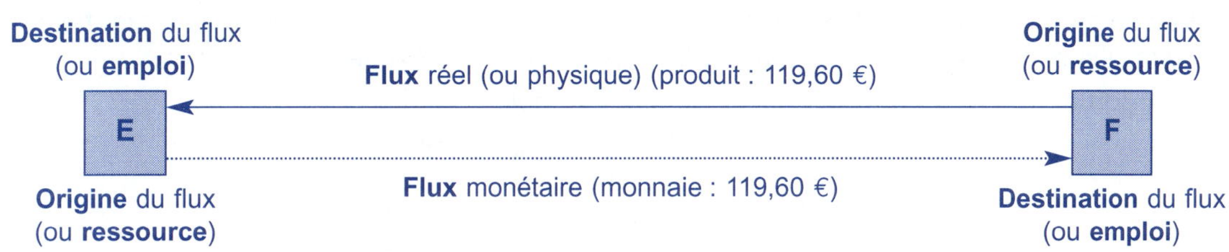

► **Remarques :**

- l'opération est un *échange ;* elle comprend un flux *réel* (le produit) et un flux *monétaire* (la monnaie) ;
- chaque flux est mesuré par sa *valeur monétaire ;*
- chaque flux a un *sens,* donc une *origine* (ou **ressource**) et une *destination* (ou **emploi**).

LE COMPTE

L'unité de saisie des flux est le **compte**, qui est divisé en deux parties : le *débit* et le *crédit.*

► **Exemples de comptes :**

Débit — CAISSE	*Crédit*
Augmentation des dépôts d'espèces	**Diminution** des dépôts d'espèces

Débit — CLIENTS	*Crédit*
Créance sur le client	Annulation ou réduction de créance

Débit — FOURNISSEURS	*Crédit*
Annulation ou réduction de la dette	**Dette** envers le fournisseur

Le **solde** d'un compte est **débiteur** si total débit > total crédit ; il est **créditeur** dans le cas contraire.

FICHE
RESSOURCE
1

LA PARTIE DOUBLE

Tout flux doit être enregistré en comptabilité :
- au **crédit** d'un ou plusieurs comptes (*origine* du flux ou **ressource**),
- au **débit** d'un ou plusieurs *autres* comptes (*destination* du flux ou **emploi**).

▶ **Exemple :**

Dans l'entreprise E, retrait de 100 € de la banque pour alimenter la caisse ; la banque est la ressource ; la caisse est l'emploi.

LE CLASSEMENT DES COMPTES

L'organisation et la normalisation des informations comptables sont décrites dans le **Plan comptable général** (PCG) élaboré par le Conseil national de la comptabilité conformément aux directives européennes – règles qui intègrent les normes comptables internationales établies par l'IASC (*International Accounting Standards Committee*) – et approuvé par arrêté ministériel. Le **plan de comptes d'une entreprise** est la liste des comptes de cette entreprise. Elle est extraite du PCG.

La comptabilité doit présenter une *image fidèle* de la **situation** et du **résultat** de l'activité de l'entreprise. Le plan comptable général regroupe deux catégories de comptes :
- les **comptes de bilan** dont le solde exprime un élément de la situation de l'entreprise (ses capitaux, ses bâtiments, son matériel, ses stocks, ses créances, ses dettes, ses valeurs déposées en banque ou en caisse) ;
- les **comptes de gestion** qui permettent le calcul du résultat, par différence entre les **produits** et les **charges**.

Les comptes de bilan sont répartis en 5 classes : capitaux, immobilisations, stocks, tiers, financiers ; les comptes de gestion sont répartis en 2 classes : charges et produits.

La **codification des comptes** est décimale. *Exemple :*

Classe	**6**	**: COMPTES DE CHARGES**
	60	: **A**chats
	602	: **A**chats *stockés*
	6021	: *Matières consommables*

La codification **60**21 concerne des matières consommables qui ont été stockées (**60**2) à la suite d'un achat (**6**0) qui est une charge (**6**).

▶ **Exemple d'utilisation des comptes du PCG pour l'enregistrement d'un flux réel**

L'entreprise E achète un produit au fournisseur F (schéma page précédente).

Produit, hors taxe	100,00
TVA	19,60
Net à payer dans 15 jours	119,60

La **TVA** est une *taxe* sur les échanges de biens et services. Elle est enregistrée en comptabilité dans le compte :
- *4456 Taxes sur le chiffre d'affaires déductibles,* par l'acheteur ;
- *4457 Taxes sur le chiffre d'affaires collectées,* pour le vendeur.

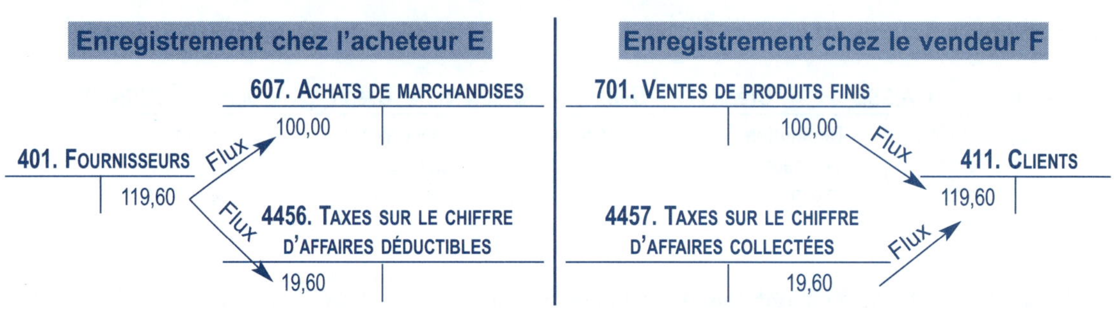

FICHE RESSOURCE 2 À savoir

NOTIONS D'ORGANISATION COMPTABLE

THÈME 1

UN SYSTEME COMPTABLE

Un **système comptable** est un ensemble de moyens qui permettent l'enregistrement des flux. Le système comptable le plus simple est le **système classique**. Il peut être schématisé comme suit.

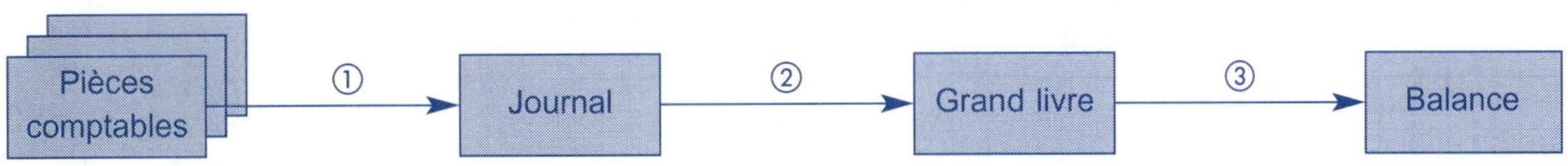

① Enregistrement au journal.
② Reports dans le grand livre.
③ Établissement d'une balance de contrôle.

Les pièces comptables sont les documents à enregistrer (factures, chèques, pièces de caisse, etc.).

LE JOURNAL

Il est utilisé pour l'enregistrement des flux dans l'ordre chronologique. Dans la pratique, il est divisé en plusieurs journaux spécialisés : journal des achats, journal des ventes, etc. (cf. FR n° 13). Il existe plusieurs tracés possibles, selon les logiciels utilisés. Lorsque les écritures sont manuscrites, le journal se présente ainsi (écriture chez E, page précédente).

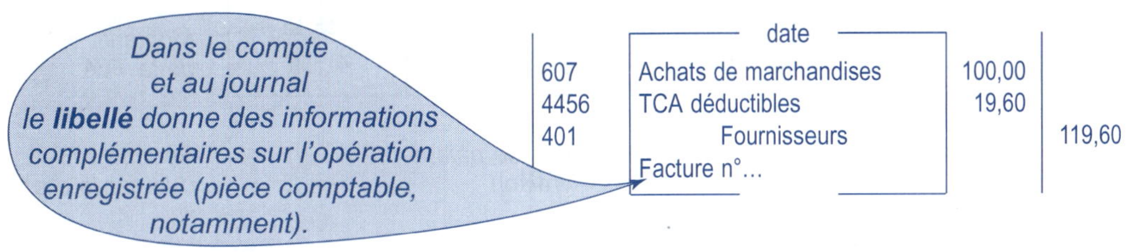

LE GRAND LIVRE

Le grand livre est l'ensemble des comptes. Il existe plusieurs présentations possibles du compte (*exemple page 6*). Le « compte en T » permet de présenter des enregistrements schématiques.

LA BALANCE

C'est un tableau synthétique qui permet de vérifier que :

Total des sommes inscrites au débit = total des sommes inscrites au crédit

et

Total des soldes débiteurs = total des soldes créditeurs

► **Tracé :**

N° des comptes	Noms des comptes	Sommes		Soldes	
		Débit	Crédit	Débit	Crédit
101	Capital		....		....
......	....	....	....	....	
......	....	....		....	

FICHE RESSOURCE 3 — À savoir

LA FACTURATION (CALCULS ET ENREGISTREMENTS)

THÈME 2

ANALYSE D'UNE FACTURE

L'en-tête
Identification des parties et du document

Le corps
Identification du contenu de la transaction

Le pied
Calcul du montant de la transaction

Nom, adresse et références commerciales du fournisseur

Référence de la facture

Date de la facture

Nom et adresse du client

BOTTAREL DÉCO
27 rue Paul BOURGET
38000 GRENOBLE
RCS 406 456 038

FACTURE n° 215
Grenoble, le 05/10/N

DOIT
DETOURMINEUR
1 Rue Auguste GACHET
GRENOBLE

Réf.	Désignations	Quantités	PU	Montant
G220	Guirlande 20 ampoules	**12**	14,60	175,20
G215	Guirlande 15 ampoules	**5**	12,30	61,50
GM210	Guirlande musicale 20 amp.	**6**	18,50	111,00

Détail des marchandises vendues

■ **Mode de règlement :** Comptant
■ **À emporter**

Sous total	347,70
TVA 19,6 %	68,15
Net à payer en €	415,85

Montant de la TVA

Conditions de paiement et de livraison

Somme due par le client

ENREGISTREMENT D'UNE FACTURE

Chez le fournisseur (vendeur)

			Débit	Crédit
		05/10/N		
411		Clients	415,85	
	707	Ventes de marchandises		347,70
	44571	TVA collectée		68,15
		fact. n° 215		

Chez le client (acheteur)

			Débit	Crédit
		05/10/N		
607		Achats de marchandises	347,70	
44566		TVA déductible sur ABS	68,15	
	401	Fournisseurs		415,85
		fact. n° 215		

LES DIFFÉRENTS COMPTES

Pour les achats		Pour les ventes	
601	Achats stockés – Matières premières	701	Ventes de produits finis
602	Achats stockés – Autres approvisionnements	706	Prestations de services
606	Achats non stockés de matières et fournitures	707	Ventes de marchandises
607	Achats de marchandises	708	Produits des activités annexes
610	Services extérieurs		
620	Autres services extérieurs		

LES RÉDUCTIONS

Le fournisseur peut accorder à certains clients des réductions sur le prix affiché ou sur le prix déjà payé ou à payer.

Les différentes réductions

À caractère commercial		À caractère financier	
Type	**Motif**	**Type**	**Motif**
• REMISE	– importance de la vente (quantité) – qualité du client	• ESCOMPTE	– règlement comptant ou anticipé
• RABAIS	– non-conformité du produit – retard de livraison		
• RISTOURNE	– fidélité du client		

Le calcul

BRICOSYSTEM
Place du Triforum
38080 L'isle d'Abeau

FACTURE n° 171264
L'isle d'Abeau le : 21/05/N

Doit

Ets. MINT
6, rue Jean ZAY
38290 VILLEFONTAINE

Réf.	Désignations	Quantités	PU	% Remise	PU Net	Montant
jk236	Convecteur 500 W	**8**	37,96			303,68
ji436	Convecteur 1000 W	**4**	39,48	5 %	37,51	150,04

Mode de règlement : comptant

Sous total	453,72
Remise 2 %	9,07
Net commercial	444,65
Escompte 2 %	8,89
Net financier	435,76
TVA 19,6 %	85,41
Net à payer	521,17

L'enregistrement

Les réductions commerciales ne sont pas enregistrées.

La réduction financière est enregistrée comme une charge financière chez le fournisseur, et comme un produit financier chez le client.

Chez le fournisseur (vendeur)

		21/05/N		
411		Clients	521,17	
665		Escomptes accordés	8,89	
	707	Ventes de marchandises		444,65
	44571	TVA collectée		85,41
		fact. n° 171264		

Chez le client (acheteur)

		21/05/N		
607		Achats de marchandises	444,65	
44566		TVA déductible sur ABS	85,41	
	401	Fournisseurs		521,17
	765	Escomptes obtenus		8,89
		fact. n° 171264		

FICHE RESSOURCE 3

LES FRAIS ACCESSOIRES ET LES EMBALLAGES CONSIGNÉS

Les frais accessoires

La facturation des **frais de port** se fait le plus souvent pour un montant évalué forfaitairement. Dans ce cas, le transport supporte le même taux de TVA que les marchandises transportées. Le port forfaitaire constitue un produit des activités annexes (compte 708).

Le fournisseur peut facturer au client le prix exact payé au transporteur. Il s'agit dans ce cas d'un **port débours**.

Le fournisseur peut livrer gratuitement les marchandises, le transport n'apparaît pas dans la facture. Il s'agit d'une facture dite **« franco de port »**.

Les emballages consignés

Les emballages consignés facturés seront remboursés par le fournisseur au client lorsque ce dernier les restituera. Ils ne sont pas soumis à la TVA.

► **Comptabilisation**

- Compte 4096 : Fournisseurs, créances pour emballages et matériels à rendre.
- Compte 4196 : Clients, dettes pour emballages et matériel consignés.

Le 9 en troisième position indique que ce compte a un solde de sens contraire au compte auquel il se rattache. Ainsi, le compte 4096 signale que le client a une créance sur son fournisseur jusqu'à restitution des emballages.

Analyse d'une facture et enregistrement

Modern'Cuir — Facture n° 1298 — Doit

Le 08/10/N — **Cuir Textile**

Net commercial	1 800,00	
Port forfaitaire	200,00	Opération concernant les **frais accessoires**
Total HT	2 000,00	
TVA 19,6 %	392,00	
Consignation	60,00	Opération concernant les **emballages**
Net à payer	2 452,00	

Chez le fournisseur (vendeur)

		08/10/N	Débit	Crédit
411		Clients	2 452,00	
	701	Ventes de produits finis		1 800,00
	7085	Ports et frais accessoires facturés		200,00
	44571	TVA collectée		392,00
	4196	Clients, dettes pour emballages et matériel consignés		60,00
		fact. n° 1298		

Chez le client (acheteur)

		08/10/N	Débit	Crédit
607		Achats de marchandises	1 800,00	
6241		Transports sur achats	200,00	
44566		TVA déductible sur ABS	392,00	
4096		Fournisseurs, créances pour emballages et matériel à rendre	60,00	
	401	Fournisseurs		2 452,00
		fact. n° 1298		

FICHE RESSOURCE 4 — À savoir

LES FACTURES D'AVOIR

THÈME 3

La **facture d'avoir** (ou l'**avoir**) annule tout ou partie d'une opération commerciale constatée par une facture (de doit). La facture d'avoir est émise par le fournisseur.

LES RETOURS DE MARCHANDISES

Les biens sont repris au prix de vente. Si la facture de doit contient des réductions, il faut en tenir compte pour le calcul de l'avoir.

Sté JANOT — **Facture** n° 240 — Le 25/10/N — AVOIR — Ets JEHANNO

Désignations	Quantités	PU	Montant
Lapins peluches	**30**	8,60	258,00
Nounours	**8**	12,30	98,40
Retour du 21/10 Fact. n° 618		Sous-total	356,40
		Remise 2 %	7,13
		Avoir net	349,27
		TVA 19,6 %	68,46
		Avoir TTC en €	417,73

▶ Enregistrement

- Chez le client (acheteur) :

		25/10/N		
401		Fournisseurs	417,73	
	607	Achats de marchandises		349,27
	44566	TVA déductible sur ABS		68,46
		Avoir n° 240		

- Chez le fournisseur (vendeur) :

		25/10/N		
701		Ventes de produits finis	349,27	
44571		TVA collectée	68,46	
	411	Clients		417,73
		Avoir n° 240		

LES RÉDUCTIONS HORS FACTURES

Le fournisseur peut accorder une réduction après établissement de la facture de doit. La réduction (commerciale ou financière), hors facture, fait l'objet d'une facture d'avoir et d'un enregistrement.

Réduction commerciale

PALLIN — AVOIR n° 117 — 25/07/N — AGRIBONCE

Rabais (5 %) sur facture du 18/07/N n° 586	103,85
TVA	20,35
Avoir TTC en €	124,20

▶ Enregistrement

- Chez le client (acheteur) :

		25/07/N		
401		Fournisseurs	124,20	
	609	RRR obtenus		103,85
	44566	TVA déductible sur ABS		20,35
		Avoir n° 117		

- Chez le fournisseur (vendeur) :

		25/07/N		
709		RRR accordés	103,85	
44571		TVA collectée	20,35	
	411	Clients		124,20
		Avoir n° 117		

Réduction financière

PALLIN — AVOIR n° 118 — 27/07/N — COTTET

Escompte (2 %) sur facture du 18/07/N n° 590	80,16
TVA	15,71
Avoir TTC en €	95,87

▶ Enregistrement

- Chez le client (acheteur) :

		27/07/N		
401		Fournisseurs	95,87	
	765	Escomptes obtenus		80,16
	44566	TVA déductible sur ABS		15,71
		Avoir n° 118		

- Chez le fournisseur (vendeur) :

		27/07/N		
665		Escomptes accordés	80,16	
44571		TVA collectée	15,71	
	411	Clients		95,87
		Avoir n° 118		

FICHE RESSOURCE 4

LES FACTURES D'AVOIR POUR RETOUR D'EMBALLAGES

Lorsqu'un client retourne les emballages consignés, le fournisseur doit restituer le montant de la consignation par émission d'une facture d'avoir. La déconsignation, comme la consignation, est enregistrée hors taxes.

Modern'Cuir	FACTURE n° 1530
17/10/N	AVOIR
	Chic Look
Retour de portants	60,00
Avoir en €	60,00

▶ Enregistrement

- Chez le client (acheteur) :

		17/10/N		
401		Fournisseurs	60,00	
	4096	Fournisseurs. Créances pour emballages et matériel à rendre		60,00
		Avoir n° 1530		

- Chez le fournisseur (vendeur) :

		17/10/N		
4196		Clients. Dettes sur emballages et matériel consignés	60,00	
	411	Clients		60,00
		Avoir n° 1530		

LE RELEVÉ DE FACTURES

Le fournisseur établit périodiquement un historique des opérations réalisées avec ses clients habituels. Cet historique fait l'objet d'un **relevé de factures** adressé à chacun des clients.

Modern'Cuir — Relevé — 30/05/N

Paiement : 30 jours fin de mois

Client : Sami CUIR

Date	Libellé	Somme Débit	Somme Crédit	Soldes Débiteur	Soldes Créditeur
01/03/N	Solde			9 262,00	
03/03/N	Fact n° 213	6 969,00		16 231,00	
05/03/N	Avoir n° 18		46,00	16 185,00	
06/04/N	Fact. n° 227	12 308,00		28 493,00	
10/04/N	Avoir n° 19		615,00	27 878,00	
15/04/N	Chèque n° 12456		9 262,00	18 616,00	
08/05/N	Fact. n° 265	4 000,00		22 616,00	
20/05/N	Chèque n° 12468		3 461,00	19 155,00	

Le chiffre d'affaires TTC de la période correspond à la somme des factures, déductions faites des avoirs.

Sur ce chiffre d'affaires HT, le fournisseur peut accorder une ristourne.

Modern'Cuir	Avoir n° 23
30/05/N	AVOIR
	Sami CUIR
Ristourne	452,32
TVA 19,6 %	88,65
Avoir net TTC en €	540,97

▶ Enregistrement

- Chez le client (acheteur) :

		30/05/N		
401		Fournisseurs	540,97	
	609	RRR obtenus		452,32
	44566	TVA déductible sur ABS		88,65
		Avoir n° 23		

- Chez le fournisseur (vendeur) :

		30/05/N		
709		RRR accordés	452,32	
44571		TVA collectée	88,65	
	411	Clients		540,97
		Avoir n° 23		

LES RÈGLEMENTS PAR CHÈQUES, CARTES ET EFFETS DE COMMERCE

FICHE RESSOURCE 5 — À savoir

THÈME 4

LES OPÉRATIONS DE TRÉSORERIE

Les opérations de **trésorerie** sont toutes celles qui entraînent des mouvements de fonds.

Les recettes et les dépenses en **espèces** sont enregistrées dans le comte *Caisse.* Les **chèques**, **virements**, paiements par **carte bancaire** sont enregistrés dans le compte *Banque* ou le compte *Chèques postaux.* Certaines opérations sont gratuites, d'autres payantes : les commissions sont enregistrées dans le compte *627 Services bancaires ;* elles sont assujetties à la TVA.

Certains commerçants utilisent le compte *Clients divers* pour saisir les ventes au comptant. À la réception d'un chèque, il est possible de débiter le compte *5112 Chèques à encaisser ;* ce compte est soldé au moment de la remise à l'encaissement.

Les encaissements par carte bancaire sont enregistrés par le commerçant sur un terminal puis transmis la nuit, par télétraitement, à la Banque.

LES RÈGLEMENTS PAR EFFETS DE COMMERCE

Les principaux effets de commerce sont :

- la **lettre de change relevé** (LCR) ; c'est un *ordre de payer à une date donnée* émis par le créancier,
- le **billet à ordre relevé** (BOR) ; c'est un *engagement à payer à une date donnée* émis par le débiteur.

La LCR (très courante) et le BOR (moins fréquent) peuvent être des documents *papier* ou des documents *magnétiques.* Les effets magnétiques *ne sont pas enregistrés en comptabilité.*

Les effets de commerce peuvent être :

- **remis à l'encaissement** à l'échéance ;
- **remis à l'escompte**. Négocier ou escompter un effet, c'est le vendre à une banque pour disposer des fonds avant l'échéance. C'est une opération de *crédit.*

A – Comptabilisation chez le tiré

- Cas d'une **LCR-papier** envoyée à l'acceptation : 2 étapes.

1. Acceptation par le tiré

403 Fournisseurs – Effets à payer	
	2 412,00

4011 Fournisseur X	
2 412,00	(2 412,00) ↑ Dette initiale

Lorsque la LCR est tirée en règlement d'un achat d'immobilisation, il faut utiliser le compte 405.

2. Paiement à l'échéance

403 Fournisseurs – Effets à payer	
2 412,00	(2 412,00)

512 Banques	
	2 412,00

- **Autres cas**

  L'envoi d'une LCR à l'acceptation est facultative ; *il n'y a pas d'acceptation avec une LCR-magnétique.* Dans ces deux cas, le compte 403 est inutile.

- ***À l'échéance***

4011 Fournisseur X	
2 412,00	(2 412,00) ↑ Dette initiale

512 Banques	
	2 412,00

B – Création chez le tireur

- Cas d'une **LCR-papier** :

411... Client X	
(2 412,00)	**2 412,00**

↑ *Créance initiale*

413 Clients-Effets à recevoir	
2 412,00	

- Cas d'une **LCR-magnétique :** pas d'écriture (le montant de la créance est maintenu dans le compte *Clients* jusqu'au paiement).

C – Encaissement : comptabilisation chez le tireur

- Cas d'une **LCR-papier** : trois étapes.

1. Remise à l'encaissement

5113 Effets à l'encaissement	
2 412,00	

413 Clients-Effets à recevoir	
(2 412,00)	**2 412,00**

2. Augmentation de l'avoir en banque

5113 Effets à l'encaissement	
(2 412,00)	**2 412,00**

512 Banques	
2 412,00	

3. Enregistrement des frais

627 Services bancaires	
3,00	

512 Banques	
	3,58

44566 TVA sur autres biens et services	
0,58	

- Cas d'une **LCR-magnétique :** deux étapes.

1. Augmentation de l'avoir en banque

411... Client X	
(2 412,00)	**2 412,00**

↑ *Créance initiale*

512 Banques	
2 412,00	

2. Enregistrement des frais

627 Services bancaires	
1,00	

512 Banques	
	1,19

44566 TVA sur autres biens et services	
0,19	

Les frais, dans ce cas, sont moins élevés.

D – Escompte : comptabilisation chez le tireur

- Cas d'une **LCR-papier** : trois étapes.

1. Remise à l'escompte

5114 Effets à l'escompte	
2 412,00	

413 Clients-Effets à recevoir	
(2 412,00)	**2 412,00**

2. Augmentation de l'avoir en banque

5114 Effets à l'escompte	
(2 412,00)	**2 412,00**

512 Banques	
2 412,00	

3. Enregistrement des agios (escompte + commission)

627 Services bancaires	
2,00	

512 Banques	
	132,39

44566 TVA sur autres biens et services	
0,39	

661 Charges d'intérêts	
130,00	

- Cas d'une **LCR-magnétique :** trois étapes.

1. Remise à l'escompte (télétransmission)

La LCR-magnétique n'est pas une véritable lettre de change. L'escompte est, en fait, un simple *emprunt à court terme* analysé comme un *concours bancaire courant.*

519 Concours bancaires courants	
	2 412,00

512 Banques	
2 412,00	

2. Enregistrement des agios (escompte + commission)

627 Services bancaires	
2,00	

512 Banques	
	132,39

44566 TVA sur autres biens et services	
0,39	

661 Charges d'intérêts	
130,00	

3. Soldes des comptes à l'échéance

411 Client X	
(2 412,00)	**2 412,00**

519 Concours bancaires courants	
2 412,00	(2 412,00)

LES CALCULS FINANCIERS

THÈME 5

LES INTÉRÊTS SIMPLES

L'intérêt simple est proportionnel à *C* le capital emprunté ou prêté, à *n* la durée (souvent exprimée en jours) et à *t* le taux annuel.

$$I = C \times n \times \frac{t}{36\,000}$$

Les banques, en général, comptent une année financière de 360 jours pour les opérations de crédit et de 365 jours pour les opérations de placement. Mais pour le calcul de n, les mois sont comptés avec leur nombre réel de jours. On compte le dernier jour de la période, mais pas le premier.

► **Exemple :** une somme de 3 000 € est placée à la banque à 4 % l'an du 3 janvier au 10 février.

N = 28 + 10 = 38 jours

$I = 3\,000 \times 4 \times \frac{38}{36\,500}$ (365 jours car il s'agit d'un placement)

I = 12,49

Les intérêts simples sont utilisés pour les opérations financières à court terme (livret d'épargne, escompte de traites, découvert bancaire...).

Valeur acquise, valeur actuelle

Valeur acquise	Valeur actuelle
$C_0 \rightarrow C_n$ **?**	C_0 **?** $\leftarrow C_n$
$C_n = C_0 + I$	$C_0 = C_n - I$

Le taux réel d'escompte

Pour pouvoir comparer les conditions d'escompte réellement pratiquées par des banques différentes, il est nécessaire de calculer le **taux réel d'escompte** ou **taux effectif**.

Ce taux est calculé pour les **agios** avec le *nombre réel de jours* avant l'échéance sans tenir compte des « jours de banque » supplémentaires.

Soit TRE, le taux réel d'escompte.

Agios TTC = valeur nominale × TRE × n/36 000

► **Exemple :** une entreprise a escompté une traite de 5 000 € à 30 jours (plus 1 jour de banque soit 31 jours). Le taux d'escompte est de 7,5 % l'an et la commission est de 5 € TTC.

Escompte = 5 000 × 7,5 × 31/36 000

Escompte = 32,29

Agios = 32,29 + 5 = 37,29

Taux réel d'escompte :

37,29 = TRE × 5 000 × *30*/36 000

4,1667 TRE = 37,29

TRE = 8,95 %.

FICHE RESSOURCE 6

Équivalence d'effets

Un effet est équivalent à plusieurs autres, si à un taux donné, sa valeur actuelle est égale à la somme des valeurs actuelles des autres effets.

▶ **Exemple :** un client souhaite que l'on remplace 2 effets, le 1er de 4 000 € à 25 jours, et le 2e de 2 500 € à 53 jours, par un effet unique à 90 jours. Le taux d'intérêt exigé est de 8 % l'an.

La valeur actuelle de l'effet unique équivalent est égal à la valeur actuelle des 2 effets.
Soit VN la valeur nominale de l'effet unique.

$$\underbrace{VN - (VN \times 8 \times 90/36\,000)}_{\text{Valeur actuelle de l'effet équivalent}} = \underbrace{[4\,000 - (4\,000 \times 8 \times 25/36\,000)] + [2\,500 - (2\,500 \times 8 \times 53/36\,000)]}_{\text{Valeur actuelle des 2 effets}}$$

$$6\,448{,}34 = VN - (VN \times 8 \times 90/36\,000)$$

$$VN = 6\,579{,}93$$

LES INTÉRÊTS COMPOSÉS

Les intérêts acquis sont capitalisés à la fin de chaque période, c'est-à-dire ajoutés au capital initial, afin de produire eux aussi des intérêts à la fin de la période suivante.

Généralement, la capitalisation est annuelle, mais elle peut être semestrielle, trimestrielle, ou mensuelle.

Valeur acquise	Valeur actuelle
$C_n = C_o \times (1 + i)^n$	$C_o = C_n \times (1 + i)^{-n}$

Taux proportionnels, taux équivalents

Les taux donnés sont généralement annuels ; exemple : 12 % ***l'an***.

▶ **Taux proportionnels**

Taux annuel	Taux semestriel	Taux trimestriel	Taux mensuel
12 %	6 %	3 %	1 %

▶ **Taux équivalents**

Taux annuel i_a	Taux semestriel i_s	Taux trimestriel i_t	Taux mensuel i_m
12 %	5,83 %	2,87 %	0,95 % (a)

(a) $(1 + i_m)^{12} = 1 + i_a$ $\quad 1 + i_m = (1 + i_a)^{1/12}$

$1 + i_m = (1{,}12)^{1/12}$ $\quad i_m = 0{,}95$

AMORTISSEMENT D'UN EMPRUNT INDIVIS

FICHE RESSOURCE 6

► **Exemple :** une entreprise emprunte auprès de sa banque 10 000 € sur 4 ans au taux de 7 % l'an. L'entreprise a *un seul prêteur :* il s'agit d'un **emprunt indivis**.

Remboursement avec des ***amortissements constants :***

Tableau d'amortissement d'un emprunt à amortissements constants

Périodes	Capital restant dû en début de période	Intérêts (2)	Amortis-sements (1)	Annuités (3)	Capital restant dû en fin de période (4)
1	10 000,00	700,00	2 500,00	3 200,00	7 500,00
2	7 500,00	525,00	2 500,00	3 025,00	5 000,00
3	5 000,00	350,00	2 500,00	2 850,00	2 500,00
4	2 500,00	175,00	2 500,00	2 675,00	0,00
		1 750,00	10 000,00	11 750,00	

(1) Chaque année, l'entreprise rembourse une partie *constante* du capital emprunté : l'amortissement. 10 000 / 4 = 2 500.

(2) Les intérêts sont calculés sur le capital restant dû en début de période : 10 000 × 0,07 = 700.

(3) L'annuité = amortissement + intérêts.

(4) Capital dû en début de période – amortissement de *la période*.

• *Remboursement avec des* ***annuités constantes :***

Tableau d'amortissement d'un emprunt remboursé par annuités constantes

Périodes	Capital restant dû en début de période	Intérêts (2)	Amortis-sements (3)	Annuités (1)	Capital restant dû en fin de période
1	10 000,00	700,00	2 252,28	2 952,28	7 747,72
2	7 747,72	542,34	2 409,94	2 952,28	5 337,78
3	5 337,78	373,64	2 578,64	2 952,28	2 759,14
4	2 759,14	193,14	2 759,14	2 952,28	0,00
		1 809,12	10 000,00	11 809,12	

(1) *L'annuité est constante :*

$$a = \frac{V_0 i}{1-(1+i)^{-n}} \quad \textit{soit} \quad a = \frac{10\,000 \times 0,07}{1-1,07^{-4}}.$$

Cependant, la dernière annuité compense les arrondis et n'a pas toujours la même valeur que les autres.

(2) Les intérêts se calculent sur le capital restant dû.

(3) L'amortissement de la période se calcule en faisant la différence entre l'annuité et les intérêts.

Remarques :

– les versements sont souvent mensuels, trimestriels ; ce sont des mensualités ou des trimestrialités ; pour le calcul du taux d'intérêt mensuel ou trimestriel, les banques utilisent le taux proportionnel qui leur est plus favorable ;

– à durée égale, un remboursement par annuités constantes coûte plus cher à l'emprunteur qu'un remboursement par amortissements constants.

FICHE RESSOURCE 7

LE SUIVI ET LE CONTRÔLE DES COMPTES

À savoir

THÈME 6

L'ÉTAT DE RAPPROCHEMENT BANCAIRE

Le **relevé de compte** adressé par la banque à son client (exemple page 33) et le compte **Banque** dans la comptabilité de l'entreprise (exemple page 34) sont des **comptes réciproques :** les mouvements débités dans l'un sont crédités dans l'autre et inversement. Cependant, *les soldes ne sont pas égaux.*

Il faut donc pointer les sommes identiques dans les deux comptes. Les différences font l'objet de **l'état de rapprochement**.

Banque populaire (compte de l'entreprise)			**Relevé de compte** (reçu de la Banque Populaire)		
Solde affiché	7 775,90		Solde affiché		11 363,54
Agios, prélèvements…	……..		Chèques,		
Virements reçus...		……..	effets non débités	……..	
Solde débiteur réel		**7 495,54**	**Solde créditeur réel**	**7 495,54**	
	9 341,25	9 341,25		11 363,54	11 363,54

Vous avez prolongé le compte *Banque populaire* de l'entreprise en y inscrivant les écritures manquantes.

Vous avez prolongé le relevé de compte de la Banque Populaire en y inscrivant les écritures manquantes.

Les comptes réciproques ont maintenant des soldes identiques

Côté entreprise, vous mettez à jour votre comptabilité.

Côté Banque populaire, *votre travail est terminé* (il appartient à la banque de se mettre à jour).

LE SUIVI DES CRÉANCES ET DES DETTES

L'échéancier des créances et/ou **l'échéancier des dettes** sont des tableaux qui permettent de suivre les règlements, de détecter les retards (clients) et de prévoir la trésorerie nécessaire pour payer les factures (fournisseurs).

Les logiciels de gestion commerciale et de gestion comptable comportent généralement des **échéanciers**. Dans certains programmes, la correspondance entre les créances et leur règlement est repérée par une lettre. C'est le **lettrage**.

L'entreprise peut **externaliser** le suivi de ses créances en les cédant, moyennant une commission à un **factor** (établissement spécialisé dans le recouvrement des créances). C'est **l'affacturage**. Il est aussi possible de céder des créances à une Banque (loi **Dailly**). Cette opération est apparentée à un escompte. On utilise, pour enregistrer ces créances, le compte *4116 Clients, créances cédées.*

LA CORRECTION DES ERREURS

Lorsqu'une erreur de comptabilisation est repérée, elle doit être corrigée, en principe sans effacer la saisie défectueuse. Le plus souvent, les comptes erronés sont imputés en sens inverse : les comptes débités par erreur sont crédités du même montant et inversement. C'est la **contre-passation**. Ensuite, il faut passer l'écriture exacte.

FICHE RESSOURCE 8

À savoir

LA GESTION DU PERSONNEL

THÈME 7

LES OBLIGATIONS LÉGALES DE L'EMPLOYEUR

- L'employeur doit délivrer un **bulletin de salaire**.
- L'employeur doit faire connaître au salarié le montant des **cotisations patronales** (soit en les indiquant sur le bulletin, soit en remettant au salarié un récapitulatif annuel).

LE CALCUL DU SALAIRE NET À PAYER

Éléments	Observations
Salaire de base	Il peut être horaire, mensuel, à la pièce…
+ Majorations	Heures supplémentaires, travail de nuit, du dimanche…
+ Avantages en nature	Logement, repas, voiture…
+ Accessoires du salaire	Tout supplément n'ayant pas le caractère de remboursement de frais professionnels, en particulier prime d'ancienneté, prime de risque, prime de bilan…
= **Salaire brut**	*Le salaire brut est le salaire soumis à cotisations salariales et patronales.*
– Cotisations déductibles	Retenues recouvrées par l'URSSAF, les ASSEDIC et les caisses de retraites (*cf.* tableau page suivante).
= Salaire imposable	Salaire déclaré pour le calcul annuel de l'impôt sur le revenu.
– Cotisations non déductibles	CSG non déductible et CRDS recouvrées par l'URSSAF.
= Salaire net	
+ Remboursements de frais	Tout supplément ayant le caractère de remboursement de frais professionnels, en particulier indemnités de transport, prime de panier, de nettoyage…
– Acomptes	Sommes déjà versées au salarié.
– Saisie-arrêt	Sommes retenues par l'employeur sur injonction du tribunal ou d'un huissier, en particulier au titre des pensions alimentaires ou de remboursements de dettes.
– Avantages en nature	Ils ont déjà été utilisés par le salarié et n'ont pas à être payés en numéraire
= **Salaire net à payer**	

LES COTISATIONS PATRONALES

Outre les cotisations salariales, les organismes sociaux recouvrent les cotisations patronales qui constituent un supplément de charges pour les entreprises (*cf.* tableau page suivante).

LA COMPTABILISATION DE LA PAYE

1. Comptabilisation des bulletins de salaire

641		Rémunérations du personnel (*)	Salaires bruts et remboursements de frais	
	421	Personnel, rémunérations dues		Salaires bruts et remboursements de frais

(*) Ce compte peut être décomposé (cf. PCG)

FICHE RESSOURCE 8

421	Personnel, rémunérations dues	Total des retenues sur salaire	
431	URSSAF		Retenues salariales au profit des organismes sociaux
4371	ASSEDIC		
4372	Caisses de retraites		
425	Personnel, avances et acomptes (*)		Retenues acomptes
427	Personnel, oppositions		Retenues saisies-arrêt
791	Transferts de charges		Retenues avantages en nature

(*) débité lors du versement de l'acompte

2. Comptabilisation des cotisations patronales

645	Charges de sécurité sociale (*)	Total des cotisations patronales	
431	URSSAF		Cotisations patronales au profit des organismes sociaux
4371	ASSEDIC		
4372	Caisses de retraite (*)		

(*) Ces comptes peuvent être décomposés (cf. PCG)

3. Le paiement des dettes sociales

Il convient de solder au moment des règlements les comptes n° 421, 427, 431, 4371 et 4372 issus de la comptabilisation des bulletins de salaires et des cotisations patronales.

LE TABLEAU RÉCAPITULATIF DES COTISATIONS SALARIALES ET PATRONALES

Ce tableau est à jour au 1er janvier 2006.

Cotisations (1)		Bases maximum	Taux (1)	
			Salariaux	Patronau
Recouvrement URSSAF				
Assurance maladie		Salaire brut	0,75	12,80
Assurance vieillesse		Tranche A (2)	6,65	8,30
Assurance vieillesse		Salaire brut	0,10	1,60
Contribution solidarité		Salaire brut		0,30
Allocations familiales		Salaire brut		5,40
Aide au logement (toutes les entreprises)		Tranche A		0,10
Aide au logement (plus de 9 salariés)		Salaire brut		0,40
Accidents du travail		Salaire brut		% variab
Versement de transport (10 salariés et plus ; grandes agglomérations)		Salaire brut		% variab
CGS (Contribution Sociale Généralisée)				
– déductible du revenu imposable		Salaire brut × 0,97	5,10	
– non déductible du revenu imposable		Salaire brut × 0,97	2,40	
CRDS (Contribution pour le Remboursement de la Dette Sociale)		Salaire brut × 0,97	0,50	
Recouvrement ASSEDIC				
Assurance chômage		Tranche A	2,44	4,04
Assurance chômage		Tranche B (3)	2,44	4,04
Assurance de garantie des salaires (FNGS/AGS)		Tranches A et B		0,35
Recouvrement Caisses de retraites				
Salariés non cadres (ARRCO)				
Retraite complémentaire		Tranche 1 (2)	3,00	4,50
AGFF (Association pour la Gestion du Fonds de Financement)		Tranche 1	0,80	1,20
Retraite complémentaire		Tranche 2 (4)	8,00	12,00
AGFF		Tranche 2	0,90	1,30
Salariés cadres :				
Retraite complémentaire	(ARRCO)	Tranche A	3,00	4,50
AGFF	(ARRCO)	Tranche A	0,80	1,20
Retraite complémentaire	(AGIRC)	Tranche B	7,70	12,60
AGFF	(AGIRC)	Tranche B	0,90	1,30
Retraite complémentaire	(AGIRC)	Tranche C (5)	7,70	12,60
Assurance décès cadre	(AGIRC)	Tranche A		1,50
Association pour l'emploi des cadres (APEC)		Tranche B	0,024	0,036
Contribution exceptionnelle temporaire (CET)		Tranche A, B et C	0,13	0,22

(1) Il convient de noter qu'il peut exister des exonérations (totales ou partielles) et des taux différents (situation géographique ou conventions collectiv
(2) La tranche A et la tranche 1 sont au maximum égales au plafond mensuel de la Sécurité sociale. **Ce plafond est au 1/01/2006 de 2 589 euros.** Lors des cotisations ont pour base la tranche A, elles se calculent :
- sur le salaire brut quand le salaire brut est < au plafond,
- sur le plafond quand le salaire brut est > au plafond.

(3) La tranche B est l'écart entre le plafond mensuel de la Sécurité sociale et 4 fois le plafond. Lorsque des cotisations ont pour base la tranche B, elle calculent :
- sur l'écart entre le salaire brut et le plafond mensuel de la Sécurité sociale quand le salaire brut est < à 4 fois le plafond,
- sur la tranche B quand le salaire brut est > à 4 fois le plafond.

(4) La tranche 2 est l'écart entre le plafond mensuel de la Sécurité sociale et 3 fois le plafond.
(5) La tranche C est l'écart entre 8 fois le plafond et 4 fois le plafond mensuel de la Sécurité sociale.

LES CONGÉS PAYÉS

FICHE RESSOURCE 9

À savoir

THÈME 7

L'ACQUISITION DES DROITS À CONGÉS

1. Principe

Le droit au congé est ouvert au salarié qui, au cours de **l'année de référence**, *soit entre le 1er juin de l'année précédente et le 31 mai de l'année en cours,* justifie avoir été occupé chez le même employeur pendant un temps équivalent à un minimum **d'un mois de travail effectif**. Certaines absences sont assimilées à du travail effectif, en particulier les absences pour congés payés, jours fériés, accidents du travail, événements familiaux, maternité, maladies professionnelles, formations professionnelles…

2. Nombre de jours de congés légaux

- Le code du travail accorde **2,5 jours ouvrables** (jour ouvrable = tous les jours sauf le dimanche) de congés payés par mois de travail.
- La durée totale du congé ne peut excéder 30 jours ouvrables. Toute fraction de jour de congé doit être comptée pour un jour complet.
- Il convient d'assimiler à un mois de travail effectif toute période complète équivalant à 4 semaines ou 24 jours de travail (horaire sur 6 jours), ou 22 (horaire sur 5,5 jours) ou 20 (horaire sur 5 jours).

Équivalences

2,5 jours pour	1 mois	4 semaines	24 jours	22 jours	20 jours
30 jours pour	12 mois	48 semaines (1)	288 jours (2)	264 jours	240 jours

(1) 48 = 4 × 12

(2) 288 = 24 × 12

Exemple pour un salarié ayant 220 jours de travail effectif dans une entreprise travaillant sur 5 jours : 220/20 = 11 périodes complètes *d'où* 11 × 2,5 = 27,5 *soit* 28 jours de congés.

L'INDEMNITÉ DE CONGÉS PAYÉS

L'employeur doit accorder au salarié une indemnité de congés payés dont le montant est le résultat le plus favorable au salarié de l'application des deux règles suivantes :

- **règle du 10e :** le salarié perçoit le 1/10 de la rémunération totale de l'année de référence ;
- **règle du maintien du salaire :** le salarié perçoit la rémunération qu'il aurait perçu pendant la période de congé s'il avait continué à travailler.

Exemple pour un salarié, ayant droit à 30 jours ouvrables de congés payés, qui a perçu 23 285 € sur la période de référence et dont le dernier salaire mensuel est de 1 960 €.

Règle du 1/10	Règle du maintien du salaire
23 285/10 = 2 328,50 €	(1 960 × 30)/26(1) = 2 261,50 € (1) 26 est la moyenne des jours ouvrables sur 1 mois (365 – 52)/12 = 26 (52 pour 52 dimanches)

Choisir la solution la plus avantageuse pour le salarié, soit 2 328,50 € pour 30 jours ouvrables de congés payés.

LES IMMOBILISATIONS

THÈME 8

LES ACTIFS IMMOBILISÉS

Un bien **utilisé**[1] **de façon durable** pour l'activité de l'entreprise est une **immobilisation**. Contrairement aux charges, les immobilisations ne sont pas consommées par le premier usage[2].

Le plan comptable distingue 3 catégories d'immobilisations :

Nature de l'immobilisation	Exemples	Numéros des comptes
Immobilisations incorporelles (éléments immatériels)	Fonds commercial, brevet, licences, logiciels…	201 à 208
Immobilisations corporelles (éléments matériels)	Terrain, construction, outillage, matériel de transport…	211 à 218
Immobilisations financières	Titres de participation, autres titres et prêts à long terme	Comptes 26 et 27

Les immobilisations sont enregistrées à leur **coût d'acquisition**. Certains frais annexes font partie de ce coût.

Coût d'acquisition = prix d'achat + frais de port + frais d'installation et de mise en service…

▶ Enregistrement comptable de l'acquisition

2…		Compte d'immobilisation	HT[a]	
44562		TVA déductible sur immobilisations	TVA	
	404	Fournisseurs d'immobilisations (b)		TTC
	ou 512	Banque		TTC

(a) sauf pour véhicules de tourisme, enregistrement TTC.
(b) éventuellement : 405 Fournisseurs d'immobilisations – Effets à payer.

LES AMORTISSEMENTS

Les actifs immobilisés se répartissent en deux catégories :
- ceux qui **ne s'usent pas :** terrains, fonds commercial, titres…
- ceux qui **s'usent :** matériel de transport, matériel de bureau et informatique, mobilier, brevets…

Une immobilisation est **amortissable** si son utilisation est limitée dans le temps ; dans ce cas, elle perd de la valeur en fonction de son utilisation.

Montant amortissable = coût d'acquisition – valeur résiduelle

La valeur résiduelle est le prix estimé de revente à l'issue de la durée d'utilisation. La durée d'utilisation est estimée par l'entreprise en fonction de l'utilisation prévue.

1. L'amortissement en mode constant ou linéaire

▶ **Champ d'application :** ce système peut être appliqué à tout bien amortissable.

▶ **Base de calcul de l'amortissement :** coût d'acquisition du bien HT – valeur résiduelle HT (la base est TTC quand la TVA n'est pas récupérable, pour les véhicules de tourisme notamment).

1. Le bien doit générer des avantages économiques : s'il n'est pas *utilisé*, il n'est pas, au sens comptable, une immobilisation.
2. Les biens durables dont la valeur est inférieure à 500 € sont assimilés à des charges.

FICHE RESSOURCE 10

Exemple : plan d'amortissement linéaire d'une machine achetée 9 300 € HT le 3 novembre N et mise en service le 10 novembre N ; durée d'utilisation : 5 ans. Valeur résiduelle : 300 €.

Taux linéaire : 100/5 = 20, donc 20 %

Durée d'utilisation

Montant à amortir :
9 300 – 300 = 9 000

Annuité = 9 000 × 0,20 = 1 800
Première annuité : 1 800/360 × 50 jours = 250

Prorata temporis
du 10/11/N au 31/12/N

Années	Valeur d'origine	Base amortissable	Annuités	Cumul des amortissements	Valeur comptable nette
N	9 300,00	9 000,00	250,00	250,00	9 050,00
N+1	9 300,00	9 000,00	1 800,00	2 050,00	7 250,00
N+2	9 300,00	9 000,00	1 800,00	3 850,00	5 450,00
N+3	9 300,00	9 000,00	1 800,00	5 650,00	3 650,00
N+4	9 300,00	9 000,00	1 800,00	7 450,00	1 850,00
N+5	9 300,00	9 000,00	1 550,00	9 000,00	300,00

1 800/360 × 310 = 1 550
Prorata temporis du 1/01/N+5 au 10/11/N+5

L'amortissement est terminé et la valeur comptable résiduelle du bien est de 300 €

Lorsque le calcul est effectué **prorata temporis** la première année, le tableau d'amortissement comporte **n + 1 lignes**.

2. Les autres modes d'amortissement

Le mode d'amortissement est **libre** mais doit refléter le **rythme des avantages économiques attendus** de l'utilisation du bien. L'amortissement constant (ou linéaire) est le mode le plus courant. Mais la répartition des amortissements peut aussi être faite en fonction du nombre d'unités produites à l'aide de l'immobilisation, du nombre de kilomètres parcourus par un véhicule, etc. L'administration fiscale accepte, pour certains biens, **l'amortissement dégressif** qui permet d'enregistrer une dépréciation plus importante les premières années.

▶ **Taux en mode dégressif** = taux linéaire × coefficient
- 1,25 pour 3 et 4 ans
- 1,75 pour 5 et 6 ans
- 2,25 au-delà de 6 ans

Le taux en mode dégressif s'applique sur la valeur restant à amortir.

Exemple : le même que ci-dessus.

Taux dégressif : 0,2 × 1,75 = 0,35

Taux linéaire — Coefficient

9 000 × 0,35 = 3 150
3 150 × 2/12 = 525

Prorata temporis :
du 1/11/N au 31/12/N

Début du mois d'achat : début de l'amortissement dégressif

Années	Valeur restant à amortir	Taux dégressif	Taux linéaire	Taux à appliquer	Amortissement de l'exercice	Cumul des amortissements	Valeur restant à amortir
N*	9 000,00	35 %	20 %	35 %	525,00	525,00	8 475,00
N+1	8 475,00	35 %	25 %	35 %	2 966,25	3 491,25	5 508,75
N+2	5 508,75	35 %	33,33 %	35 %	1 928,06	5 419,31	3 580,69
N+3	3 580,69	35 %	50 %	50 %	1 790,34	7 209,66	1 790,34
N+4	1 790,34	35 %	100 %	100 %	1 790,34	9 000,00	0,00

Passage en linéaire
100/2 > taux dégressif

8 475 × 0,35 = 2 966,25

Valeur comptable résiduelle

À l'issue du plan d'amortissement, la valeur restant à amortir est nulle mais **la valeur résiduelle est 0 + 300 = 300 €**

* La première année compte pour une année complète.

FICHE RESSOURCE 10

▶ Amortissement proportionnel à la production

Exemple : le même que précédemment ; la production attendue avec cette nouvelle machine est 1 000 unités pour la fin de l'année N, 5 000 pour N+1, 6 000 pour chacune des années suivantes, y compris N+5.
Valeur résiduelle : 300. Valeur à amortir : 9 000.
Production totale attendue : 30 000.

Année	Calcul amortissement	Montant amortissement	Cumul amortissement
N	9 000 × 1/30	300	300
N+1	9 000 × 5/30	1 500	1 800
N+2 à N+5	9 000 × 6/30	1 800	9 000

3. Les enregistrements comptables

L'amortissement est une charge **calculée**.

L'enregistrement comptable doit permettre de :

constater la charge et la dépréciation du bien

681 Dotations aux amortissements

Débit	Crédit
(31/12/N+1) 1 800	

28154 Amortissements des matériels industriels

Débit	Crédit
	250 (31/12/N)
	1 800 (31/12/N+1)

Enregistrement effectué dans le cas d'un amortissement linéaire le 31.12.N+1

déterminer la valeur résiduelle du bien

2154 Matériel industriel

Débit	Crédit
(3/11/N) 9 300	

Valeur d'origine Cumul des amortissements	9 300 2 050
Valeur résiduelle (fin N+1)	7 250

LA RÉGULARISATION DES SORTIES D'ACTIF

La **cession d'un bien** entraîne sa disparition du patrimoine de l'entreprise.

La valeur comptable d'une immobilisation cédée est sa **valeur résiduelle**, calculée à la date de cession. Pour obtenir cette valeur nette comptable, il faut amortir le bien de la date du début de l'exercice, jusqu'à la date de la cession et enregistrer une **dotation complémentaire** (calcul *prorata temporis*).

▶ Exemple : vente de la machine d'occasion (amortie en mode linéaire) pour 6 000 € HT, le 30/12/N+2

Débit	Crédit	Libellé	Débit	Crédit
		30/10/N+2		
462		Créances sur cessions d'immobilisations	7 176,00	
	44571	TVA collectée		1 176,00
	775	Produit des cessions d'éléments d'actif		6 000,00
		Vente de la machine		
		31/12/N+2		
6811		Dotations aux amortissements	1 500,00	
	28154	Amortissement du matériel industriel		1 500,00
		Dotation complémentaire de la machine (10 mois)		
		31/12/N+2		
675		Valeurs comptables des éléments d'actif cédés	5 750,00	
28154		Amortissement du matériel industriel	3 550,00	
	2154	Matériel industriel		9 300,00
		Sortie du patrimoine du camion		

Sortie du patrimoine : comptes soldés

Résultat de la cession = 6 000 – 5 750 = **250** ⇒ **Plus-value de 250 €**

LES PROVISIONS

FICHE RESSOURCE 11

À savoir

THÈME 9

La **provision** enregistre la dépréciation d'un actif ou un risque *probable.*

PROVISIONS POUR DÉPRÉCIATION

En comptabilité, la provision est la constatation comptable d'une *diminution* de la valeur d'un élément d'actif résultant de causes dont les effets sont *jugés réversibles.*

Éléments d'actif qui peuvent faire l'objet de provisions : les immobilisations, les créances, les titres, les stocks (un actif immobilisé qui, pour des raisons internes ou externes[1], semble perdre de la valeur hors amortissement doit faire l'objet d'un **test de dépréciation**).

1. Provisions pour dépréciation des créances

Elles concernent les **clients** qui risquent de ne pas pouvoir payer (difficultés de trésorerie...).

► **a.** ***Ces créances sont transférées*** pour leur montant TTC dans le compte 416 *Clients douteux.*

- Exemple : le client Bollard a des difficultés de trésorerie. Le montant de la créance TTC s'élève à 4 784 €.

- ***Enregistrement :***

416		Clients douteux	4 784	
	411	Clients		4 784

► **b.** ***La provision est constituée*** (part de la perte probable HT).

La dépréciation de la créance se calcule sur le montant hors taxe.

Provision = créance HT – estimation du montant HT récupérable.

- **Exemple :**

Noms des clients	Créance TTC au 31/12/N	Montant HT	Provision N–1	Pertes envisagées 31/12/N	Provision au 31/12/N	Dotations N	Reprises N
Frayon	5 980	5 000	500	30 %	1 500	1 000	
Paris	3 588	3 000	1 500	20 %	600		900
Bollard	4 784	4 000		50 %	2 000	2 000	
				Total		3 000	900

Les provisions constituées antérieurement sont *augmentées* (ex. : Frayon), *annulées* ou *réduites* (ex. : Paris).

- ***Enregistrement***

6817		Dotations aux provisions pour dépréciation des actifs circulants	3 000	
	491	Provisions pour dépréciation des comptes clients		3 000
491		Provisions pour dépréciation des comptes clients	900	
	7817	Reprises sur provisions pour dépréciation des actifs circulants		900

1. Exemples : dégradation (interne), modification de l'environnement (externe).

FICHE RESSOURCE 11

▶ c. ***Constatation des créances irrécouvrables :***

- ***Exemple :*** le client Albert doit 2 392 € TTC. Ce client est en liquidation judiciaire. La créance est irrécouvrable.
- ***Enregistrement***

654	Pertes sur créances irrécouvrables	2 000	
44571	TVA collectée	392	
411	Clients (ou 416 Clients douteux)		2 392

Les comptes concernant ce client sont soldés. Si une provision a été constituée l'année précédente, cette provision doit être annulée.

2. Provisions pour dépréciation des titres

Elles constatent la dépréciation financière des actions et obligations inscrites en valeurs immobilisées ou en valeurs mobilières de placement.

Provision = valeur d'achat – valeur d'inventaire

- ***Exemple***

Nature des titres	Nombre de titres	Prix d'achat unitaire	Provisions au 31/12/N–1	Cours au 31/12/N	Provisions au 31/12/N	Dotations au 31/12/N	Reprises sur provisions au 31/12/N
Actions GAN	10	200	100	180	200	100	
Actions UAP	20	100	200	102			200
					Total	100	200

À l'inventaire, les titres (immobilisations financières et valeurs mobilières de placement) sont évalués à la valeur dite « de marché », ou valeur de négociation, ou cours boursier[1] :

– si le cours est supérieur au cours d'achat, la plus value « latente » n'est pas enregistrée,

– si le cours est inférieur au prix d'achat, la moins value « latente » est enregistrée.

- ***Enregistrement des régularisations***

– La dotation :

6866	Dotations aux provisions pour dépréciation des éléments financiers	100	
590[a]	Provisions pour dépréciation des comptes financiers		100

[a] ou 29.. pour des titres immobilisés.

– L'annulation ou la reprise :

590[b]	Provisions pour dépréciation des comptes financiers	200	
7866	Reprises sur provisions pour dépréciation des éléments financiers		200

[b] ou 29.. pour des titres immobilisés.

1. Valeur boursière le plus souvent.

3. Provisions pour dépréciation des stocks

Elles concernent tous les types de stocks et se calculent pour chaque catégorie d'articles ou même pour chaque article.

Provision = coût d'acquisition (ou coût de production) – valeur vénale (ou valeur d'estimation)

- ***Exemple :*** soit un stock de marchandises de 1 000 € au 31/12/N. Le stock est déprécié de 10 % (détérioration ou changement de mode).

- ***Enregistrement de la dépréciation :***

6817		Dotations aux provisions pour dépréciation des actifs circulants	100	
	397	Provisions pour dépréciation des stocks		100

Les ajustements de provisions sur stocks (augmentation ou réduction) ne sont pas autorisés ; à la clôture des comptes il convient donc :
- d'annuler en totalité l'ancienne provision,
- de créer la provision nouvelle.

PROVISIONS POUR RISQUES

Elles sont destinées à couvrir des risques identifiés, liés à l'activité de l'entreprise dans ses rapports avec un tiers.
- ***Exemple :*** une entreprise est en procès avec un client au sujet d'une livraison. L'estimation de l'indemnité à payer est de 1 000 €.

- ***Enregistrement :***

68..		Dotations aux provisions	1 000	
	151	Provisions pour risques		1 000

FICHE RESSOURCE 12

L'INVENTAIRE

À savoir

THÈME 10

LES TRAVAUX D'INVENTAIRE

L'exercice comptable d'une entreprise est une période de 12 mois d'activité. Il correspond *le plus souvent* avec l'année civile.

Les opérations d'inventaire permettent à l'entreprise de *clore l'exercice* et de présenter des *documents de synthèse* pour :
– donner une image fidèle de la situation patrimoniale de l'entreprise (le bilan),
– apprécier la performance de l'entreprise (le compte de résultat).

L'inventaire est réalisé en 2 étapes.

- **L'inventaire extra-comptable ou physique :** c'est le recensement des éléments d'actif et de passif, en particulier les stocks (comptage physique et évaluation du stock final).
- **L'inventaire comptable :** c'est l'ensemble des enregistrements nécessaires pour *régulariser* les comptes à la fin de l'exercice.

La **régularisation** concerne :
– les amortissements des immobilisations,
– les sorties d'actif (cession…),
– les provisions,
– les variations des stocks,
– certaines charges et certains produits.

LES VARIATIONS DE STOCKS

Les comptes de stocks sont mis à jour à la fin de l'exercice. Le stock final (en fin d'exercice) est compté *physiquement* (inventaire extra-comptable *intermittent*).

Avant inventaire, le stock inscrit à l'actif du bilan est le stock du début d'exercice. En fin d'exercice, le stock doit être corrigé en fonction du stock compté physiquement.

Enregistrement

Il nécessite deux écritures et un compte spécifique pour saisir les *variations de stocks.*

- *Exemple :* voici l'état des stocks d'une entreprise, en € pour l'exercice N.

N°	Comptes	Stock initial	Stock final	Variation de stock
310	Matières premières	4 000	3 000	1 000[a]
355	Produits finis	2 000	1 000	– 1 000[b]

Stock initial > stock final = déstockage
Stock initial < stock final = stockage

Dans l'exemple, il y a déstockage dans les deux cas.

(a) Variation des stocks des marchandises et des autres approvisionnements = SI – SF.
(b) Variation des stocks des produits = SF – SI.

		31 décembre N		
6031		Variation des stocks de matières premières	4 000	
713		Variation des stocks des produits	2 000	
	310	Stocks de matières premières		4 000
	355	Stocks de produits		2 000
		Annulation du stock initial		
		31 décembre N		
310		Stocks de matières premières	3 000	
355		Stocks de produits	1 000	
	6031	Variation des stocks de matières premières		3 000
	713	Variation des stocks des produits		1 000
		Constatation du stock final		

FICHE RESSOURCE 12

Les comptes utilisés

Comptes	Numéros	Stocks	Variation de stocks
Matières premières	601	31	6031
Autres approvisionnements	602	32	6032
Marchandises	607	37	6037
En-cours de production	708	33 et 34	7133 et 7134
Produits	701	35	7135

LA RÉGULARISATION DES CHARGES

1. Les charges à payer et à intégrer

Une charge concerne l'exercice N, mais le document qui entraîne l'enregistrement comptable sera reçu en N+1.

- *Exemple :* le loyer d'un local aménagé de 3 000 € HT est payé à terme échu tous les trois mois. La prochaine échéance aura lieu fin février. Il faut intégrer le loyer de décembre à l'exercice N.

		31 décembre N			
613		Locations	1 000		← Charges de décembre
4458		Taxe sur le chiffre d'affaires à régulariser	196		← TVA en attente
	408	Fournisseurs, factures non parvenues		1 196	← Dettes-fournisseurs

La TVA est enregistrée dans un compte de TVA à régulariser (4458), car elle sera déductible à la réception de la facture. La dette doit apparaître TTC.

- *Enregistrements comptables*

Débit	Crédit
Comptes de charges 6...	**Charges à payer**
60, 61 et 62 : achats et autres charges externes	408 : fournisseurs, factures non parvenues
63 : impôts...	448 : état, charges à payer
64 : charges de personnel	428 : personnel, charges à payer 438 : organismes sociaux, charges à payer
66 : charges financières	518 ou 1688 : intérêts courus

2. Les charges constatées d'avance ou à exclure

Certaines charges ont été comptabilisées en N, mais elles concernent l'exercice N+1, totalement ou en partie.

- *Exemple :* une trimestrialité de crédit-bail de 1 500 € HT a été payée et enregistrée le 1er décembre pour les trois mois à venir. Il faut donc exclure la partie de la redevance concernant les mois de janvier et février N+1.

Débit	Crédit	Libellé	Débit	Crédit	
486		Charges constatées d'avance	1 000		Compte de régularisation
	612	Redevances de crédit-bail		1 000	Exclusion de charges concernant l'exercice N+1

LA RÉGULARISATION DES PRODUITS

1. Les produits à recevoir et à intégrer

Le montant est imputable à l'exercice en cours, mais la pièce comptable sera enregistrée au cours de l'exercice suivant, lors de sa réception.

- *Exemple :* des marchandises ont été livrées à un client ; la facture de 1 000 € HT sera envoyée courant janvier N+1. Il faut intégrer les ventes à l'exercice N.

Débit	Crédit	Libellé	Débit	Crédit	
418		Clients, produits non encore facturés	1 196		Créances-clients
	4458	Taxe sur le chiffre d'affaires à régulariser		196	TVA en attente
	707	Ventes de marchandises		1 000	Produits de décembre

Débit	Crédit
2768 : intérêts courus	7… : compte de produits concerné
4098 : rabais, remises, ristournes à obtenir	
418 : clients, produits non encore facturés	

2. Les produits constatés d'avance et à exclure

Les produits sont comptabilisés pour l'exercice N, mais imputables à l'exercice N+1.

- *Exemple :* un lot de marchandises d'une valeur de 1 000 € HT a été facturé à un client. La livraison ne sera effectuée qu'en janvier. Le client n'est pas venu prendre livraison de la marchandise. Il faut exclure les ventes de l'exercice N.

Débit	Crédit	Libellé	Débit	Crédit	
707		Ventes de marchandises	1 000		Ventes de N+1
	487	Produits constatés d'avance		1 000	Compte de régularisation

L'ORGANISATION COMPTABLE

THÈME 11

Tout au long de l'exercice comptable, l'entreprise peut utiliser un logiciel de comptabilité pour enregistrer toutes ses opérations comptables.

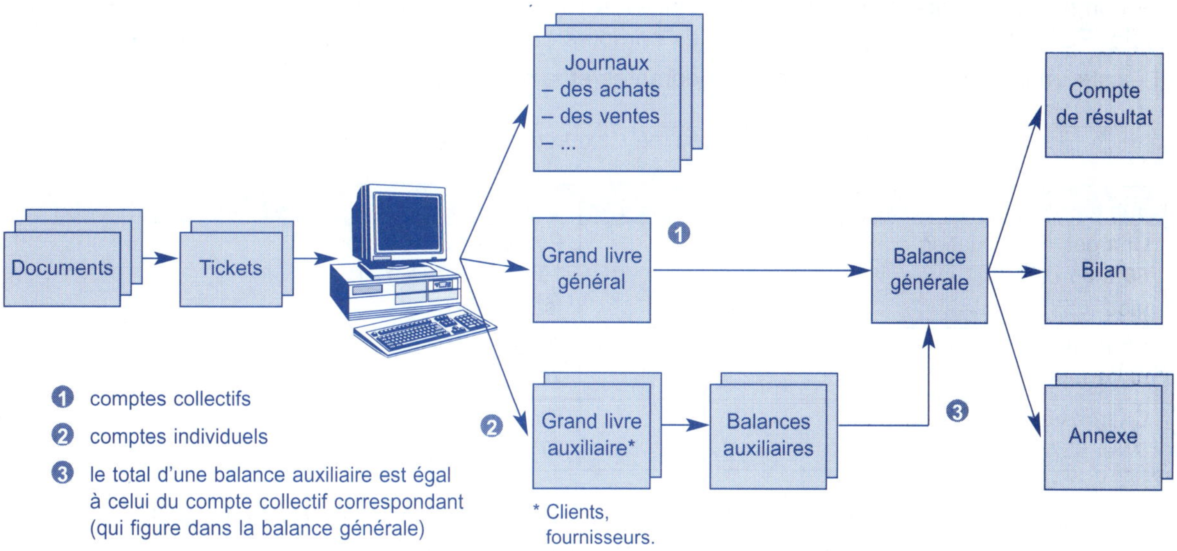

Le journal

Il est souvent divisé en plusieurs journaux auxiliaires qui permettent d'enregistrer séparément les grandes catégories d'opérations. Les plus fréquemment sont :

- le journal des achats,
- le journal des ventes,
- le journal de banque,
- le journal de caisse,
- le journal des opérations diverses.

Les balances auxiliaires

Elles présentent les listes des comptes individuels. Par exemple, le compte fournisseur du plan comptable (401) peut être décomposé en autant de comptes que de fournisseurs. Tous les comptes individuels des fournisseurs sont listés dans la balance auxiliaire des fournisseurs.

La clôture de l'exercice

La clôture sur système informatique est effectuée après impression du compte de résultat et du bilan. Elle solde les comptes de charges et de produits.

L'annexe

Elle est jointe au bilan. Elle contient le tableau des immobilisations, des amortissements (exemple page 47) des provisions, l'état des créances et des dettes, ... Elle facilite la lecture du bilan.

FICHE RESSOURCE 14

LES DOCUMENTS DE SYNTHÈSE

À savoir

THÈME 11

LE COMPTE DE RÉSULTAT

Le compte de résultat traduit la performance de l'activité de l'entreprise durant un exercice comptable. Pour établir ce compte, on utilise les comptes de la classe **6** (**charges**) et **7** (**produits**).

Il existe un lien entre la codification des comptes et la structure du compte de résultat.

COMPTE DE RÉSULTAT DE L'EXERCICE (EN GRANDES MASSES)

Charges	Produits
Charges d'exploitation **60** à **65** et 681 (sauf 655)	Produits d'exploitation **70** à **75** et 781, 791 (sauf 755)
Charges financières **66** et 686	Produits financiers **76** et 786, 796
Charges exceptionnelles **67** et 687	Produits exceptionnels **77** et 787, 797

Les réductions commerciales sur les opérations d'achat (classe 6) et de vente (classe 7) dont le troisième numéro est un 9 sont soustraites des comptes correspondants.

LE BILAN

Le bilan décrit le patrimoine de l'entreprise à un moment donné. Ce document est établi à partir des soldes des comptes de la classe 1 à la classe 5. Pour les comptes de la classe 4 et 5, le solde dans la balance déterminera la position dans le bilan.

BILAN AU 31/12/N* (EN GRANDES MASSES)

Actif	Passif
Actif immobilisé **2..**	Capitaux propres **10** à **14** Provisions pour risques et charges 15
Actif circulant **3..** **4** et **5** débiteurs	Dettes 16 **4** et **5** créditeurs
Régularisations 486	Régularisations 487

* L'exercice comptable ne coïncide pas forcément avec l'année civile.

L'ANALYSE DU RÉSULTAT

FICHE RESSOURCE 15 – À savoir

THÈME 12

LES SOLDES INTERMÉDIAIRES DE GESTION

Ventes de marchandises		**Production de l'exercice**		
Coût d'achat des marchandises vendues	**Marge commerciale**	Production vendue	Production stockée	Production immobilisée

*La **production de l'exercice** mesure l'activité productive de l'entreprise.*

*La **marge commerciale** constitue un indicateur fondamental de l'activité des entreprises commerciales.*

Consommations de l'exercice en provenance de tiers	**Valeur ajoutée**	Subventions d'exploitation

*La **valeur ajoutée** mesure la performance de l'entreprise. Elle permet la rémunération des facteurs de production : personnel, État, prêteurs, investisseurs, associés…*

Impôts et taxes	Charges de personnel	**Excédent brut d'exploitation (EBE)**	Autres produits d'exploitation	Reprises et transferts de charges d'exploitation

*L'**EBE** est la ressource dégagée par l'activité pour maintenir et/ou développer l'outil de production et pour rémunérer les capitaux engagés (propres et empruntés).*

*Le **résultat d'exploitation** mesure la performance de l'entreprise indépendamment de sa politique financière, fiscale, d'investissement, de distribution.*

Dotations aux amortissements et provisions d'exploitation	Autres charges d'exploitation	**Résultat d'exploitation**	Produits financiers

*Le **résultat courant avant impôts** met en évidence la gestion financière et son impact dans la formation du résultat de l'entreprise.*

Charges financières	**Résultat courant avant impôts**	**Résultat exceptionnel (1)**

(1) Produits exceptionnels – Charges exceptionnelles.

*Le **résultat de l'exercice** tient compte des opérations exceptionnelles ou extérieures à l'exploitation. Il permet de rémunérer sous forme de dividendes et de dégager un autofinancement.*

Participation des salariés	Impôts sur les sociétés	**Résultat de l'exercice**

FICHE RESSOURCE 15

LA CAPACITÉ D'AUTOFINANCEMENT

Le développement d'une entreprise nécessite une étude de ses besoins et de leur financement.

- **L'autofinancement** est l'affectation des profits au financement des biens durables. C'est aussi l'ensemble des ressources disponibles après paiement des matières premières et des services, de la rémunération du travail, des impôts, des intérêts et des dividendes.
- **La capacité d'autofinancement (CAF)** est égale au flux net de trésorerie généré par l'entreprise. C'est l'excédant brut d'exploitation augmenté des produits encaissables et diminué des charges décaissables.

CAPACITÉ D'AUTOFINANCEMENT	
DIVIDENDES DISTRIBUÉS	AUTOFINANCEMENT

Le plan comptable général prévoit un calcul de la CAF à partir de l'EBE.

EXCÉDENT BRUT D'EXPLOITATION	+ **PRODUITS ENCAISSABLES** Autres produits de gestion courante Transferts de charges Produits financiers Produits exceptionnels (hors cession)
– **CHARGES DÉCAISSABLES** Autres charges de gestion courante Charges financières Charges exceptionnelles (hors cession)	= **CAPACITÉ D'AUTOFINANCEMENT**

▶ **Vérification de la CAF** = Résultat de l'exercice
– Produits calculés
+ Charges calculées

Produits calculés *= Reprises sur amortissements et provisions*
+ Produits des cessions d'éléments d'actif

Charges calculées *= Dotations aux amortissements et provisions*
+ VCN des éléments d'actif cédés

LES RATIOS

Un **ratio** est un indicateur : c'est un rapport établi entre deux valeurs.

Quelques ratios significatifs

- **Rentabiltié commerciale** $= \dfrac{\text{EBE}}{\text{Chiffre d'affaires HT}}$
- **Part de la CAF dans la valeur ajoutée** $= \dfrac{\text{CAF} \times 100}{\text{VA}}$
- **Évolution de la CAF** $= \dfrac{(\text{CAF n} - \text{CAF n} - 1) \times 100}{\text{CAF n} - 1}$

LE BILAN FONCTIONNEL

FICHE RESSOURCE 16

À savoir

THÈME 13

LA STRUCTURE DU BILAN FONCTIONNEL

Dans un **bilan fonctionnel**, les ressources et les emplois sont classés selon la *nature du cycle :* cycle d'exploitation d'une part, cycle d'investissement et de financement d'autre part. Le bilan comptable est donc retraité pour obtenir le bilan fonctionnel.

Les amortissements et les provisions sont de l'**autofinancement** donc des **ressources** (au passif) ; par suite, les **emplois** correspondants sont inscrits en **valeurs brutes**.

LES GRANDES MASSES DU BILAN FONCTIONNEL

ACTIF	PASSIF
EMPLOIS STABLES ACTIF IMMOBILISÉ (Valeurs brutes) Immobilisations incorporelles Immobilisations corporelles Immobilisations financières *+ charges à répartir*	**RESSOURCES STABLES** RESSOURCES PROPRES Capitaux propres Provisions pour risques et charges Amortissements et provisions DETTES FINANCIÈRES Dettes financières (sauf concours bancaires)
ACTIF CIRCULANT ACTIF D'EXPLOITATION (Valeurs brutes) Avances et acomptes versés Stocks et en-cours Créances clients Autres créances d'exploitation Charges constatées d'avance ACTIF HORS EXPLOITATION (Valeurs brutes) Créances diverses Valeurs mobilières de placement	**PASSIF CIRCULANT** DETTES D'EXPLOITATION Avances et acomptes reçus Dettes fournisseurs Dettes fiscales d'exploitation Produits constatés d'avance DETTES HORS EXPLOITATION Dettes fournisseurs d'immobilisations Dettes fiscales (IS) Autres dettes hors exploitation
TRÉSORERIE ACTIF Disponibilités	TRÉSORERIE PASSIF Concours bancaires courants

Retraitements

- Les **amortissements** et les **provisions** sont transférés dans les ressources stables.
- Les **concours bancaires courants** sont considérés comme un élément du passif circulant (trésorerie de passif).
- Les **charges et les produits constatés d'avance** se rapportent, en général, à l'exploitation.

FICHE RESSOURCE 16

LE FONDS DE ROULEMENT NET GLOBAL, LE BESOIN EN FONDS DE ROULEMENT, LA TRÉSORERIE

Le **fonds de roulement net global (FRNG)** est constitué par l'excédent des ressources stables sur les emplois stables. C'est la partie de l'actif circulant financée par des ressources stables.

FRNG = RESSOURCES STABLES – EMPLOIS STABLES

Le FRNG est la marge de sécurité dont dispose l'entreprise. Il permet de faire face aux besoins générés par le cycle d'exploitation. Le **besoin en fonds de roulement** est :

BFR = EMPLOIS CIRCULANTS – PASSIF CIRCULANT

TRÉSORERIE NETTE = TRÉSORERIE ACTIF – TRÉSORERIE PASSIF

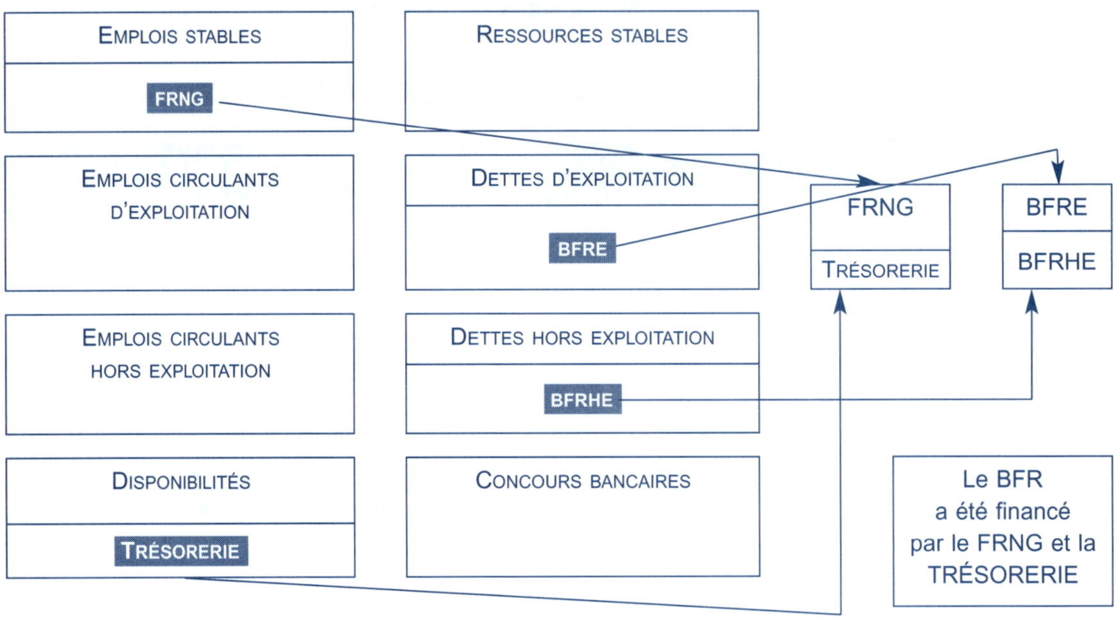

- *Remarque : ce schéma est une situation particulière, d'autres cas peuvent exister.*

On peut fonder l'analyse du bilan sur le calcul de **ratios**.

Intitulés des ratios	Calculs	Analyse et actions
Durée moyenne de stockage	$\frac{\text{Stock moyen} \times 360 \text{ jours}}{\text{Achats annuels HT}}$	Il faut accélérer la rotation des stocks pour améliorer la trésorerie
Durée moyenne du crédit-clients	$\frac{\text{Créances moyennes} \times 360 \text{ jours}}{\text{Ventes annuelles TTC}}$	La durée du crédit-client doit être inférieure à celle du crédit-fournisseur
Durée moyenne du crédit-fournisseurs	$\frac{\text{Dettes moyennes} \times 360 \text{ jours}}{\text{Achats annuels TTC}}$	La durée du crédit fournisseur peut être allongée
Couverture des immobilisations	$\frac{\text{Ressources stables}}{\text{Emplois stables}}$	Pour un bon équilibre structurel, il doit être supérieur à 1
Couverture des capitaux investis	$\frac{\text{Ressources stables}}{\text{Emplois stables + BFR}}$	La stratégie à long terme est assurée par un ratio > 1
Taux d'endettement	$\frac{\text{Dettes financières}}{\text{Capitaux propres + Amortissements}}$	Il doit être le plus faible possible

LE CALCUL DES COÛTS

THÈME 14

La **comptabilité analytique d'exploitation** est un mode de traitement des charges issues de la comptabilité générale. L'objectif est d'analyser le résultat de l'exercice en différenciant le prix de vente de la somme totale des charges pour chaque bien ou service produit.

La somme des charges affectée ou imputée à un produit constitue un **coût**.
Le **coût de revient** d'un produit est le coût *complet*, au stade final.

LES CHARGES INCORPORÉES AUX COÛTS

Les charges de la comptabilité générale sont enregistrées selon des critères juridiques et fiscaux. Pour déterminer un coût complet « économique » permettant des comparaisons interentreprises, il faut effectuer des corrections.

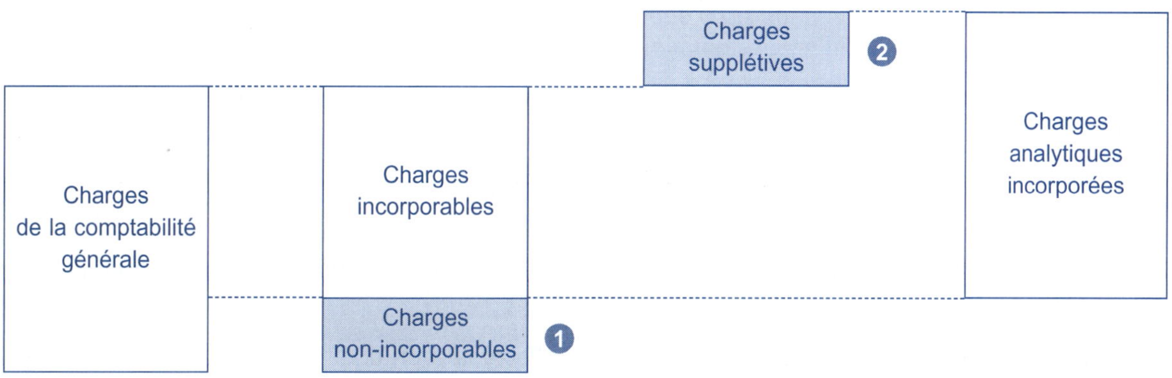

❶ **Charges non-incorporables :** charges qui ne sont pas liées à l'exploitation (ex. : les amendes pénales).

❷ **Charges supplétives :** charges qui n'apparaissent pas dans la comptabilité générale, mais qui augmentent le coût du produit (ex. : rémunération des dirigeants non salariés et des capitaux).

LES ÉTAPES DU CALCUL DU COÛT COMPLET

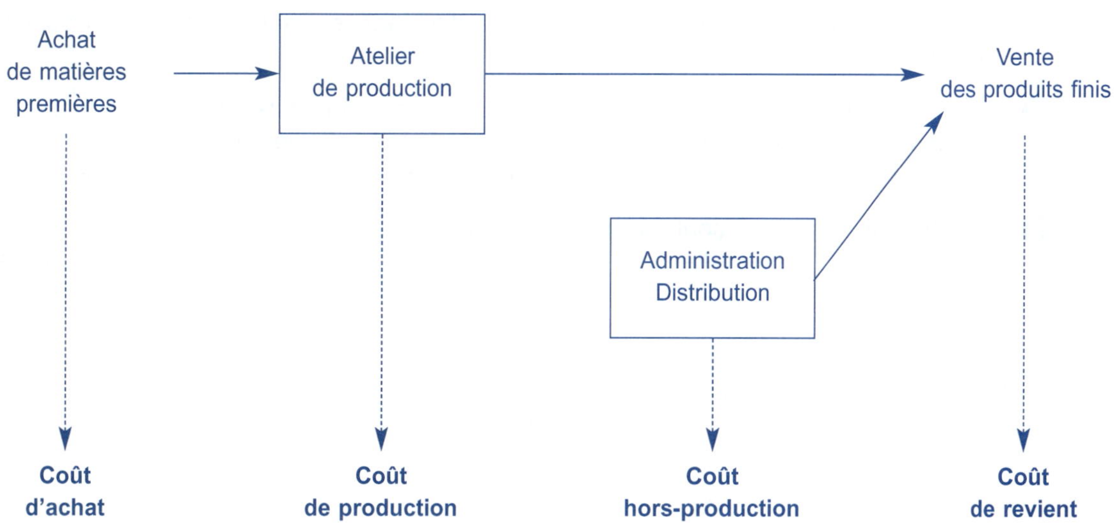

FICHE RESSOURCE 17

CHARGES DIRECTES, CHARGES INDIRECTES

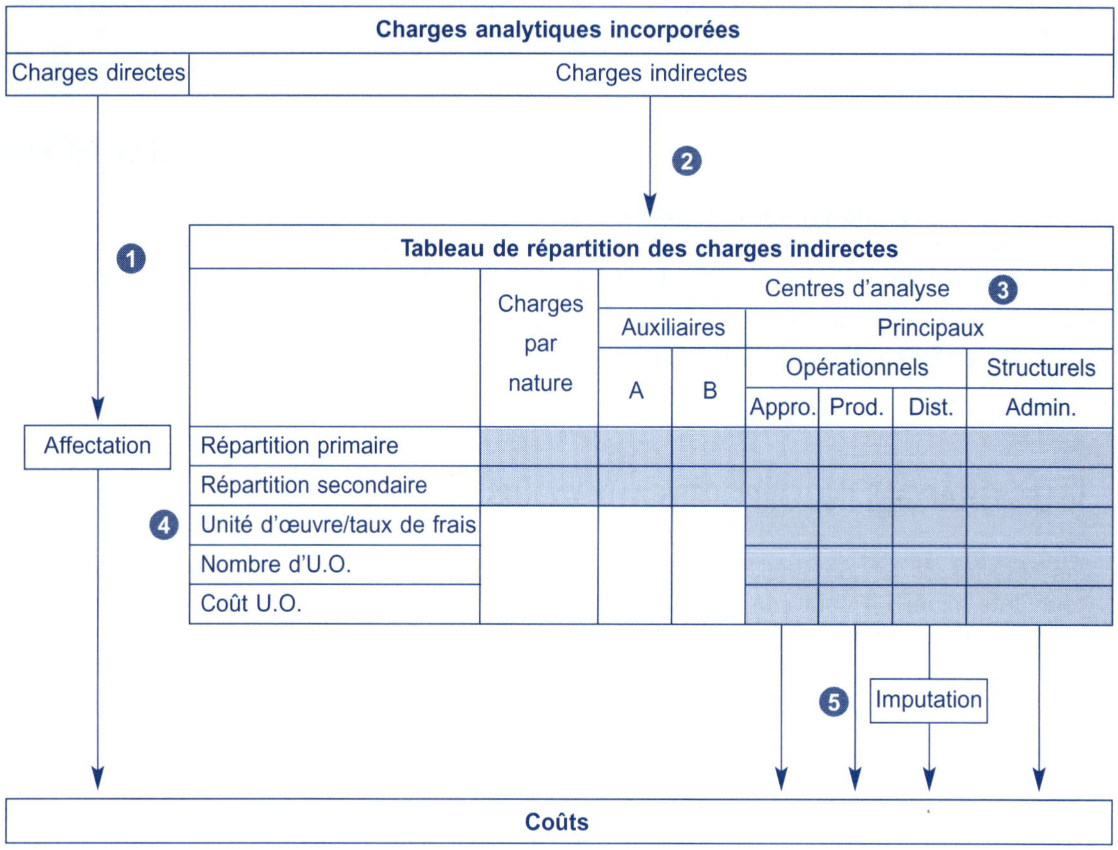

Les zones tramées dans le tableau de répartition des charges indirectes contiennent des données ou des résultats calculés.

❶ Les **charges directes** sont *directement affectées* à un coût (ex. : matière première, main d'œuvre).

❷ Les **charges indirectes** sont d'abord *réparties entre les centres* (ex. : amortissement, location) puis *imputées* aux coûts.

❸ Les **centres d'analyse** correspondent à un découpage comptable fonctionnel de l'entreprise.

Les centres d'analyse **auxiliaires** fournissent des prestations nécessaires aux centres **principaux**. Leur coût obtenu après répartition primaire des charges par nature est ventilé entre les centres principaux lors de la répartition secondaire.

Parmi les centres d'analyse principaux, on distingue les centres d'analyse opérationnels (directement liés aux produits) et les centres d'analyse structurels (liés au fonctionnement général de l'entreprise).

❹ L'activité des centres d'analyse est mesurée par une unité physique appelée **unité d'œuvre**. Une unité monétaire appelée taux de frais (ou assiette) est utilisée lorsqu'il n'est pas possible de trouver une unité physique compatible avec l'activité du centre.

❺ Les charges indirectes sont imputées aux coûts.

LA VALORISATION DES STOCKS

FICHE RESSOURCE 18 — À savoir

THÈME 15

L'INVENTAIRE PERMANENT

L'inventaire permanent permet le suivi régulier des mouvements de stock.

Les **entrées** en stock sont valorisées :
- au coût d'achat pour les matières premières, marchandises et autres approvisionnements,
- au coût de production pour les produits.

Les **sorties** sont valorisées au coût moyen pondéré ou par épuisement des lots.

LE COÛT MOYEN PONDÉRÉ (CMP)

Le coût moyen pondéré peut-être calculé **après chaque entrée** ou sur la totalité de la **période**[1].

FICHE DE STOCK (CMP EN FIN DE PÉRIODE) – TABLEAU D'ENREGISTREMENT ET D'ÉVALUATION DES MOUVEMENTS DE STOCK

	Entrées			Sorties			Stock		
Dates	Quantités	Coût unitaire	Coût total	Quantités	Coût unitaire	Coût total	Quantités	Coût unitaire	Coût total
01-mars							210	13,00	2 730,00
02-mars				110	13,21	1 452,92	100	13,21	1 277,08
08-mars	150	13,50	2 025,00				250	13,21	3 302,08
10-mars				150	13,21	1 981,25	100	13,21	1 320,83

$$\text{CMP} = \frac{\text{Valeur du stock initial} + \text{Valeur des entrées}}{\text{Quantité du stock initial} + \text{Quantité des entrées}} = \mathbf{13{,}21}$$

FICHE DE STOCK (CMP APRES CHAQUE ENTRÉE) – TABLEAU D'ENREGISTREMENT ET D'ÉVALUATION DES MOUVEMENTS DE STOCK

	Entrées			Sorties			Stock		
Dates	Quantités	Coût unitaire	Coût total	Quantités	Coût unitaire	Coût total	Quantités	Coût unitaire	Coût total
01-mars							210	13,00	2 730,00
02-mars				110	13,00	1 430,00	100	13,00	1 300,00
08-mars	150	13,50	2 025,00				250	13,30	3 325,00
10-mars				150	13,30	1 995,00	100	13,30	1 330,00

L'ÉPUISEMENT DES LOTS

Chaque entrée en stock est individualisée par un lot. Les quantités sorties sont toujours prélevées dans le lot le plus ancien (premier entré, premier sorti) et valorisées d'après le coût des lots auxquelles elles appartiennent. C'est la technique du **« premier entré, premier sorti »** (PEPS).

FICHE DE STOCK (PEPS) – TABLEAU D'ENREGISTREMENT ET D'ÉVALUATION DES MOUVEMENTS DE STOCK

	Entrées			Sorties			Stock		
Dates	Quantités	Coût unitaire	Coût total	Quantités	Coût unitaire	Coût total	Quantités	Coût unitaire	Coût total
01-mars							210	13,00	2 730,00
02-mars				110	13,00	1 430,00	100	13,00	1 300,00
08-mars	150	13,50	2 025,00				100 150	13,00 13,50	1 300,00 2 025,00
10-mars				100 50	13,00 13,50	1 300,00 675,00	100	13,50	1 350,00

1. Le mois en général.

FICHE RESSOURCE 19

LE COÛT COMPLET

À savoir

THÈME 15

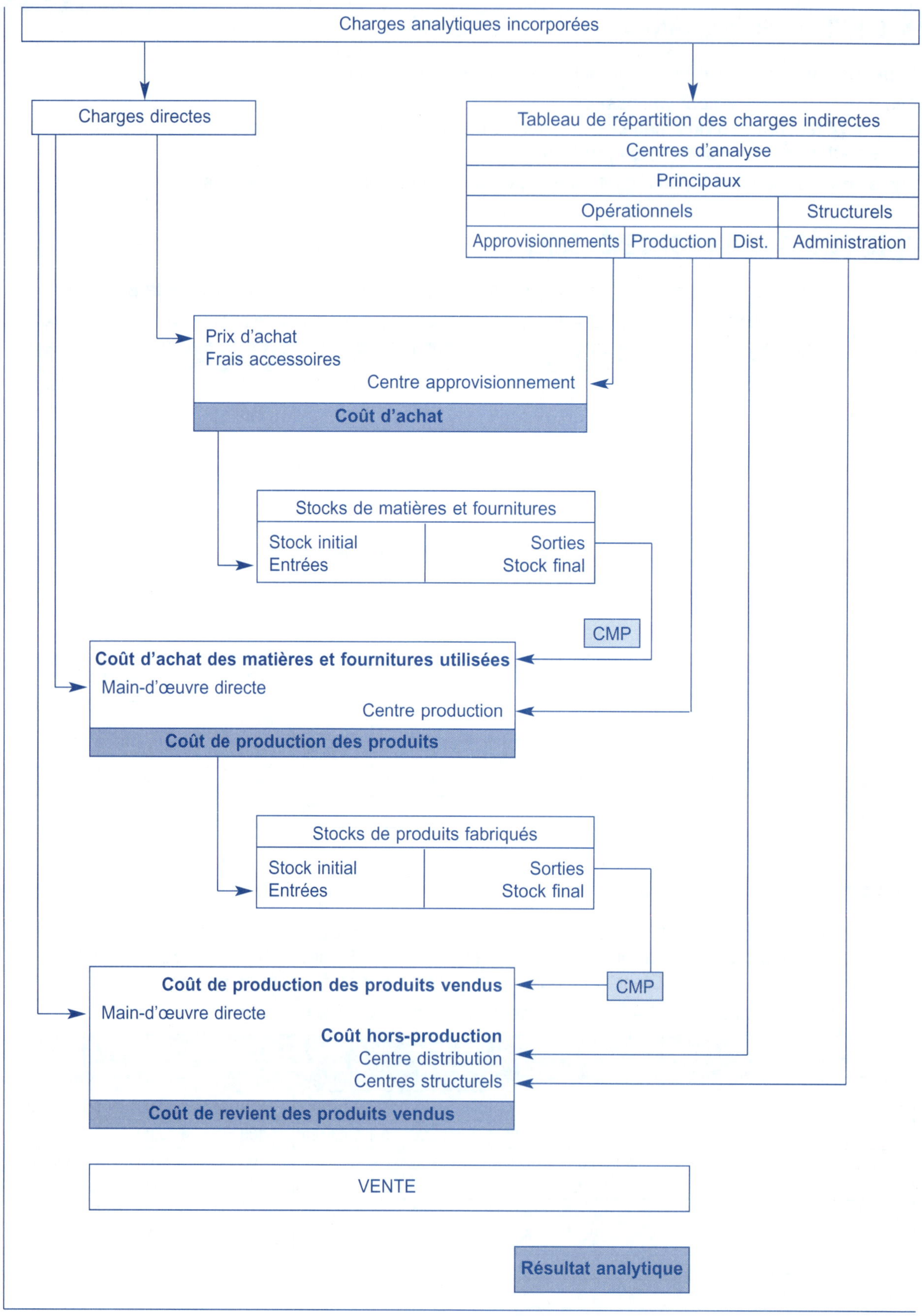

LA GESTION DES STOCKS

FICHE RESSOURCE 20 — À savoir

THÈME 15

LE COÛT DU STOCKAGE

Le **coût de possession du stock**, noté C_p, est composé du coût de location ou d'amortissement du local, du coût de l'assurance, du coût des capitaux finançant le stock, … Il est calculé forfaitairement comme suit :

$$C_p = \frac{C}{2N} \times t$$

- C : Consommation annuelle (en valeur)
- t : Coût pour 1 € de stock et pour 1 an
- N : Nombre de commandes dans l'année

Le taux t est le coût de possession annuel pour 1 € ; il est appliqué au stock moyen $\frac{C}{2N}$.

LE DÉCLENCHEMENT DES COMMANDES

Le **stock de sécurité** doit permettre de faire face aux aléas de consommation ou de livraison. Il ne doit pas être entamé dans les conditions normales de fonctionnement.

Le **stock d'alerte** est le stock de sécurité augmenté de la quantité nécessaire entre le déclenchement de la commande et la livraison.

- Dans le cas d'une *consommation régulière*, l'entreprise passe ses commandes avec une périodicité constante et pour une quantité fixe.
- Dans le cas d'une *consommation irrégulière*, l'entreprise peut :
  - avoir des livraisons de quantités variables avec une périodicité fixe ;
  - avoir une périodicité variable avec une quantité livrée constante.

Le déclenchement de la commande dépend du délai de livraison.

LE COÛT DE GESTION DU STOCK

Le **coût total de gestion du stock** (C_t) est la somme :

- du coût de possession,
- du coût de lancement des commandes (C_l).

$$C_l = NP$$

- P : Coût du lancement d'une commande P
- N : Nombre de commandes N

$$\mathbf{C_t = C_p + C_l}$$

L'entreprise doit chercher à minimiser le coût total de gestion du stock en faisant varier le nombre de commandes. Elle obtient ainsi le nombre de commandes optimal.

FICHE RESSOURCE 21 — À savoir

LA VARIABILITÉ DES CHARGES

THÈME 16

LA MARGE SUR COÛT VARIABLE

Les **charges opérationnelles** ou **charges variables** *augmentent* ou *diminuent* dans le même sens que le volume d'activité (de façon plus ou moins proportionnelle).

Les **charges de structure** ou **charges fixes** sont *constantes* en courte période ; seule une modification importante du volume d'activité, nécessitant une modification des structures, peut entraîner leur variation.

Un **coût variable** est une *somme de charges variables.* C'est un *coût partiel* qui ne tient pas compte des charges fixes. À chaque coût partiel correspond une marge :

Marge sur coût variable = Chiffre d'affaires – Coût variable

À partir de ces éléments, on peut présenter schématiquement un **compte de résultat différentiel**.

- *Exemple :*

	Montant	%
Chiffre d'affaires	**46 700**	100
Coût variable	34 558	
Marge sur coût variable	**12 142**	26
Charges fixes	8 944	
Résultat	3 198	

Coût variable → Somme des charges variables

26 → Taux de marge sur coût variable

Lorsqu'une entreprise fabrique et/ou distribue plusieurs catégories de produits, la somme des marges sur coûts variables par produit constitue la marge sur coût variable de l'entreprise :

Marge sur coût variable globale – Charges de structure = Résultat comptable avant impôt

- *Exemple :* une entreprise qui fabrique deux produits P_1 et P_2 peut calculer ses marges selon le schéma suivant.

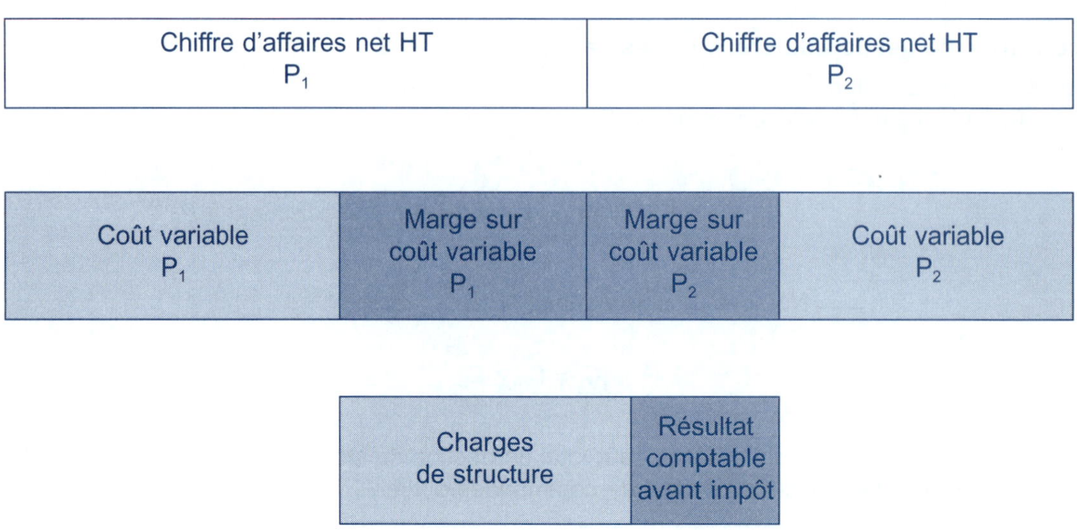

LE CALCUL DU SEUIL DE RENTABILITÉ

Le **seuil de rentabilité** (appelé parfois *chiffre d'affaires critique* ou encore *point mort*) est le chiffre d'affaires pour lequel :

Résultat = 0
Marge sur coût variable = Charges de structure
Chiffre d'affaires = Total des charges

On le calcule selon deux méthodes :

(1) $\text{Seuil de rentabilité} = \dfrac{\text{Chiffre d'affaires} \times \text{Charges fixes}}{\text{Marge sur coût variable}} = \dfrac{\text{Charges fixes}}{\text{Taux de marge sur coût variable}}$

(2) $\text{Seuil de rentabilité} = \dfrac{\text{Charges fixes}}{\text{Marge sur coût variable unitaire}} \times \text{Prix de vente unitaire HT}$

La première méthode exprime des proportionnalités : $\dfrac{SR}{CF} = \dfrac{CA}{MCV}$

La deuxième méthode montre bien que chaque produit dégage une marge qui couvre une partie des charges fixes; quand toutes les charges fixes sont couvertes, on a atteint le seuil de rentabilité; toute marge supplémentaire constitue un bénéfice.

- *Exemple* (données de la page précédente)

$$SR = \frac{8\,944}{0,26} = 34\,400$$

*Détermination de la **date** à laquelle le seuil de rentabilité est atteint :*

en jours $\dfrac{360 \times SR}{CA} \approx 265$ jours, soit le 25 septembre.

LES REPRÉSENTATIONS GRAPHIQUES

- **SR = CA pour lequel MCV = CF**

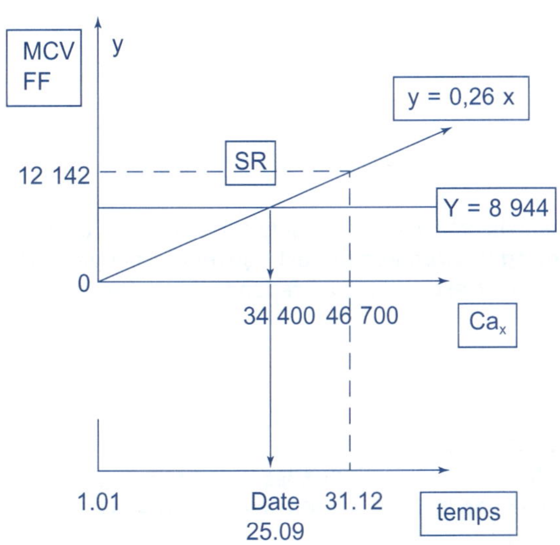

- **SR = CA pour lequel résultat = 0**

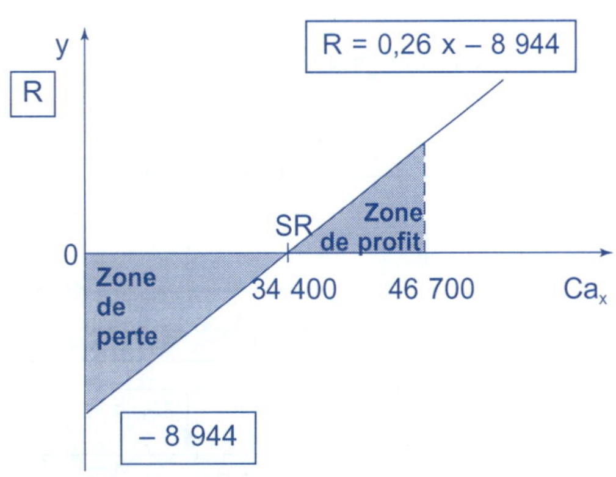

Analyse

Le chef d'entreprise veut connaître la date à laquelle le seuil de rentabilité est atteint, pour déterminer la **marge de sécurité** dont l'entreprise dispose pour faire face aux aléas tels que les grèves, les intempéries, et autres dysfonctionnements touchant l'activité.

FICHE RESSOURCE 22

LE TABLEAU DE BORD
LA GESTION BUDGÉTAIRE

À savoir

THÈME 17

LE TABLEAU DE BORD

Le tableau de bord est un support d'informations pertinentes, de structure et de contenu stables sur une certaine période, utilisé de façon régulière pour accompagner actions et décisions.

Les indicateurs qui le composent doivent être choisis rationnellement en fonction des informations que l'on veut connaître. L'évolution de ces indicateurs permet :

- la prise de conscience de problèmes qui peuvent être préoccupants pour l'avenir de l'entreprise,
- la prise de décisions grâce à des comparaisons entre :
  - indicateurs réels actuels et indicateurs réels passés,
  - indicateurs réels actuels et indicateurs prévisionnels.

LA GESTION BUDGÉTAIRE

La gestion prévisionnelle a pour but de rationaliser les prises de décision. Diverses techniques sont utilisées dont la gestion budgétaire. Celle-ci repose sur les budgets qui sont l'expression quantitative et monétaire d'un programme d'action envisagé pour une période donnée.

1. Les phases de la gestion budgétaire

- **Phase de prévision :** la prévision est réalisée à partir de données internes à l'entreprise (grâce à la comptabilité notamment) et externes (études de marché, concurrence, clientèle…).
- **Phase de budgétisation :** la budgétisation est la récapitulation de données chiffrées dans des budgets correspondant généralement aux grandes fonctions de l'entreprise (ventes, approvisionnements, production…).
- **Phase de contrôle :** le contrôle compare les réalisations et les prévisions pour
  - faire apparaître les écarts ;
  - rechercher leurs causes et déterminer les responsabilités ;
  - trouver des solutions pour améliorer la situation.

2. L'organisation des budgets

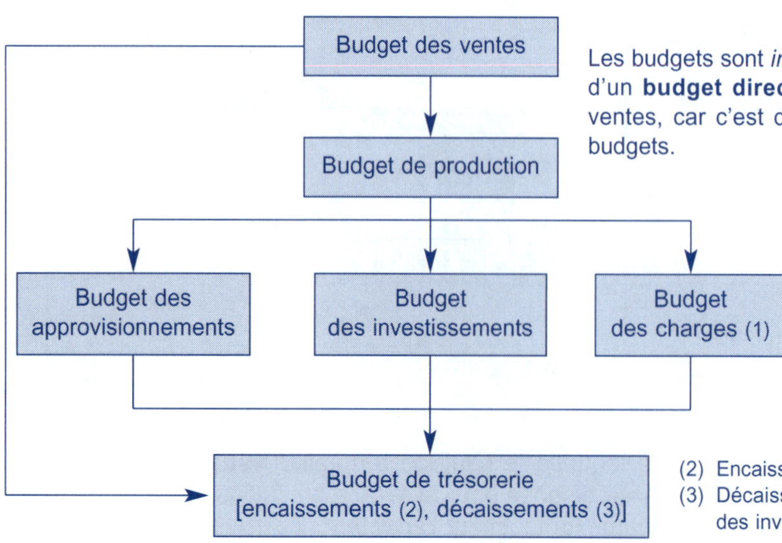

Les budgets sont *interdépendants* et *hiérarchisés* à partir d'un **budget directeur** qui est souvent le budget des ventes, car c'est de lui que dépendent tous les autres budgets.

(1) Charges de production, de distribution et charges diverses.

(2) Encaissements résultant des ventes.

(3) Décaissement résultant des approvisionnement, des investissements et des charges.

LE BUDGET DE TRÉSORERIE

FICHE RESSOURCE 23

À savoir

THÈME 17

LE BUDGET DE LA TVA

Afin d'établir le budget de trésorerie, il est prudent de réaliser un budget de TVA pour déterminer, chaque mois, le montant de la TVA à décaisser ou du crédit de TVA.

- *Exemple de budget de TVA :*

	Janvier	Février	Mars
TVA collectée :			
– sur ventes de biens et services	25 000	12 000	35 000
– sur cessions d'immobilisations		4 000	
	25 000	16 000	35 000
TVA déductible :			
– sur achats de biens et services	16 000	18 000	11 000
– sur acquisitions d'immobilisations		2 000	
	16 000	20 000	11 000
TVA à décaisser :	9 000		20 000 (*)
Mois de paiement	février		avril
Crédit de TVA		4 000	

(*) 24 000 – 4 000.

LE BUDGET DE TRÉSORERIE

Le budget de trésorerie regroupe les encaissements et les décaissements. Les charges calculées (amortissements et provisions) n'entraînent pas de flux de trésorerie. Le budget de trésorerie peut être décomposé en 3 parties.

1. **Le budget des encaissements :** il est constitué des paiements des débiteurs (clients, ...), et des emprunts, subventions, augmentations de capital, revenus financiers, etc.

   Attention : l'encaissement doit être enregistré au moment où il a lieu. Ce n'est pas toujours au moment de la vente car les entreprises accordent des délais de paiement. Quand il s'agit d'un règlement client, il faut tenir compte du montant TTC.

2. **Le budget des décaissements :** il est constitué des paiements aux créanciers (fournisseurs, État, personnel, organismes sociaux, prêteurs...).

   Attention : même remarque pour les fournisseurs que pour les clients.

3. **Le budget de trésorerie finale :** il présente la situation de trésorerie à la fin de chaque période.

Trésorerie fin de période = trésorerie début de période + encaissements – décaissements

► Remarque

Une trésorerie négative en fin de période nécessite l'obtention d'un découvert bancaire ou des mesures permettant d'augmenter les encaissements (réduction du délai des crédits clients, emprunt, augmentation du capital...) ou de diminuer les décaissements (allongement du délai des crédits fournisseurs, ...).

FICHE RESSOURCE 24

À savoir

LES PRÉVISIONS, LES RÉALISATIONS, LES ÉCARTS

THÈME 18

LE COÛT ET LA RECETTE PRÉVISONNELS

La réalité des coûts doit être connue avec la plus grande précision possible. Cela permet d'engager, à temps, les mesures correctives nécessaires.

L'entreprise doit anticiper cette réalité, car le coût d'un travail administratif, d'une action commerciale ou productive doit être inférieur aux produits attendus. Les **coûts prévisionnels** ou **coûts préétablis** sont évalués à l'avance en vue :

– de faire des budgets,

– d'établir des devis.

Le **devis** est une proposition de prix qui engage l'entreprise. Le prix demandé au client, sauf clauses particulières (par exemple clause d'indexation), ne pourra pas être modifié. Il doit donc être fixé, alors que les travaux n'ont pas encore été engagés, à partir d'un coût prévisionnel. L'entreprise détermine le prix facturé en appliquant aux coûts prévisionnels des coefficients multiplicateurs ou des pourcentages de marge qui permettent de couvrir les frais généraux et de dégager une marge.

L'ANALYSE DES ÉCARTS SUR COÛTS

La comparaison des réalisations et des prévisions permet de dégager des **écarts**.

Écart défavorable sur **quantités** (quantités réelles > quantités prévues)

Éléments	Réalisations			Prévisions			Écarts
	Quantités	PU	Total	Quantités	PU	Total	
Matières premières	2 150 m	4,10	8 815,00	2 000 m	4,12	8 240,00	+ 575,00
Main d'œuvre	45 h	91,00	4 095,00	50 h	90,00	4 500,00	– 405,00
Frais atelier	45 u.o.	12,20	549,00	50 u.o.	12,00	600,00	– 51,00
			13 459,00			13 340,00	+ 119,00

Écart favorable sur **prix**
(Prix unitaire réel < prix prévu)

Écart **global** défavorable (+)

Écarts favorables (–) ou défavorables (+) **par élément**

LES ÉCARTS ET LES MESURES CORRECTIVES

L'analyse de l'origine des écarts entre prévisions et réalisations doit permettre de :

– déterminer les responsabilités,

– prendre les mesures correctives qui s'imposent.

LA RENTABILITÉ DES INVESTISSEMENTS

FICHE RESSOURCE 25

À savoir

THÈME 19

ESTIMATION DE LA RENTABILITÉ D'UN INVESTISSEMENT, SANS ACTUALISATION

Le **délai de récupération** est le temps nécessaire pour que les **flux nets de trésorerie** (FNT), générés par le projet, permettent de couvrir l'investissement initial.

Le **délai de récupération simple** est le temps nécessaire pour que les flux de trésorerie *cumulés* soient égaux, *sans actualisation,* au capital investi.

- *Exemple :* un investissement de 14 000 € doit produire des FNT de 5 000 € pendant 4 ans.

Époques	0	N	N+1	N+2	N+3
Flux nets de trésorerie	– 14 000	+ 5 000	+ 5 000	+ 5 000	+ 5 000
Flux cumulés	– 14 000	– 9 000 (a)	– 4 000	+ 1 000	+ 6 000

(a) – 14 000 + 5 000.

L'investissement est rentable puisque le délai de récupération est inférieur à la durée de vie du projet. Le cumul des flux nets de trésorerie est supérieur au montant de l'investissement au cours de la 3e année. Il est possible de déterminer une date précise par la méthode d'interpolation linéaire :

$$\text{délai} = 2 \text{ ans} + \left(360 \times \frac{4\,000}{5\,000}\right) = 2 \text{ ans} + 288 \text{ jours}$$

L'investissement est récupéré au bout de 2 ans 9 mois et 18 jours. Dans la réalité, le calcul de cette date présente peu d'intérêt.

ESTIMATION DE LA RENTABILITÉ D'UN INVESTISSEMENT, AVEC ACTUALISATION

Il existe plusieurs méthodes de calcul.

1. Le délai de récupération actualisé

Les flux nets de trésorerie sont *actualisés.*

- *Exemple :* les FNT générés par l'investissement décrit au paragraphe précédent sont actualisés au taux de 7 % l'an (taux de rendement exigé par l'entreprise).

Périodes	0	N	N+1	N+2	N+3
Flux nets de trésorerie actualisés	– 14 000	4 673 (a)	4 367	4 081	3 814
Flux cumulés	– 14 000	– 9 327 (b)	– 4 960	– 879	+ 2 935

(a) $5\,000 \times (1{,}07)^{-1} = 4\,673$.
(b) – 14 000 + 4 673 = – 9 327.

Ce calcul est plus significatif que le délai de récupération simple car il prend en compte la dépréciation des flux nets annuels de trésorerie. Il est possible, comme précédemment, de calculer une date précise :

$$\text{délai} = 3 \text{ ans} + \left(360 \times \frac{879}{3\,814}\right) = 3 \text{ ans} + 83 \text{ jours}$$

soit 3 ans, 2 mois, 23 jours.

2. La valeur actuelle nette (VAN)

VAN = – Investissement + Σ des flux nets annuels actualisés

Il est logique de comparer les flux et l'investissement à la même époque, en principe à l'époque 0. L'investissement est rentable si la VAN est positive.

- *Exemple précédent :*

VAN = – 14 000 + 5 000 × [(1 –(1,07)$^{-4}$) / 0,07]

VAN ≃ 2 936 €.

Le projet est rentable puisque la VAN est positive.

3. Le taux de profitabilité

Le **taux de profitabilité** d'un investissement est le rapport entre la VAN et la valeur initiale de l'investissement.

- *Exemple précédent :*

Tp = 2 936 / 14 000 × 100 = 20,97 soit un taux de **20,97 %**.

4. Le taux interne de rentabilité (TIR)

Le **taux interne de rentabilité** est le *taux d'actualisation pour lequel la VAN est nulle.*

Le TIR se calcule par approximations successives.

- *Exemple précédent :*

– **1re étape :** pour un taux de 7 % l'an, la VAN est de 2 936 €.

– **2e étape :** il faut rechercher un taux donnant une VAN négative (plus le taux augmente, plus la **VAN diminue**). Pour un taux d'actualisation de 16 % :
VAN = – 14 000 + 5 000 × [(1 – 1,16)$^{-4}$ / 0,16]
VAN = – 9,1 €.

– **3e étape :** il faut pratiquer une interpolation linéaire entre 7 % et 16 % afin de trouver un taux d'actualisation plus précis.
T = 7 + 9 × [(2 936 / (9,1 + 2 936) × 100]
T = 15,97 soit un taux de **15,97 %**

Cet investissement est rentable car le TIR est supérieur au taux de rendement minimum exigé par l'entreprise.

LES MODES DE FINANCEMENT

Il sont divers : autofinancement, augmentation de capital, emprunt, crédit-bail…

Le financement par un **emprunt indivis** a des incidences sur le calcul des flux nets de trésorerie (FNT) annuels :

- le FNT à l'époque 0 est la différence entre le montant de l'investissement et celui de l'emprunt,
- la dotation aux amortissements, déduite du résultat avant impôt, est ajoutée au calcul du FNT,
- les charges financières (intérêts de l'emprunt) sont une charge décaissable,
- l'amortissement de l'emprunt est déduit après le résultat (c'est un décaissement mais pas une charge).

Le financement par **crédit-bail** a aussi des incidences sur le calcul des FNT annuels :

- le FNT à l'époque 0 est nul (pas de décaissement),
- les loyers ou redevances sont comptabilisés HT dans les charges décaissables,
- il n'y a pas de dotation aux amortissements puisque c'est le bailleur qui est propriétaire du bien,
- si l'entreprise lève l'option d'achat en fin de contrat, le montant du rachat est déduit du FNT de la dernière année. Il s'agit d'un décaissement mais pas d'une charge.

LA STATISTIQUE DESCRIPTIVE

FICHE RESSOURCE 26

À savoir

THÈME 20

VOCABULAIRE

La **population** est l'ensemble des éléments étudiés. Un **échantillon** est un sous-ensemble représentatif de la population. Une **unité statistique** ou **individu** est un élément de la population.

Un **caractère** est une propriété commune aux éléments de la population. Il peut être :

- **qualitatif :** couleur, sexe, profession ;
- **quantitatif discontinu** (ou **discret**) : il prend des valeurs isolées (généralement des nombres entiers) ; *exemple :* nombre d'enfants à charge.
- **quantitatif continu :** il peut prendre théoriquement toutes les valeurs dans l'intervalle de variation ; *exemple :* montant d'une facture.

Les valeurs *d'une variable continue* sont regroupées en **classes**. À chaque valeur du caractère (ou chaque classe) est associé un **effectif** (la somme des effectifs est l'effectif de la population). La **fréquence** est le rapport de l'effectif d'une classe à l'effectif total (elle se calcule en pourcentage).

LES REPRÉSENTATIONS GRAPHIQUES

Elles dépendent du caractère de la population.

- Le **graphique en tuyaux d'orgue** est adapté à la représentation d'une variable qualitative.
- Le **diagramme en bâtons** est à utiliser pour une variable quantitative discontinue (ou discrète).
- L'**histogramme** représente une variable quantitative continue. Chaque classe est représentée par un rectangle dont l'aire est proportionnelle à l'effectif (en tenant compte de l'amplitude de la classe). On utilise aussi le polygone des **effectifs cumulés croissants et décroissants**.
- Le **graphique circulaire** est une répartition en valeur relative.

Les représentations graphiques sont réalisables avec un tableur-grapheur.

LES PARAMÈTRES DE POSITION (OU DE TENDANCE CENTRALE)

Ils résument la série par un indicateur qui permet de situer cette série par rapport à une autre.

- *Exemple :* la moyenne des notes d'Anaïs est 18 ; celle des notes de Cyril est 11 ; ces moyennes sont des paramètres de position qui résument le niveau des deux lycéens.
- Le **mode** (ou dominante) est la valeur qui a l'effectif le plus élevé. C'est la *classe modale* dans une série découpée en classes (en fonction de l'intervalle de classe, il faut étudier la fréquence rectifiée).
- La **médiane** partage l'effectif en deux, le **quartile** en quatre. Q_1 est la valeur qui correspond à 25 % de l'effectif, Q_3 celle qui correspond à 75 %.

Lorsque l'effectif est impair (2n + 1), la médiane est la valeur du caractère de rang (n + 1). Si l'effectif est pair (2n), la médiane est la moyenne arithmétique des termes de rang n et n + 1.

- La **moyenne arithmétique** ($\overline{x}$) est égale à la somme des valeurs de la variable divisée par leur nombre : $\overline{x} = \frac{1}{n}\sum xi$
- La **moyenne pondérée** est plus significative : $\overline{x} = \frac{1}{n}\sum (ni \times xi)$

FICHE RESSOURCE 26

LES PARAMÈTRES DE DISPERSION

Ils mesurent la dispersion autour de la valeur centrale, c'est-à-dire l'importance des écarts entre chaque x_i et cette valeur centrale.

- *Exemple :* pour Anaïs, le paramètre de dispersion est 1,5, pour Cyril il est de 3,2 ; les résultats d'Anaïs sont peu dispersés ; ceux de Cyril sont plus irréguliers.
- L'**étendue** est la différence entre la plus grande et la plus faible des valeurs.
- La **variance** (ou fluctuation) (notée σ^2) mesure la dispersion des données par rapport à la moyenne.
  Sa formule est la suivante : $\sigma^2 = V(x) = \dfrac{\sum ni \times (x - \overline{x})^2}{N}$
- L'**écart-type** est la racine carrée de la variance $\sigma = \sqrt{\sigma^2}$
- Le **coefficient de variation** complète la variance.
  S'il est inférieur à 0,2 la série est bien groupée $CV = \dfrac{\sigma}{\overline{x}}$
- L'**intervalle interquartile** mesure la différence $Q_3 - Q_1$.

EXEMPLE RÉCAPITULATIF

La société Charvolin étudie la distribution des montants trimestriels de ses achats auprès de ses 65 fournisseurs.

Classes (en milliers d'€)										
Inférieure	**Supérieure**	**Centre de la classe (xi)**	**Effectif (ni)**	**Effectif cumulé**	**ni × xi**	**Fréquence (fi)**	**Fréquence cumulée**	**fi xi**	**$X^2 = (xi - \overline{x})^2$**	**ni × X^2**
7,7	9,24	8,47	8	8	67,76	12,31	12,31	1,04	14,55	116,40
9,24	10,78	10,01	10	18	100,1	15,38	27,69	1,54	5,17	51,73
10,78	12,32	11,55	16	34	184,8	24,62	52,31	2,84	0,54	8,63
12,32	13,86	13,09	14	48	183,26	21,54	73,85	2,82	0,65	9,08
13,86	15,4	14,63	10	58	146,3	15,38	89,23	2,25	5,50	55,02
15,4	16,94	16,17	5	63	80,85	7,69	96,92	1,24	15,10	75,49
16,94	18,48	17,71	2	65	35,42	3,08	100,00	0,54	29,44	58,87
		Total	**65**		**798,49**	100,00		12,28		**375,22**
				Moyenne	**12,28**	← Contrôle →			**Variance**	5,77
									Écart-type	2,40

- La **classe modale** est **[10,78 : 12,32[** avec un effectif de 16.
- La **médiane** est la classe qui intègre le 33e fournisseur (65/2 avec un arrondi supérieur). Il s'agit de la classe **[10,78 : 12,32[** avec comme centre de classe 11,55.
  On peut affiner le résultat par *interpolation :* $10{,}78 + [(33 - 18) \times \dfrac{12{,}32 - 10{,}78}{34 - 18} = \mathbf{12{,}22}$
- La moyenne du centre de la classe (x_i) présente peu d'intérêt. Il est plus intéressant de calculer la **moyenne pondérée** : $\overline{x}$ = **12,28** milliers d'€.
  (Noter, dans le tableau, le contrôle qui a été fait).
- **L'étendue** de la série est de 18,48 – 7,7 = **10,78**.
- La **variance** est : $\sigma^2 = \dfrac{375{,}22}{65} = \mathbf{5{,}77}$
- **L'écart-type** de la série est $\sigma = \sqrt{5{,}77} = \mathbf{2{,}40}$. Les chiffres d'affaires sont dispersés de 2,40 par rapport à la moyenne.
- Le **coefficient de variation** est : $CV = \dfrac{2{,}40}{12{,}28} = \mathbf{0{,}2}$. Il est à la limite supérieure d'acceptabilité ; la moyenne est donc représentative de la série.
- **L'intervalle interquartile** est l'étendue qui correspond à 50 % de l'effectif total.
  Q_1 est dans la classe [9,24 : 10,78[avec un centre de classe à 10,01.
  Q_3 est dans la classe [13,86 : 15,4[avec un centre de classe à 14,63.
  $Q_3 - Q_1$ = 14,63 – 10,01 = **4,62.**

LA CORRÉLATION ET L'AJUSTEMENT

FICHE RESSOURCE 27

À savoir

THÈME 20

LE COEFFICIENT DE CORRÉLATION

Le **coefficient de corrélation *r*** mesure le *degré de dépendance* de deux variables l'une par rapport à l'autre. ***r*** est toujours compris entre –1 et 1. Plus il est proche de 1, plus la corrélation est forte ; les variables sont plus ou moins dépendantes si *r* est compris entre 0,8 et 1.

$$r = \frac{\sum XY}{\sqrt{\sum X^2 \times \sum Y^2}}$$

L'AJUSTEMENT PAR LA MÉTHODE DES MOINDRES CARRÉS

La méthode des **moindres carrés** permet d'obtenir une *droite d'ajustement* (de type y = ax + b) qui minimise la moyenne des carrés des distances entre les points (x_i, y_i) et la droite.

Avec $a = \frac{\sum xy - n\bar{x}\bar{y}}{\sum x^2 - n\bar{x}^2}$ et $b = \bar{y} - a\bar{x}$

La détermination de cette droite permet d'établir des prévisions.

- *Exemple :* évolution du chiffre d'affaires et des achats d'une entreprise (en milliers €).

Achat de marchandises	6,5	7	7,5	8	8,5	9
CA	16	21	26	27	38	42

	x	y	X = x – x̄	Y = y – ȳ	XY	X²	Y²
	6,5	16	– 1,25	– 12,333	15,417	1,5625	152,111
	7	21	– 0,750	– 7,333	5,500	0,5625	53,777
	7,5	26	– 0,250	– 2,333	0,583	0,0625	5,444
	8	27	0,250	– 1,333	– 0,333	0,0625	1,777
	8,5	38	0,750	9,667	7,250	0,5625	93,444
	9	42	1,250	13,667	17,083	1,5625	186,778
Somme	46,5	170	0	0	45,5	4,375	493,333
Moyenne	7,75	28,333					
Nombre	6						

r	0,979

Contrôle : la somme des écarts à la moyenne est forcément égale à zéro.

Le coefficient de corrélation étant proche de 1, il est intéressant de calculer la droite des moindres carrés.

	x	y	xy	x²
	6,5	16	104	42,25
	7	21	147	49
	7,5	26	195	56,25
	8	27	216	64
	8,5	38	323	72,25
	9	42	378	81
Somme	46,5	170	1 363	364,75
Moyenne	7,75	28,333		
Nombre (n)	6			

$$a = \frac{1\,363 - (6 \times 7{,}75 \times 28{,}333)}{364{,}75 - (6 \times 7{,}75 \times 7{,}75)}$$

a	10,4
b	– 52,267

L'équation de la droite est **y = 10,4 x – 52,267**

L'entreprise peut prévoir qu'avec 12 000 € d'achats, elle pourrait réaliser un chiffre d'affaires de 72,53 (soit 72 530 €) avec y = (10,4 × 12) – 52,267.

FICHE RESSOURCE 28 — À savoir

LES SÉRIES CHRONOLOGIQUES

THÈME 21

Une **série chronologique** est un ensemble de données (chiffre d'affaires, dépenses de publicité,...) observées à des intervalles de temps égaux (mois, trimestres, années...).

REPRÉSENTATIONS GRAPHIQUES

- Une courbe permet de visualiser la 1re composante d'une série chronologique : la **tendance** ou **trend**.
- Plusieurs courbes superposées, le graphique polaire, le graphique en Z montrent la 2e composante de la série, c'est-à-dire la présence ou l'absence de **variations saisonnières** (variations observées chaque année à la même période).

• *Exemple : Le graphique en Z* (cf. page 134) visualise :
  - l'évolution des ventes mensuelles (bas du Z), pour l'année N,
  - le cumul des ventes de cette même année,
  - les totaux mobiles de l'année N qui désaisonnalisent les données brutes.

Total mobile de janvier N = chiffres cumulés de N–1 + chiffre de janvier N – chiffre de janvier N–1.
Total mobile de février N = total mobile de janvier N + chiffre de février N – chiffre de février N–1.

LES COEFFICIENTS SAISONNIERS

Ils permettent :
- *d'évaluer l'importance des variations saisonnières ;* une baisse ou une hausse de la variable observée se reproduit aux mêmes périodes sur plusieurs années ;
- de *« désaisonnaliser »,* de lisser la série afin de comparer les données brutes au cours de différentes périodes ; *exemple :* les chiffres du chômage qui sont « corrigés des variations saisonnières » ;
- de *« saisonnaliser »* des prévisions qui ont été calculées à l'aide de l'équation de la droite de tendance.

• *Exemple :*
Une cave viticole a dénombré les visiteurs (en milliers) depuis trois ans :

	Trimestre 1	Trimestre 2	Trimestre 3	Trimestre 4
Année N–2	5	3	6	7
Année N–1	6	3	7	8
Année N	7	4	8	9

– Calcul de l'équation de la **droite de régression** :
x = 6,5 y = 6,08 a = 0,2972 b = 4,15
y = (0,2972 x) + 4,15

– *Calcul des coefficients saisonniers par la méthode des rapports à la droite de tendance :*

Années	Trimestre	Rang du trimestre x_i	CA brut y_i	Valeur tendancielle y_i'	Coefficient brut y_i/y_i
N–2	1	1	5	4,45 (a)	1,124 (b)
	2	2	3	4,75	0,632
	3	3	6	5,04	1,190
	4	4	7	5,34	1,311
N–1	1	5	6	5,64	1,064
	2	6	3	5,93	0,505
	3	7	7	6,23	1,123
	4	8	8	6,53	1,225
N	1	9	7	6,83	1,025
	2	10	4	7,12	0,562
	3	11	8	7,42	1,078
	4	12	9	7,72	1,166

(a) (0,2972 × 1) + 4,15 = 4,45.
(b) 5 / 4,45 = 1,124.

	Trimestre 1	Trimestre 2	Trimestre 3	Trimestre 4	Coef.
Année N–2	1,124 (a)	0,632	1,190	1,311	
Année N–1	1,064	0,505	1,123	1,225	
Année N	1,025	0,562	1,078	1,166	
Coefficients moyens	1,071 (b)	0,566	1,130	1,234	= 4,001
Coefficients ajustés	1,071	0,566	1,130	1,233 (c)	= 4,000

(a) 5 / 4,45 = 1,124.
(b) (1,124 + 1,064 + 1,025) / 3 = 1,071.
(c) Pour que la somme des coefficients soit égale à 4, il faut réajuster ces coefficients moyens en les multipliant par 4 et en les divisant par 4,001.
4e trimestre : 1,234 × 4 / 4,001 = 1,233.

Interprétation :
- si le coefficient est supérieur à 1, la valeur du trimestre est supérieure à la tendance générale,
- si le coefficient est inférieur à 1, la valeur du trimestre est inférieure à la tendance générale.

UTILISATION DES COEFFICIENTS SAISONNIERS

1. Désaisonnalisation de la série

La série est corrigée des variations saisonnières ce qui montre mieux la tendance générale de la variable.
Pour cela, il faut diviser les valeurs réelles par leur coefficient saisonnier.

	Trimestre 1	Trimestre 2	Trimestre 3	Trimestre 4
Année N–2	4,67 (a)	5,30	5,31	5,68
Année N–1	5,60	5,30	6,19	6,49
Année N	6,54	7,07	7,08	7,30

(a) 5 / 1,07 = 4,67.

Graphiquement, les données obtenues sont très voisines de celles de la droite de tendance.

FICHE RESSOURCE 28

2. Prévisions (si la tendance se poursuit)

On utilise l'équation de la droite de tendance : exemple pour le 1er trimestre N+1 le rang est 13. La valeur tendancielle est ensuite multipliée par son coefficient saisonnier pour réintroduire la variation saisonnière.

Rang des trimestres N+1	Prévisions/tendance	Prévisions
13	8,01 (a)	8,58 (b)
14	8,31	4,70
15	8,61	9,73
16	8,91	10,98

(a) y'13 = (0,2972 × 13) + 4,15 = 8,01.
(b) y13 = 8,01 × 1,071 = 8,58.

- *Remarque : calcul des coefficients saisonniers par la méthode des rapports de la moyenne de chaque trimestre à la moyenne générale annuelle :*

	Trimestre 1	Trimestre 2	Trimestre 3	Trimestre 4	Totaux annuels
Année N–2	5	3	6	7	21
Année N–1	6	3	7	8	24
Année N	7	4	8	9	28
Totaux trimestriels	18	10	21	24	73
Moyenne trimestrielle	*6*	*3,33*	*7*	*8*	*6,083 (a)*
Coefficients saisonniers	0,9864 (b)	0,548	1,1507	1,3151	4,0001

(a) 73 / 12 = 6,083.
(b) 6 / 6,083 = 0,9864.

Index

Saisie et mise en page : **SCM**, Toulouse
Achevé d'imprimer par Jouve en septembre 2008
Dépôt légal : septembre 2008 - Édition n° 6